After Cultural Studies

Shunya Yoshimi

アフター・カルチュラル・スタディーズ

吉見俊哉

青土社

アフター・カルチュラル・スタディーズ　目次

第Ⅱ部　抗争する文化

第Ⅲ部　共振する文化

アフター・カルチュラル・スタディーズ

凡　例

＊本文中で引用文献を示す際には、［　］内に著者名、刊行年、ページ数を記載した。引用文における〔　〕内は引用者による補足を、「……」は中略を表している。

＊各章末の（　）内に、各章のもととなった論考の初出を明記した。ただし、書籍化にあたって大幅に加筆修正している。序章は、本書のための書き下ろしである。

序　章　トランプ時代のカルチュラル・スタディーズ——再定義の試み

カルチュラル・スタディーズは、〈文化〉と〈政治〉の関係を問う批判的な知の営みであるという基本認識から、まずは出発しよう。だがそれは、政治が文化をいかに利用するのかという、いわゆるソフトパワー論ではないし、また単にそうしたソフトパワー論を批判する知にとどまるわけでもない。当然、「ソフトパワー」の先駆けをなす「プロパガンダ」「宣伝」「文化外交」「文化政策」「パブリック・リレーションズ」といった諸領域は、カルチュラル・スタディーズと重なりをなすが、完全に重なるわけでもない。カルチュラル・スタディーズが文化の政治的利用という視座と一線を画するのは、そのように論じられるときに前提とされる「文化」の概念にも、また「政治」の概念にも同意できないからである。要するに、それでは狭すぎるのだ。

カルチュラル・スタディーズはまた、政治がいかに文化的に条件づけられているのかを問う政治文化論でもない。たしかに、同じ「政治」と言っても、日本の政治とアメリカの政治、あるいはイギリスの政治と中国の政治は大きく異なる。それぞれの政治は、単に制度や歴史が異なるだけでなく、いわば人類学的に個々の交渉や闘争、そして妥協に至るふるまいが文化的に異なっている。さらに言えば、政党のレベルでも、たとえば自民党の文化と民主党の文化は大きく異なったし、ひょっとすると平成時代の民主党の失敗は、そのような文化の醸成が成されないまま政権を得てしまったところにあったかもしれない。他方、自民党のしぶとさは、その政治的内実よりも、それが日本社会と文化的に深く癒着していることに一因がある。いずれにせよ、政治の文化的次元に注目するのは有意義なのだが、しかしカルチュラル・スタディーズは、政治文化論が依拠する「文化」の概念に満足しないだろう。なぜならば、それは政治のなかに文化を見出そうとするわけだが、カルチュラル・スタディーズはむしろ文化のなかに〈政治〉を見出そうとしてきたのであり、しかもその文化の概念は、前者が想定しているよりはるかに広いからだ。

それにもかかわらず、カルチュラル・スタディーズは、文化の政治性を問うことだけに限定されない。文化のミクロ・ポリティクスは、一九六〇年代から七〇年代にかけて浸透した言語論的転回やポスト構造主義の影響下で、その重要性が広く認識されてきた。文化はたしかに、そのなかで再生産される主体性と相互に結びついて政治的に構築されるのだ。そしてアルチュセールとフーコーを結ぶ稜線の延長線上で、この主体の政治的構築が問われてきたから、ポスト構造主義的な認識地平が、カルチュラル・スタディーズにおける文化理解の根底であることは言を俟たない。だが、本書で繰り返し強調するように、カルチュラル・スタディーズの真骨頂は、このような理論的認識を精密にすることよりも、この認識の先で文化の構築や変容、交渉のプロセスを実践的かつ歴史的、ないしはエスノグラフィックに洞察していくところにある。そしてその目指すところも、単なる記述というよりも、その語りの実践的な効果に向けられている。

無論、このようなカルチュラル・スタディーズの定義はそれ自体、不変のものではない。本書で論じていくように、カルチュラル・スタディーズはその展開を通じ、三つの歴史的位相で自らを再定義してきた。一言でいえば、カルチュラル・スタディーズは三度生まれたのだ。最初の誕生は、もちろん労働者階級文化研究としてのものである。この初期のカルチュラル・スタディーズは、一方では既存の文化概念への、他方では階級理解への批判的介入であった。すなわちそれは、それまでイギリスで文化が中産階級的な認識の地平で論じられてきたのに対し、労働者階級の文化が独自の価値を有し、自律的な営みの地平を形成してきたことを示した。この介入において、「文化」の概念は脱構築されたのである。他方、初期カルチュラル・スタディーズは、中産階級や労働者階級といった「階級」の集団性も、経済的土台から自動的に導き出されるものではなく、諸主体の社会的実践のなかで構築されてきたものであることを明らかにした。

こうして労働者階級の日常的実践にまで文化分析の視野が広がるなかで、カルチュラル・スタディーズはいわば必然的にラジオや映画、大衆雑誌、それにテレビといった、既存の「教養＝出版」のカテゴリーからはみ出すような広大なメディア研究の地平と結びついていった。重要なことは、カルチュラル・スタディーズがメディアやコミュニケーションの研究から出発して大衆文化も扱うようになったのではなく、労働者階級を中核とする大衆文化の研究から出発し、大衆的な様々なメディアとそれらを通じたコミュニケーション世界を主要な対象として見出していったことである。だからやがて、カルチュラル・スタディーズが階級的マイノリティだけでなく、人種的、民族的ないしはジェンダー的なマイノリティの視座から文化を問うようになるなかで、そのメディア研究も女性誌やテレビドラマから料理番組、マンガやゲーム、コスプレ、インターネットへと広がっていく。文化の研究にとって、その技術社会的な媒介は根本的である。

これと並行して、一九六〇年代末から七〇年代にかけて、カルチュラル・スタディーズは一方ではフェミニズムやポストコロニアリズムと結びつき、他方ではポスト構造主義に強い理論的影響を受けていくことになる。カルチュラル・スタディーズは階級文化研究の地平を脱構築し、階級とジェンダー、人種やエスニシティが節合するなかで、つまりは資本主義と家父長制、そして植民地主義が節合する権力状況と、そこで文化がいかに作動し、演じられていくのかを考えていくようになった。当然、ここにおいてカルチュラル・スタディーズがそれまで準拠していた階級文化論的な視座は組み替えられていった。階級とジェンダー、人種やエシニシティの諸次元が輻輳しながら社会的主体が構築され、それらの諸主体によって文化が重層的に演じられていくプロセスをいかに記述し、分析するかがその問いの焦点となっていったのだ。このカルチュラル・スタディーズの第二の誕生に関しては、本書の多くの章で論じていくことになろう。

サッチャリズムの抬頭とカルチュラル・スタディーズ

しかし、このような〈文化〉と〈政治〉をめぐる問いの傍らで、一九七〇年代末以降、この問いの根底をなし崩しにするような変化が起き始めていた。スチュアート・ホールは当時、サッチャリズムの抬頭が、同時代の政治についての左翼的な現状分析の根底を揺るがす重大性を含むことを指摘していた。ホールはこの「大いなる右旋回ショー（The Great Moving Right Show）」が、単に一時的な政権交代ではなく、六〇年代後半から兆候が出始めていた長期変化の一部であると論じた。ホールによれば、英国社会の右傾化は、この国の経済が長期的な不況と資本蓄積の危機に直面し、インフレ抑制をめぐりキャラハン労働党政権と労働組合が厳しく対立するなかで総社会的に向かった道であり、サッチャーはこの文脈で舞台中央に招き寄せられた。

だが、既存左翼のこの変化についての分析は、いずれも不十分なものでしかない。それらは階級対立や資本主義の発展についての従来からの前提に固執するため、今やその前提自体が崩れつつあることを認識できないのだ。ホールが論じたように、階級闘争の激化が革命的運動を生むというマルクス主義的前提にはすでに大いなる疑問符が付いていた。実際には、厳しい階級対立は悉く新たな市場中心主義と国家の介入主義の強化をもたらしてきたのである。そして今や、イギリス国民戦線のような極右の人種差別的な政党までもが抬頭していた［Hall 1979］。

「英国病」という言葉が広く知れ渡っていたように、英国の経済的困難は一九六〇年代末から始まっていた。景気後退は労働力市場を供給過剰に傾かせ、労働条件の悪化に抗するために組合側は闘争を激化させざるを得ないから、社会は不安定化する。しかも七〇年代以降、世界経済も危機に陥るなかでストライキが頻発し、いかなる政権にとっても危機管理が重要な課題となっていた。この点では、保守・労働の両党の間には合意された対立のようなものがあり、どちらの側も袋小路の現状を突破できなくなっていた。他方、イデオロギー面での左右の両極化は、この経済的苦境に先駆けて生じていた。六〇年代の若者たちのラディカリズムに対抗して、極右の人種差別主義が頭をもたげていたのである。ホールの考えでは、この政治経済的な袋小路とイデオロギー的両極化が、七〇年代末以降のサッチャリズムへの潮流のなかで結びついていく。

この時期に抬頭してきた右派の強さは、それが社会民主主義に対しても、またヒース保守党政権のような中道的な保守に対しても、前提となってきた思考の型を破り、そこに新しい論理を持ち込んでそれまでの合意の政治を破壊してしまう点にあるとホールは論じていた。サッチャーは、この右旋回の大きな流れに乗ったのである。そしてほぼ同じ頃にアメリカではレーガンが、やはり流れに乗ってアメリカ社会を根本から変容させ始める。新自由主義と呼ばれていく彼らの政策は、それまでの国家の公共的基盤を破壊して、その破壊で開放された資源や市場で資本主義の新たな成長を実現していくことに向けられていた。諸々の社会的な保護壁や境界線が突破され、すべてが市場に開かれていくなかで、中間集団や労働組合、既存の社会的結合の解体が進んでいった。そうした解体が極限まで進むなら、いかなるコミュニティもその文化も持続可能な仕方で営まれることが不可能になる。社会的結合の持続性が根底から損なわれてしまうからだ。

やや話を単純化すれば、第一段階のカルチュラル・スタディーズは、ブルジョアジーの教養文化に対して労働者階級文化や庶民の大衆文化、つまりはナショナルな教養文化に回収されない文化的な営みが存在すると信じられた時代のものである。しかしやがて、資本主義の文化システムは教養的なものであれ大衆的なものであれ、要するに文化消費の全域的なシステムのなかにあらゆる主体を取り込んでしまい、それはしばしば消費社会と呼ばれていった。カルチュラル・スタディーズは、かつての二項対立が成立しなくなった文化世界の権力作用を読み解くために、様々なポスト構造主義的理論を必要とした。しかし、一九九〇年代以降、グローバル化と新自由主義が浸透してそれまでの国民国家的なまとまりが壊れていくなかで、〈文化〉はこれらのいずれの体制とも異なるものに変容していったのである。欧米でも、やがて日本でも、社会が成長過程にあるとは思えなくなり、むしろ社会は崩壊過程にあることが顕著になっていく。そこでは、文化は矛盾が収斂していくというよりも、矛盾が収拾つかなくなり、分裂が拡大していく場として立ち現れるようになる。かつての労働者文化論も大衆文化論も、さらには消費社会論もまるで有効ではなくなっていく新しい〈文化〉と〈政治〉の関係が、ここに浮上していったのだ。

この新しい状況は、ポストサッチャーないしはポストレーガン時代とも呼び得るだろうが、ここではより直截に「トランプ時代」と呼んでおきたい。なぜなら、ドナルド・トランプ大統領を誕生させ、その言動に四六時中振り回されることになった今日のアメリカは、かつてホールが注意を喚起した変化の行き着く先であり、そのあらゆる否定的な結末を顕在化させたなれの果てだからだ。それはまた、そのような負の全面化よって、これまでのカルチュラル・スタディーズの限界を示してもいるのである。一九七〇年代までのカルチュラル・スタディーズは、労働者階級文化であれ、人種的なマイノリティや植民地、ジェンダー的なマイノリティの文化であれ、支配的な文化とその他者との境界線を問題化し、その境界線の構築をめぐる政治を問うていた。ここにおいて暗黙裡に支配的なものとして中心に置かれていたのは、帝国なり先進資本主義国なりの中産階級の文化である。ところが七〇年代に欧米の資本主義が限界に達し、やがて始まったのは、まさにその中心にあったはずの文化の内部崩壊だった。帝国の、あるいは世界の資本主義秩序の中心が崩壊し始める。この崩壊の不安と矛盾、もがきのなかで旧来の保守とはまるで違う新自由主義が抬頭してくる。この新しい状況が、いかなる〈文化〉と〈政治〉の関係を生み出しているのかについて、カルチュラル・スタディーズはまだ不十分にしか答えを出せていない。

成就されたリチャード・ローティの予言

知られるように、一九七〇年代末以降の新自由主義的な潮流の抬頭に、カルチュラル・スタディーズをはじめとする「文化左翼」がまったく適切に対応できなかったことを辛辣に批判したのはリチャード・ローティである。九〇年代末、彼は、七〇年代以降のアメリカの左翼的知性に生じた改良主義左翼から文化左翼へのパラダイム転換が重大な問題を含んでいたと批判した。この転換以前、六〇年代までアメリカの左翼をリードしていたのは、マルクス主義よりも、弱者を強者から守るために立憲民主主義の枠組みの中で奮闘する改良主義だった。彼らが第一義的に取り組んだのは、アメリカ国内における貧富の差の是正、すなわち富の公正な再分配である。自由主義的な市場原理が貫徹することに反対し、富の過剰な集中を抑え、労働者の保護と中産階級の育成に努めた。この系譜の起源は、ウォルター・ホイットマンやジョン・デューイまで遡れ、二〇世紀のアメリカでは多くの社会改良家、さらにはウッドロー・ウィルソン大統領やフランクリン・ルーズベルト大統領などの民主党政治家がこれに含まれる［Rorty 1998＝ローティ 2000：

2017］。

しかし一九六〇年代半ば以降、新左翼の抬頭とベトナム反戦、大学紛争のなかで、これら改良主義者は偽善だらけの古ぼけたものと見えるようになった。もちろん、彼らは七〇年代以降も生き残るが、それは労働問題専門弁護士、労働組合の組織者、議会職員、下級官僚、ジャーナリスト、ソーシャルワーカー、各種財団の職員といった姿においてだった。彼らは広義の公共的部門に職場を求め、「変えられなければならない文化よりも制定されなければならない法律」に関心を向けた［ローティ 2017：83］。そんな先行世代と、六〇年代の文化闘争のなかで抬頭し、やがて大学で大きな影響力を持つに至る文化左翼の間には、ほとんど結びつきは存在しなかったと、ローティは言う。実際、フランス構造主義の影響を受けながら自己形成を遂げた文化左翼は、「金銭よりも侮辱について考察し、皮相であからさまな貪欲よりも深く隠された性心理の動機づけに」興味を持った［同：82］。その結果、かつて改良主義的左翼が貧困と失業によって貶められた人々を援助したのに対し、文化左翼の連帯意識は、「経済的事情とは異なる理由で辱められている人々を援助する」ことに向かった［同：86］。

フェミニズムの「第一波」と「第二波」の差が示すように、新しい文化左翼が問うたのは、自分たちの社会が自明の前提としてきたジェンダーや人種、帝国と植民地、移民、障害者、あらゆる差異と差別の境界線が、実は社会的、政治的に構築されたものであった点である。彼らはこの境界線の政治性を問い返しつつ、他者と和解し、自らの立場性を問う実践を重ねた。そして彼らは、七〇年代以降のアメリカ社会で「多大な成功を収めてきた」のである。それは、単に大学で革新的なカリキュラムが確立し、パラダイム転換的な知の潮流が世界に広まったというだけではない。社会に性的、人種的、身体的差別に対する批判意識が浸透してもいったのだ。

しかし、一九七〇年代以降の批判的な知が、その軸足を「経済」から「文化」へ移動させたことは、その後の社会経済の変化のなかで重大な盲点を生んでいく。実際、一九八〇年代以降のアメリカでは、性的、人種的、身体的差別への敏感さが増した一方、経済的不平等や不安も同じく着実に増加していったのだ。そして、かつて左翼の基盤だった労働者がグローバル化のなかで没落し、その一部に文化左翼をおぞましい敵とみなす右派的潮流が形成されていった。つまり、「〈左翼〉が〔経済的格差の問題に〕背を向けている間に、第二次世界大戦中に始まってベトナム戦争の間も継続していたアメリカの白人プロレタリアートの中産階級化は停止してしまい、その進行は逆方向へ向いてしまった。アメリカは今や中産階級のアメリカ人をプロレタリアート化していている。それでこのようなプロレタリアート化が進行していくと、アメリカではブキャナンが煽動しようとしているような下からの人民主義的暴動が起こりそう」だとローティは述べ〔同：89〕、ポピュリズムが大統領選を左右するほど影響力を拡大させる可能性を予見したのである。

ローティによれば、長期的に見て、アメリカの経済不安はますます大きくなり続ける。そこでは経済的グローバリズムを奉じるごく少数の上流階級と文化的コスモポリタニズムを奉じる少数の知識層、それらに取り残された大多数の人々への「カースト化」が生じる。そのなかで上層の人々は、その子たちへの文化資本の投下を通じて階級的位置を維持し続ける。他方、未熟練労働者は、政府が賃金の下落を食い止める気も、雇用の海外流出を食い止める気もないことに遅かれ早かれ気づく。彼らはまた、郊外に住むホワイトカラーが、他の人々の社会保障手当てを支給するために自分に課税されたくないと思っていることにもいずれ気づくだろう。「その時点で何かが壊れる」と、ローティは書いた。置き去りにされた人々は、自分が選出されたら狭量な官僚や狡猾な弁護士、頭でっかちの大学教授を追い散らしてくれると彼らに「進んで確信させようとする者を捜し始めるだろう」。そのような人物が政権を取るなら、「何が起こるか誰も予想できない」ことになる。そこで起こりそうなのは、「この四〇年間に黒人アメリカ人、褐色アメリカ人、同性愛者が得た利益など帳消しになる」ことだ〔同：96-97〕。――この予言は、トランプ政権誕生の一五年以上前になされた。そして二〇一六年、誰もがこの予言が的中したのを知ることとなった。

二〇世紀末以降のアメリカ社会がこうした結末に向かったのは、一九七〇年代以降の知識人が差異の表象政治や文化の多声性、権力の遍在、そして文化テクストをめぐる解釈の多元性といった文化の政治学ばかりに傾注し、現実の経済の問題に正面から取り組むことを忌避してきたからでもあると、ローティは批判した。結局、カルチュラル・スタディーズをはじめとする文化左翼たちは、「市場経済に代わるものがどういうものであるのか、あまり考えていない。また政治的自由と中央集権化した経済的意思決定を結合する方法についても、あまり考えていない。……〔なぜなら、彼らの〕第一の敵は、一連の経済的協定よりも、むしろ考え方なのである。この考え方は、「冷戦イデオロギー」と呼ばれる時もあれば、「テクノクラシーの合理性」と呼ばれたり、「男根＝ロゴス中心主義」と呼ばれる時もある。その考え方は工業化した西欧の家父長的資本主義制度によって育まれてきた考え方であり、その悪しき結果はアメリカ合衆国でもっとも顕著なのである」［同：84-85］。こうして彼らが支配的な知の体制を批判している間に、先進諸国の経済は空洞化し、没落していく中間層や労働者たちが一挙にポピュリスト的な排外主義を選択していくのである。

こうしたローティの批判を真に受けるなら、カルチュラル・スタディーズやジェンダー論、ポストコロニアル批評などの文化批判の諸潮流は、二〇一六年のアメリカ大統領選におけるトランプ政権の誕生に大いに責任があることになる。再配分の政治から表象の政治への知的関心の移行は、同時代の社会に対する知識人の責任をあいまいにした。とりわけアメリカの大学知識人たちは、表象の政治をめぐる知の深化に熱心になるあまり、現実の社会で生じつつある重大な変化を見逃した。彼らは大学の教室に足場を置き、ミクロなレベルで作動する「政治」や「権力」を熱心に語り、また時にはアメリカ社会がいかに深刻な状況であるかを批判的に論じることはあっても、本当の大文字の政治や経済を正面からは扱わなかったし、社会改良的な実践に愚直に参与することもなかった。そうして彼らが高度に抽象的な議論に熱中している間に、現実の社会は劣化し続け、諸々の改善の歴史的成果を台無しにする動きが始まったのである。文化左翼の知性への自閉は、この歴史の反転に大いに責任があるというのがローティの見立てだった。

すでに私は、カルチュラル・スタディーズが第一の労働者階級文化の研究から、第二の様々な差異の文化政治の学へと再定義を経てきたことを解説した。ここでの文脈からするならば、ローティの批判は、まさにこの再定義が重大な欠陥を含んだものだったという指摘になる。彼の立場からするならば、労働者階級の日常生活やそこでの経済と文化の関係に丹念に目を向けていた初期のカルチュラル・スタディーズのほうが、記号や表象、差異、テクストといった用語を駆使するようになった言語論的転回以降のカルチュラル・スタディーズよりもはるかに害が少ないということになるであろう。——しかし、それは本当に正しいのか。私たちは、ポスト構造主義以降の難解な抽象論から離れ、労働者階級や経済的に恵まれない人々の生活やそこでの文化生産の丹念な記述に戻り、またそのような貧困の改善に労力を集中させていくべきなのだろうか。ポスト構造主義やポストコロニアリズム以降のカルチュラル・スタディーズの認識地平は、本当に今日の新自由主義やポピュリズムが氾濫する世界を理解するのに無力なのであろうか。

トランプ時代と労働者階級文化への問い

改めて確認するまでもなく、二〇一六年のアメリカ大統領選で、ドナルド・トランプを勝利に導いたのは中西部、いわゆるラストベルトの労働者たちが民主党を見捨て、トランプ支持に向かったことだった。南部の保守的な州は最初から共和党支持、東西沿岸部の大都市は圧倒的に反トランプだったから、勝負を決めたのはラストベルトである。そしてこの地域の労働者たちは、もともとは非常に強い民主党の地盤だった。だからその彼らが民主党支持からトランプ支持へと転向したことは、単なる一時の浮動的な投票というよりも、もっと大きな歴史的状況の変化のなかで方向づけられた行動と見なさざるを得ない。なぜ、そんなことが起きたのかを考えるには、現代アメリカにおける労働者たちの生活や意識についての実証的な分析が不可欠となる。

本書で論じていくように、イギリスでは、リチャード・ホガートからポール・ウィリスまでカルチュラル・スタディーズのなかで労働者階級文化のエスノグラフィックな研究がいくつもなされてきたが、アメリカのカルチュラル・スタディーズでそうした階級文化の社会学的実証に向かったものは少ない。むしろ、アメリカで都市労働者階級の文化研究を重ねてきたのは、社会学者や政治学者、それにジャーナリストである。たとえば、政治学者のチャールズ・マレーは、フィラデルフィア北東部のフィッシュタウンに注目し、このコミュニティの一九八〇年代以降の劣化を跡づけた［Murray 2012＝マレー 2013］。それによれば、この町で一九六〇年には壮年期の白人の八四%が結婚していたが、その後既婚率は下降の一途をたどり、二〇一〇年にはわずか四八%に減少してしまった。しかも、この地域の人々の結婚は、その日々の内実でも劣化している可能性があり、質問に「結婚が「とても幸せ」」と答える人の割合も下降し続けている。

他方、働けない、ないしは働かない大人の割合は上昇し続けた。一九六〇年の白人男性の非労働力率は、学歴が高卒以下では四・五%、大卒以上では一%で、どちらもそれほど問題にすべき値ではない。だがその後、七〇年代から二〇〇八年にかけて、高卒以下の白人男性は労働の場かどんどん離れていった。二〇〇八年の非労働力率は、高卒以下が一二%となり、大卒以上の三%とは大きな隔たりが生じていた。つまり六〇年代までは、高卒以下でも大卒以上でも、白人男性にはそれぞれなりの仕事があったのだが、二〇〇〇年代までのどこかで、高卒以下の白人男性が働ける職場が消えていったのだ。大卒以上の学歴ならば、就職難でもまだ希望が持てた。しかし高卒以下の白人男性の若者は、それまでの世代に比して絶望するしかなくなっていった。

マレーは、アギーアとハーストの研究を参考に、ここ数十年で非労働時間が学歴の低い人々に集中して増えたことを確認している。一九八五年頃まで、大学を卒業した男性と高校を卒業していない男性の非労働時間はほぼ同じだったが、その後、二〇〇五年までに後者の非労働時間は週に八時間も増え、前者の非労働時間は週に六時間も減った。しかも、高校を卒業せず、働いてもいない男性の場合、職探し、教育、訓練等に費やす時間も短くなっていった。逆に増えたのは寝ている時間とテレビを観る時間で、特にテレビを観る時間は、一九八五年から二〇〇五年までに週一〇時間近くも長くなった。彼らはもはや未来に希望が持てなくなり、職探しも教育や訓練も諦め、絶望のなかでテレビを観続けるか、ただ寝ているかしかできなくなっていった。

この変化はフィッシュタウンのような町の姿を決定的に変えた。マレーによれば、一九六〇年から八〇年代前半まで、この町の非労働力率は全米の失業率と同じように推移していた。七〇年代の不況はこの町も襲ったが、この町だけが特別ではなかった。ところが八〇年代半ば以降、全米の失業率は下降しても、フィッシュタウンの非労働力率は上昇し続けたのだ。マレーは、この町の二〇歳から六四歳までの非労働力率が、一九六〇年の九％から二〇〇〇年の三〇％まで上昇したという。ここは大人の男たちの三人に一人が働いてない町となった。このような町では、「コミュニティの形成ないし再生を可能にするいわば〝原料〟が、……もはや回復不能なほど減少」してしまう［マレー 2013：359］。つまりコミュニティが何らかの文化を保持すること自体が困難になっていった。

ウィリアム・J・ウィルソンは、一九八〇年代以降のアメリカ社会で崩壊していったのは白人労働者のコミュニティばかりではないと論じている。アフリカ系アメリカ人の労働者たちも、その下層において同様の崩壊を経験してきた。彼によれば、アメリカのインナーシティの失業率や一〇代の妊娠、婚外子、ひとり親家族、福祉依存、重大犯罪などの割合が、七〇年代前半までは限定的な数値だったが、それ以降、「破局的な段階に立ち至」る。たとえば、一九六五年にアフリカ系アメリカ人の新生児の内、婚外子は四分の一であったが、八〇年代には五七％にまで上昇する。一九六五年、アフリカ系家族の内、女性が世帯主である家族は約二五％だったが、八〇年には四三％になった。これと相関して、福祉依存が貧困層の間で急激に増えていった。

奴隷制時代にも、世紀転換期に始まった北部大都市への移住時代にも、激しい社会的差別のなかでアフリカ系の人々のコミュニティはしぶとく維持されてきたのだが、八〇年代以降、その崩壊が顕著になっていったのだ。これには、「産業の中心が製造業からサービス産業へ移行したこと、また労働市場が低賃金部門と高賃金部門に二極分化したこと、技術革新が進んだこと、さらに製造業が中心諸都市から引き揚げていったこと」が決定的に作用していた［Wilson 1987＝ウィルソン 1999：79］。この変化のなかで、「雇用者の平均教育レベルが高校卒以下の産業で仕事が減り、反対に雇用者の教育レベルが高度な産業で仕事が増えた」［同：80］。そして、アメリカ北東部と中西部の大都市では、人種を問わず若年層の失業率や非労働力率が劇的に高くなっていった。

一九八〇年代が後戻りできない転換点だったとするこれらの認識は、フィッシュタウンとよく似たオハイオ州の鉄鋼の町ミドルタウンで生まれ育ったJ・D・ヴァンスの記述とも相応している。彼は、故郷のミドルタウンがすっかり変ってしまったのは八〇年代後半からだという。その変化は、「土砂崩れというより、浸食と呼んだほうがふさわしい緩やかな変化だったので、住民ですら見逃しがちだった」。以前は「にぎやかなショッピングセンターや、第二次世界大戦前から続くレストランがあり、製鉄所でのきつい一日を終えた祖父のような人たちが集い、ビール一杯（あるいは何杯も）引っかけられるバーもいくつかあった」。ところが九〇年代に町は一気に寂れ、「現在でも堅実に営業している店はとても少なく、多くは完全に撤退した」［Vance 2016＝ヴァンス 2017：89-90］。

「ミドルタウン」とは、社会学者ならば知らぬ人のないリンド夫妻による古典の舞台と同じ名前である。リンド夫妻が一九三〇年代、フィールドワークを重ねた「ミドルタウン」は、アメリカ的生活様式を享受する中産階級コミュニティのモデルであった。ヴァンスが描いたのは、それとは対極にあるコミュニティの崩壊である。それはたしかに、繁栄から取り残された貧困層の文化なのだが、社会学的に語られてきた「貧困の文化」とも似ても似つかない。というのも「貧困の文化」とは、かつてオスカー・ルイスがその諸著作において、メキシコシティやプエルトリコの貧民街のフィールドワークから浮かび上がらせていった文化世界で、近代都市の只中にあっても近代的な価値から巧みに逃れていく人々のしぶとい日常がそこにはあった。

しかし、ヴァンスが描いた「貧困の文化」は、こうした貧しさが逞しさの土壌となる文化ではない。むしろそれは、「社会の衰退を食い止めるのではなく、それをますます助長する文化」なのだ［同：14］。子どもの頃、彼の近隣では、「裏庭で遊んでいると、親の叫び声が聞こえてくる。

私たちは路地に逃げだしてそのあたりに身を隠した。そもそも祖父の近所の人たちは、あまりにも大声でわめくので、家のなかにいてもその声がはっきり聞こえてくる。……ののしり合って叫び散らし、ときには取っ組み合いのけんかをするのは、私たちの周りでは日常茶飯事だった」[同：124]。毎日が刺々しく荒涼としており、心のよりどころがない。そんな環境に長くいると、人々は「よい仕事であっても、長続きしない。支えるべき結婚相手がいたり、子どもができたり、働くべき理由がある若者であっても、条件のよい健康保険付きの仕事を簡単に捨ててしまう。さらに問題なのは、そんな状況に自分を追い込みながらも、周囲の人がなんとかしてくれるべきだと考えている」[同：15]。言うこととすることが一貫せず、目の前の現実が直視されず、多くが薬物中毒に陥っていく。彼らは社会に対する根深い不信感を共有し、「絶望的な悲しみを抱えて」生活している。

一九八〇年代以降のアメリカにおける労働者階級文化の変質は、この頃からアメリカで顕著となった階級的両極化のなかで生じていた。新しい下層階級はかつてのような「貧困の文化」を持たず、そのコミュニティも社会的紐帯を解体させた孤立的状況にある。他方、新しい上層階級の登場も九〇年代初頭から社会科学者の関心の的となってきた。すでに言及したマレーは、九〇年代に話題を呼んだ『ベルカーブ』[Herrnstein & Murray 1994]のなかで、情報社会では認知能力のよる階層化が進み、これまでのエリート層とは異なる「コグニティブ・エリート」が登場してくると論じていた。これに先立ちロバート・ライシュは、新しい経済は情報処理を仕事とする頭脳労働者によってリードされ、彼らとルーティンの生産工程やサービス業に従事する労働者の格差が拡大するとしていた。この新しい産業システムの頂点に立つのは、経営者、技術者、法律家、科学者、ジャーナリスト、コンサルタント、官僚などの「シンボリック・アナリスト」である［Reich 1991＝ライシュ 1991］。そして今日でも多く言及されるのは、リチャード・フロリダのクリエイティブ産業論である。これらは総じて、情報技術の高度化を背景に知識関連分野で少数エリートへの富の集中化が進み、アメリカ社会が新中産階級中心の社会から新上流階級中心の社会に変容することで、膨大な中産階級や労働者階級が切り捨てられていくと論じていた。

〈分断〉の政治／〈連帯〉の政治

カルチュラル・スタディーズは、これらの知見に従って、新しい貧困層の階級文化についての実直な研究に回帰していくべきなのだろうか。たしかに、トランプ政権を誕生させた根底には労働者文化の崩壊があり、この崩壊を内在的に分析できなければ、第二の誕生を経て理論的に深化した認識地平も真に批判的な挑発として生かされない。だが、それでもなお、文化左翼がこだわる表象の政治を、再分配（＝経済）の政治へ引き戻すべきであるというローティの主張に完全に同意することはできない。そもそも一九八〇年代以降のアメリカ社会の変容は、社会総体の情報化と仮想化、知識や情報、データの影響力が圧倒的に拡大することのなかで生じていた。だからこの社会の根底的な批判であるためには、それまで以上にメディアや情報、イメージと文化の分析は重要になるはずだった。格差拡大と労働者コミュニティの崩壊は、そうした情報優位の社会のなかでの出来事として理解されるべきである。つまり、イメージや記号、表象、言説、テクストの政治には、再分配の問題に解消されない重要な論点があり、新しい社会の変容局面のなかでこの問題を探究し続けることが、カルチュラル・スタディーズの進むべき道なのである。

それでは一体、トランプ時代のカルチュラル・スタディーズが問うべき〈文化〉と〈政治〉の関係とは何か。確認すべきは、トランプ政権誕生が白人労働者階級の転向に支えられたものであったとしても、現象としてのトランプ時代は、それ以上に無数のフェイクニュースや「敵」のイメージを誇張するポピュリズム、無数の日常化した嘘に塗れている。トランプ大統領は、その就任から二年間で八一五八回の嘘をついており、この「嘘つき」の頻度は二年目にますます激しくなり、一日平均一六・五回を記録している。その種類も、自己賛美に政敵誹謗、事実捏造と様々で、本人はそうした虚実の区別をほとんど問題にしていない。世界最大の国家の大統領が自ら進んで全世界に嘘をまき散らすこの状況は、インターネットの浸透で大いに促進されている。トランプを大統領に選んでいくことになった二〇一六年の選挙戦では、トランプ自身が勝手気ままに嘘をまき散らしただけでなく、マケドニアの貧しい若者たちが広告収入目当てにヒラリー・クリントンを誹謗するフェイクニュースを大量に製造していた。これらの怪しげな情報は、フィルターバブルの構造によって、まさにそうした情報を欲する層に集中的に配信されてもいた。似たような情報ばかりが配信され、トランプ支持者たちは根拠のない情報をかなりの割合で信じていた。世界はインターネットのアルゴリズムに従って、自動的に分断されていたのである。

そして、この仕組みを狡猾に利用したのはロシアの諜報機関だった。すでに明らかになっているだけでも、アメリカ大統領選挙に向けてロシア軍参謀本部情報局は民主党本部のサーバーをハッキングして同党の情報を盗み出し、ウィキリークス等で大量流出させていた。プーチン大統領に近いロシア企業はフェイクニュースの発信を通じて対立を煽動し、クリントン陣営にダメージを与えていた。すべてはヒラリー・クリントンの当選を阻み、トランプを大統領にしていくための策動であった。情報はフィルターバブルの構造と連動し、特定の関心を持つ者により大きな効果を発揮したようである。一連のロシア疑惑を捜査したマラー特別捜査官の報告書は、トランプ大統領による数々の司法妨害に加え、その外交顧問がロシア側から秘密情報を入手していたことや、トランプの長男がロシア側弁護士等と面会していたこと、トランプ陣営幹部がロシア組織によるフェイクニュースを拡散していたこと、さらに同陣営はロシア側の暴露を見越して広報戦略を展開していたことなど、数々の「限りなくクロに近い」疑惑を指摘した。

すでに述べた労働者階級文化の変容と、こうしたメディアと政治の関係の変容は、トランプ時代のアメリカでどう結びついているのであろうか。一方で、工場地帯の労働者たちの間では、経済的な衰退のなかで社会の解体が進み、他方で、インターネットのアルゴリズムは、マス・メディアのように社会を共通の意識に統合していくことよりも、断片化された意識にそれぞれが自己充足するコミュニケーション秩序を生み出した。明らかにトランプ大統領の誕生は、この両方の変化を背景としていた。トランプ自身もこのことを十分に認識しており、だからこそ彼はさらなる分断を煽り、「敵」を名指し、「壁」を立てることに執着する。つまり、今日のアメリカを席巻しているのは、都市と農村、有色人種エリート層と白人保守層、グローバリズムと反グローバリズム、富める者と貧しき者の対立以上に、〈分断〉の政治と〈連帯〉の政治の対立である。

このうち〈分断〉の政治は、ラストベルトの労働者たちの文化的崩壊からインターネットのフィルターバブルまでの環境変化に力を与えられている。社会全体が経済成長に向かい、出版からテレビまでのマス・メディアが拡張していく時代には、社会は国民国家の水準で遠心力よりも求心力を強めていた。だが、欧米や日本のような成長を終えてしまった社会では、もう新たに大きな市場は生まれず、産業転換のなかで下層中産階級や労働者階級が没落していく。そして社会の階級的な構造の再編と新たなメディアに媒介され、文化的には遠心力が求心力を急速に凌駕していくことになるのである。そこでは社会は、集団の共同性よりも、ネットワーク的な個別性において営まれていくのだ。個人は閉じたコミュニティから解放され、同時に孤立する。その解放と孤立の先には、〈分断〉の政治と〈連帯〉の政治の激しい闘争が待ち構えている。

だからトランプ時代のカルチュラル・スタディーズにとってのポイントは、諸々の文化のなかで作動する境界線の政治を問うだけでなく、その境界線でせめぎあう〈分断〉と〈連帯〉の文化政治を考えることとなる。ローティの批判に立ち返るなら、表象の政治と階級の政治、あるいは〈文化〉の問いと〈再配分〉の問いは、単純に二分法的に分かれていないし、一方が他方を規定する関係にあるわけでもない。経済とメディア、つまり財の再配分の体制と知の流通＝配置の体制は、高度に発達した情報社会では不可分に絡まり合っている。だからそのような社会において〈再配分〉を問うことは、知の公開性や共有性（コモンズ）を問うことから切り離せないし、文化の政治は単に文化だけに閉じておらず、それをめぐる利権や富、人々のキャリアや貧富の格差をめぐる問題とも不可分である。新しい経済と情報の仕組みのなかで、旧来の中産階級や労働者階級も、家族や地域から国民国家までの集団的秩序も境界線が薄らいていく。この集団性が溶融していく状況に、再配分の政治学だけで対抗していくことができるわけではない。

他者の制圧としての銃乱射と性暴力

たとえば、〈分断〉の政治の最も極限的な例は各地の銃乱射事件であろう。一言でいうなら、銃乱射とは「関係の失敗」の結末である。アメリカではそのような銃乱射事件が一九九〇年代末から頻発化していった。この種の事件で最初に大きな衝撃となったのは、一九九九年四月、コロラド州コロンバイン高校で起きた事件だった。マイケル・ムーアがドキュメンタリー映画『ボーリング・フォー・コロンバイン』で鋭く描いたこの事件では、男子高校生二人が四五分間に一三人を殺害し、自分たちも自殺した。その後、二〇〇七年四月には、バージニア工科大学で男子学生が二時間余で三三人を射殺した。この時も、犯人は犯行後に自殺している。その後も銃乱射は後を絶たず、その頻度や規模は増大していった。とりわけ二〇一〇年代のアメリカでは、乱射事件が年数回起きることも珍しくなくなった。二〇一二年七月、コロラド州の映画館で二四歳の男が映画の銃撃シーンにあわせて銃を乱射し、一二人が死亡した。同年一二月には、コネティカット州の小学校で二〇歳の男が一〇〇発以上の銃弾を乱射して児童や教職員二六人を殺害した。翌一三年には、ワシントンの海軍施設で海軍勤務歴のある男が銃を乱射し一二人が死亡した。一五年六月には、サウスカロライナ州の教会で白人の男が銃を乱射して九人の黒人男女を殺す。同年一二月には、カリフォルニア州の福祉施設の銃乱射で一四人が死亡した。一六年になると、フロリダ州のナイトクラブで男が自動小銃を乱射、四九人を殺害する。一七年一〇月には、ラスベガスで六四歳の男が高層ホテルの三二階の部屋から野外コンサート会場に銃を乱射、五九人が死亡する事件が起きた。男は三二丁の銃を部屋に持ち込んでおり、自宅にはさらに一九丁の銃と数千発の銃弾があった。翌一一月にも、テキサス州の教会で礼拝中に男が乱射、二六人が死亡した。二〇一八年二月には、フロリダ州の高校で一九歳の青年が二六人の高校生を殺害する。

これらの乱射事件には、いくつかの明瞭な特徴がある。まず、犯人は全員が男性である。銃乱射は本質において戦時暴力とよく似ている。後者が戦場で、武器を持つ兵士が無防備な住民に対して振う極限的な暴力であるのに対し、前者は平時の社会で、銃を持つ男が様々な関係の失敗の果てに、学校や教会、映画館、コンサート会場など多くは公共的な場に集まっている無防備な人々に振う極限的な暴力である。この暴力の主体がほとんど男性である点で、銃乱射には戦時性暴力との類縁性もある。銃乱射は一方的に相手の存在を抹消してしまう行為だが、ここにはジェンダー的な支配・排除が暗黙裡に内装されているのだ。他方、これらの事件がバージニア、コネティカット、ネバダ、コロラド、サウスカロライナ、テキサス、フロリダというように、アメリカの西南部や南部のベルト地帯に多く発生する傾向があることも注目に値する。この一帯は、南北戦争での人種的紛争地域と完全に一致するわけではないが、事件の分布は銃による暴力が、ジェンダーのみならず人種間の問題とも深く結びついて顕在化していることを示唆する。大まかに言うならば、銃乱射の背後には、男性による女性の暴力的な制圧という問題系と、白人によるアフリカ系やアメリカ先住民、有色諸人種の制圧という問題系の両方が潜んでいるのである。

もちろん、アメリカでこれらの問題がこれほど悲惨な結末を生んでいる背景には、三億一〇〇〇万丁に上る銃器が一般民間人に所持されている事実がある。これほど人々が銃を持ち、また多くの人がその銃で死んでいる国は他にない。この銃所持を正当化してきたのは、知られるように合衆国憲法修正第二条である。この条項は、市民一人ひとりの武器保持（潜在的武力行使）こそが、専制から市民の自由を守る人権と規定している、と銃規制反対派は解釈してきた。この意味で、松尾文夫が書いたように、この国では「自由と平等の民主主義の理念そのものに、武力行使というDNAが組み込まれている」のだ［松尾 2004：58］。

これはしかし、異様な社会である。この異様さの根底には、アメリカ白人社会の先住民やアフリカ系、様々な他者に対する怖れがある。そしてその恐怖心が、征服への強迫的な固執に結びついてきたのだ。事実、銃規制への最大の反対勢力であるNRA（National Rifle Association）は、一八七一年に設立された古い団体だが、一九六〇年代までは射撃などのスポーツ愛好家の団体だった。ところが六〇年代、黒人運動の盛り上がりのなかで最左翼ブラック・パンサーは銃による闘争路線を選択していく。銃所持がアメリカ人民の権利の一部である以上、その人民に含まれる黒人もまたこの権利を有しているとの論理である。この運動が激しく展開したカリフォルニアでは、彼らに対する反発も大きく、保守派惣領たるロナルド・レーガンの知事時代、銃の所持を規制するマルフォード法が成立していった。NRAも当時は銃規制賛成で、アフリカ系の人々が銃を持ち始めることを恐怖していた。しかし、黒人運動が退潮し、その武装闘争路線が消えていくと、今度はレーガンもＮＲＡも共に一転して銃規制緩和の路線に転換するのだ。この展開は、銃所持への固執が白人男性の他人種に対する恐怖心と深く結びついてきたことを示唆する。

そして、この緩和路線が規制論を圧倒していくのがジョージ・ブッシュ時代である。9・11の衝撃は、クリントン時代に活発化しつつあった銃規制論を完全な沈黙に追いやった。人々は、テロから自らの身を守るためと次々に銃を買い、メーカーは大いに潤った。かつては規制派により、武器メーカーが銃を過剰に生産することで犯罪を助長しているとの訴訟もなされたが、二〇〇三年、アメリカ議会は銃器製造・販売業界に対する訴訟を禁止する法律を成立させる。こうして今や、銃器メーカーは銃を作り放題となる。二〇〇〇年代から二〇一〇年代にかけて、銃の販売は拡大し、そのことがＮＲＡのような圧力団体の力をますます大きくしていった。

銃乱射は見知らぬ他者たちを一瞬で殺戮するきわめて極限的な暴力だが、より日常的な場での性暴力として蔓延しているのがセクシュアル・ハラスメントである。一向に収束しない銃乱射事件にアメリカ社会が苦悩するなか、トランプ政権下で著名人男性による性暴力・セクハラの問題もせり上がってきた。そのきっかけとなったのは、ハリウッドに君臨してきた大物プロデューサー、ハーヴェイ・ワインスタインの過去三〇年にわたる行状だった。彼はアカデミー賞受賞作を含む傑作を目覚ましいスピードで生み出し、他に並ぶ者のない地位を築き上げた超大物だったが、その裏で多くの女性たちへの悪質なハラスメント行為を重ねていたことがニューヨーク・タイムズ等の報道で明かされていったのである。彼はこの報道が出るまで、数々の告発を金の力で握りつぶしてきた。周到にも、彼の会社は社員に秘密保持の義務を課しており、同社の社会的な評判を傷つけるような発言は禁じられていた。しかも彼は、自分を拒絶した女優を映画界から排除する画策までし、それは彼の権勢のためにある程度成功もしていたのである。

明らかになった事実を総合すると、ワインスタインが取り憑かれていたのは、性欲以上に他者を奴隷化する権力への強迫的な固執だったように思えてくる。彼はヒットが見込まれる映画の配役やオスカー賞受賞に影響を与え、性的に女優たちを奴隷化し、それが失敗すると彼女たちを周縁化させることで影響を与え続けた。要するに、世界に欲望の主体は自分しかいないのであり、他者は性欲においても、名声においても、常に自分の欲望を満たす道具でしかない。

このワインスタインの他者との関係性は、ドナルド・トランプのそれによく似ている。トランプの場合もまた、閣僚から他国まで、他者は彼の主張を実現するための道具でしかない。彼がしばしば日本やドイツのような同盟国との協調関係を重視しないのは、これらの国が自分にとって役に立つのでなければ、彼にとっては長期的な同盟関係など何も意味しないに等しいからだ。長期の安定的な関係ではなく、彼が執着するのは「ディール」、つまりその時々の争いに勝つことである。彼が嘘を平気でつき続けるのは、長期的な信頼関係に関心がないからである。彼にとっては、その場での争いに勝ち続けることがすべてで、そのために全力で相手を利用し尽くす。彼のなかに他者への共感や内省、良心などありようもなく、もしも他者がまるで自分の役に立たないのなら、その存在はなきに等しいし、もしもその他者が、自分が何かを得ていく上で障害になるのなら、彼は全力でそのような他者を排除、ないしは抹殺する。この自他関係への単純かつ極端な態度が、ヒラリー・クリントンに対する彼の執拗な攻撃姿勢となってもいた。

銃乱射と性暴力に抗する〈連帯〉の政治

トランプ時代とは、敵を名指し、社会の分断を煽り続けるポピュリストが、その社会の根底的な格差や分裂、劣化ゆえに権力の維持に成功していく時代である。彼を支えているのは〈分断〉の政治の蔓延であり、だからこそ彼は「暴君」としてふるまい、自分の気にくわぬ者たちを露骨に敵視し、その排除を見せびらかしていくことになる。それは、保守的な意味でも〈包摂〉の政治とはなり得ない。たとえば戦後の日米関係は、アメリカのグローバルな覇権と日本のポスト帝国的なアジア蔑視の幸福なる〈抱擁〉の時代を過ごしてきたわけだが、トランプによる〈分断〉の政治は、そうした〈抱擁〉の政治的価値を理解しないだろう。つまり、一般にほとんどの保守的な体制は、ある落としどころを探りながら、周縁的な他者もできるだけ内部化して権力を安定化させるのだが、トランプの〈分断〉の政治は正反対で、むしろ敵味方を峻別し、自らを取り巻く状況を不安定化させ続けることで逆に権力の舞台の中央に立ち続けようとする。正常な感覚の持ち主ならば、そのような手法は自分が疲弊していくので選択しないが、ドナルド・トランプという人物は、まったくもって正常な感覚の持ち主ではないので、このやり方でもストレスを感じない（不安定が常態なのは周囲の人々にとっては最悪なので、次々に辞任していく）。

そうしたなか、前述のワインスタインの事件が重要なのは、彼のセクハラそのもの以上に、それを契機に全米で生じていった反応の大きさである。ハリウッドでのワインスタインの存在の大きさとセクハラの内容の酷さから全米に衝撃が走り、実は、第二、第三のワインスタインがいることに人々は気づいていった。こうしてハリウッド内外で、百人を超える著名な男たちが次々に告発されていく。告発された人物は、番組を降板させられたり、製作中の映画がキャンセルされたり、辞職に追い込まれたりした。ワインスタイン事件を契機にハリウッドから全米、さらに世界へと広がったセクハラ告発の潮流は、すでに「ワインスタイン効果（Weinstein Effect）」として知られている。ワインスタイン効果とは、性的なふるまいに問題がある有名な、ないしは権力を行使できる立場の男性を多数の女性たちが糾弾していく流れのことを指す。

そして、この「ワインスタイン効果」を全米に爆発的に拡大させたのは、「#MeToo」ムーブメントと呼ばれるインターネット上での動きだった。もともと「MeToo」は、女性人権活動家のタラナ・バークが二〇〇六年頃からアメリカ社会に広がる性的虐待への関心を高めるための言葉として使い始めたものだったが、ワインスタイン事件が大きな衝撃を生むなかで、女優で歌手でユニセフの活動家でもあるアリッサ・ミラノがニューヨーク・タイムズの記事から一〇日後、一〇月一五日に彼女のツイッターでこの「MeToo」にハッシュタグ#をつけて女性たちがそれぞれのセクハラ経験をネット上に投稿するよう呼びかけたことで一気に浸透した。

ミラノの呼びかけは大反響を生み、ネットにはこのハッシュタグが溢れていった。一〇月一五日、ミラノが呼びかけたその日には、彼女のツイートは二〇万件以上のフォロワーを生み、翌日にフォロワーの数は五〇万件に達した。フェイスブックでは、彼女のツイートからたった一日以内で四七〇万人以上の人が「#MeToo」のハッシュタグを使い始めたという。まさに爆発的に広がったわけである。反響のなかにはいくつもの具体的なハラスメント経験の告白があり、それらが共有化され大きな力になっていった。ハリウッドからジャーナリズム、そして政治家たちへと批判の矛先が広がっていったワインスタイン効果は、「#MeToo」ムーブメントによってネット上に共通のプラットフォームが構築されることで、いわゆる文化人や政治家にとどまらない広範な組織で既存の性的な権力関係を問い直すグローバルな運動へと発展していったのである。

ミラノは当初、セクハラ被害は多くの女性の共通経験であるにもかかわらず、それが分断されている状況を変える必要があると考えたという。ネットにはその力があり、共通のプラットフォームを構築することが出発点となる。タイミングといい手法といい、ネットの可能性を的確に理解しての動きだが、彼女が有名女優で運動家の経験も積んでいたことも影響した。そして彼女がこの国の男性中心主義にネットから挑戦するよう呼びかけた瞬間、同じ思いを抱いていた女性たちが全米各地に膨大にいたのだ。ワインスタインのハラスメントは、権力や金との癒着、ハリウッドという舞台、彼の獰猛なイメージも含め、多くの問題を一挙に公共の議論の場に浮上させる格好の触媒だった。ミラノ自身の有名性も、そうした触媒の一部をなしたであろう。

やがて、「#MeToo」の運動が全米で渦巻くなかで、先述した銃乱射にも新しい動きが生じてくる。銃規制に重い腰を上げようとしないトランプ政権や共和党保守派、その背後で今も銃規制に反対し続けるＮＲＡに対する怒りが草の根で結びつき、「#MeToo」に倣った「#BoycottNRA」や「#NeverAgain」の運動が広がっていったのだ。前者が標的としたのは、Ｎ

ＲＡに様々な便宜を提供してきた大企業である。たとえば、宅配大手のフェデックス社は、ＮＲＡ会員に配達料の二六％もの割引を実施してきた。そのようなサービスを提供する大企業に対し、ＮＲＡとの関係を断つように迫った。運動は瞬く間に広がり、航空大手のデルタ航空やユナイテッド航空、レンタカー、金融や生命保険、ホテル業界の大手企業がわずか数週間で次々にＮＲＡ会員に提供してきたサービスを打ち切ると発表した。ＮＲＡは、これまでこれらの便宜供与とセットで会員数を伸ばし、それを政治的影響力に変えてきた。この消費社会のなかでの経済と政治、暴力の結びつきに「#BoycottNRA」は楔を打とうとしたのである。

後者、「#NeverAgain」の運動は、ミラノのような有名人でもプロの社会運動家でもなく、銃乱射事件のあったフロリダの高校生たちが校内から始めた運動だった。乱射事件の翌日、クラスメートを失った高校の何人かの生徒が集まり、事件を社会で忘れさせないために何ができるかを話し合った。一人の提案で、彼らは「#NeverAgain」をキーワードにネット上で運動を開始した。彼らは同じ高校の全生徒に翌日、事件と同じ時間に一斉に「#Never Again」をツイートするよう呼びかけた。このハッシュタグは一瞬で広まり、五〇万回はシェアされたという。高校生たちは活動拠点の家で「ラップトップコンピューターに向かった。生徒たちの多くは高校のドラマや放送ジャーナリズムの活動を通じてお互いを知っており、こうした活動を通じて人前で感情を込めて話す能力を磨いていた」（Wall Street Journal　Feb 26, 2018）。やがて、彼らの活動を資金的に支援する資産家や団体が現れ、さらに大規模な市民運動を組織してきた人々が高校生の支援に乗り出した。彼らの支援により、高校生の運動は数週間で全米的なものになった。

そしてついに二〇一八年三月二四日には、約八〇万人が参加したワシントンでの「私たちの命のための行進（March for Our Lives）」が実施される。銃規制強化を国に迫るこの行進には、フロリダの事件に心を痛めた各地の高校生やその親たち、繰り返される銃撃事件に憤る一般市民、多くの有名人が加わった。同時に全米で銃規制を訴えるデモが行われ、ニューヨークのデモに参加したポール・マッカートニーを含め、動きは世界的なうねりとなった。この大行進で、ワシントンの連邦議会前の大通りはすっかりデモの人々で埋め尽くされた。人々は、「Never Again」「Enough is Enough」「Stop NRA」「Shame On You」等々のプラカードを掲げ、政治家たちが即時、銃規制強化に向かうよう訴えた。さらに具体的に「Vote Them Out」、すなわちＮＲＡに支援され、銃規制強化に反対する政治家を次の中間選挙で落選させようとも訴えた。

テクストの多層性からネットの群集性へ

重要なことは、トランプ大統領を誕生させたフェイニュースやフィルターバブル、移民を「敵」に仕立て上げる自己防衛的なポピュリズムの語りも、「#MeToo」から「#NeverAgain」までの暴力に抗する運動の広がりも、同じインターネット上で展開されてきたことである。かつて新聞やテレビ、大衆雑誌が支配的だった時代、カルチュラル・スタディーズはそこで展開されるテクストが、支配的な読みや対抗的な読み、折衝的な読みに開かれた多層的なものであることを示した。たとえばテレビが支配的な時代には、異なる階級、エスニシティ、ジェンダー、世代の人々が同じ番組やニュースを観ていても、その受容には無数の意味の抗争があることが示された。ところがインターネットは、マス・メディア時代よりもはるかに拡散的な情報回路を成立させる。異なる階級やエスニシティ、ジェンダー、世代の人々が同じ番組を視聴することは少なくなり、それぞれの関心によってばらばらなコミュニケーション世界を生きていく。だからフィルターバブルに閉じこもるトランプ支持者の世界を知るにも、銃規制や反性暴力のムーブメントの草の根的な拡散を理解するにも、それぞれの運動の内部に入り込む人類学的実践が必要となる。

テレビや大衆雑誌、映画の受容よりも、インターネットの利用を通じて浮上してきたこの新たな抗争的な場に対し、第三世代のカルチュラル・スタディーズが取り組むべき少なくとも三つの課題を指摘できるように思う。第一に、ここで問題になってくるのは、異なるプラットフォームに媒介されて分立するコミュニケーション世界の間の抗争である。つまり文化的なジャンル間の境界線が薄らぎ、メディアミックスも進む一方で、そのように複合化したメディアの世界は異なる政治・文化的志向の人々の間で分解し、共通の場は失われていく。グローバリゼーションが単純に世界を同じ空間に統一していくのではなく、標準化が進みながらも多数の乖離的な空間を分立させていくように、ネット社会化もデジタル技術によってメディアの境界線が単純に失われるのではなく、既存のジャンル間、メディア間を越境するメディア利用を拡大させながら、それらのユーザーを社会的な志向性に従って分類し、それぞれの文化世界に分立させていく。

したがって、ここで折衝や排除、包摂が問題となるのは、それぞれのネット空間内の個別の言説の解釈をめぐってだけではない。それ以上に、様々なレベルで分立するサイトやプラットフォーム、複数の言説圏の編成や布置、相互の参照関係や利用者のアクセス履歴、それらの境界やその侵犯に注目しなければならない。当然、ここで問われるのはかつて「エンコーディング／デコーディング」として論じられた個別のテクストよりも、コード、プラットフォーム、アルゴリズム、ソフトウェア等々の概念で指し示されるネット空間のデザインとなる。換言するなら、かつてのカルチュラル・スタディーズのメディア研究が書物と読者の関係をモデルとしたなら、このモデルは図書館と利用者の関係に置き換えられていくだろう。図書館での読書行為が、書棚の配列や閲覧室の布置、検索カードによって条件づけられてきたように、ネット空間での人々の行動も、その空間のアーキテクチュアに条件づけられている。そこで問われるのは、そのようなシステムのデザインだけに単純には還元されない人々のネット空間での集合的な実践である。

さて、第二の課題は、インターネットに媒介される社会では、ネット上のコミュニケーションが現実の社会的行動に直接転化されやすいことに由来する。バーチャルとリアルの距離は、マス・メディアよりもネットのほうがはるかに近い。これは、インターネットが開かれたメディアだからではなく、かつてマクルーハンが論じた意味で徹底して「冷たいメディア」、つまりそこでの意味世界が一人ひとりの利用者の関与によって成り立っていることに由来する。マクルーハンの期待とは異なり、テレビはなお「熱いメディア」であった。つまり、その内容は送り手によって制作され、受け手に提供されるものだった。たしかに解釈の多層性があり、送り手側の意図とは異なる読み取りが無数になされたが、いくら「能動的」でも受け手は受け手であった。だから受け手がコンテンツの一部を自ら演じる場合、それはモデルに対するコピーとなった。ところがネットの場合、多数の利用者が投稿したり、拡散したりするなかでこそ意味世界が形成される。利用者の社会的行動は、ネット上の発信行為と同時並行的になされ、両者はその当人において連続的である。そのためここでは、利用者たちがその構築に最初から関与しているネット上の「現実」が、容易にネット外の社会的行動に転化され、現実世界を覆っていくことになる。

このことは、近年の様々なライブエンタテイメントの活発化にも示される。この点で、一方ではトランプ時代のアメリカでの銃乱射に抗議するワシントン大行進や日本でSEALDs（自由と民主主義のための学生緊急行動）に先導された反安保関連法案デモ、他方では安室奈美恵のコンサートやコスプレブーム、ポケモンGOやインスタグラムの人気で人々の集まり方が変化していくことまでが同じ位相転換のなかで生じているのだ。ネット空間の浸透で生じているのは、日常の生活空間から切り離されたバーチャルな出来事というよりも、むしろ日常の生活空間そのものの質的な変容なのである。デモや集会であれ食事やイベントへの参加であれ、都市での人々の行動はネットでの交信とますます一体化していくし、ネットのコミュニケーションは額縁舞台の向こう側の出来事ではなく、ますます私たちのいる客席をドラマの舞台とする仕掛けとなる。だからこれまでメディアの受容として語られてきた問題は、むしろ都市での集まりの問題として語られていくであろう。要するに、メディア研究と都市研究が一体化していくのである。

第三に、この〈ネット＝都市〉におけるコミュニケーションの瞬間性に孕まれる問題を指摘しておく。すでに言及した「#MeToo」や「#NeverAgain」、あるいは日本でのSEALDsの運動の爆発的な広がりが示したように、ネットの情報は短時間で大規模な大衆行動を出現させていくことがある。核分裂のように増殖する集合知が大規模な集合行動を喚起するのだ。この爆発力的な伝播力において、ネットはかつてハロルド・イニスが論じた意味で徹底的に空間的な傾向性を帯びたメディアである。反面、ここに欠落しているのは時間的な傾向性である。時間的な傾向性を持ったメディアとは、碑文や図書館、歴史的な展望を可能にする知の基盤のことだ。ネットを通じた情報の爆発は、一挙に社会に広がっていくが、長い時間をかけて徐々に形成されてきたコミュニケーションのような熟度を欠いている。そして、こうした情報の波が絶えず社会を左右していると、時間的な持続性の感覚自体が人々から失われていく。ネット社会は「じっくり、ゆっくり、末永く」が苦手な社会なのだ。ところが実は、長期的に意味のある社会の変化は、このような時間をかけたプロセスからしか生まれない。すでに述べた運動がどれほど衝撃的でも、中長期の持続的な過程につながらない限り、一時のブームでは何も変えることができない。

ここで〈分断〉の政治と〈連帯〉の政治の抗争という論点に戻るなら、〈分断〉の政治はネットが跋扈させる短期的な時間と相性がいい。ポピュリズムは歴史の長期的な持続性にあまり関心がない。トランプ大統領の政治手法がまさにそうであるように、その瞬間ごとに最も大衆にアピールする「敵」を見出し、これを短いフレーズで徹底的に排撃して自らの地歩を築く。別に長期的なビジョンがあるわけではないし、他者と持続的な信頼関係を築こうともしていないから、その時々の状況でどこに分断の境界線があるかを見極めることができる。そしてその分断線の先に「敵」の姿を描き出し、分断のイメージを強化していく。それができればできるほど、「味方」の結束は固くなる。トランプ以前、同時多発テロに直面したジョージ・ブッシュ政権は「イスラム」と「アメリカ」の間に強固な分断線を引き、アメリカ社会の雰囲気をすっかり変えてしまった。〈連帯〉の政治は、この時間を短く断片化＝分断していく政治と同じ地平に立つ限り、そこに引かれていく分断線に後追いでしか対抗していくことができない。だからむしろ、ここで必要なのは、〈分断〉を受け入れさせてしまう風景の先に、それを乗り越える〈連帯〉の社会的結合や文化を見通していく中長期的な想像力なのだ。

カルチュラル・スタディーズにおけるアフターのアフター

以上で述べてきた三つの方向性が、果たしてどこまでリチャード・ローティの文化左翼批判に応答していくことになるかはわからない。どのような応答をしようとも、ローティからすれば不満だろう。それでもなお、カルチュラル・スタディーズの未来は単純な再分配の政治に戻ることにあるのではない。カルチュラル・スタディーズの存在証明は、あくまで〈文化〉と〈政治〉の関係を問い続けることにある。支配的な文化に対抗的な文化を対置させるのではなく、単にそれらの文化を貫通して資本主義のイデオロギー装置がどう作動しているのかを問うのでもなく、内部に格差が拡がり、亀裂が深まり続ける社会において、〈分断〉の政治と〈連帯〉の政治が渦巻く時代の文化とは何かを考えなければならない。それは、そのような文化を営んでいく国民国家とも階級とも必ずしも一致しない持続的な社会的結合を見出していくことでもある。

本書のタイトル「アフター・カルチュラル・スタディーズ」の「アフター」には、二重の意味がある。それはもちろん、時間的に「後の」という意味の「アフター」でもあるのだが、何かを「求めて」という意味の「アフター」でもある。前者の意味で「アフター」カルチュラル・スタディーズと言ったときには、第一世代や第二世代のカルチュラル・スタディーズの「後に」、どのような批判的知を構築し直していくかという問いが示される。ところが「アフター」は、時間的な前後関係だけでなく、何かを追い求めて、その後を追ってという目標との関係を指し示す含意もある。たとえば、「She(He) is a woman(man) after my own heart」と言えば、「彼女（彼）は、私が心底求めてきたような女性（男性）だ」、要するに「私は彼女（彼）のことが好きでたまらない」という愛の告白になる。私は別に、本書でカルチュラル・スタディーズへの愛の告白をしているわけではまるでないが、それでも〈カルチュラル・スタディーズ〉は、本書が全編にわたって追い求めようとしている目標でもある。つまり、この意味での「アフター」カルチュラル・スタディーズは、第一世代や第二世代のカルチュラル・スタディーズの先に、新自由主義による社会の分断化や社会的紐帯の崩壊、現実の基盤が浮動し、虚構化し、さらに自閉していく時代を乗り越える第三世代のカルチュラル・スタディーズを追い求めていく意志の表明となる。

強調しておきたいのは、この二つの「アフター」が別のものではないこと、それどころかまさしく表裏をなしていることである。トランプ時代の困難な状況のなか、なお文化の内在的な批判から〈連帯〉の政治に向かうカルチュラル・スタディーズのかたちとは何か――その答えは、それまでのカルチュラル・スタディーズが自らを再定義してきた格闘の歴史を通じて浮かび上がるはずである。それは、決して単に過去に戻ることでも、過去から離れることでもない。労働者階級文化研究との関係では、今日の変質が、カルチュラル・スタディーズが取り組んできた労働者たちの感情の構造のいかなる転換から生じたものであるかが検証されなければならない。他方、ポスト構造主義的転回との関係では、普遍的な真実の存在を疑問視し、その社会的構築を論じたポストモダニズムが、いかにして真実の相対性の認識から「ポスト真実」のポピュリスト的構築に向かう歴史修正主義と対決できるかという問題に、再び取り組んでいく必要もあろう。

つまり、トランプ時代のカルチュラル・スタディーズに求められるのは、あらゆる次元で進行する分断の政治の臨界面で、国民的な統合の回路にも、単なる階級的連帯の論理にも、またグローバル資本主義による消費社会的馴致の戦略にも回収されるのではない〈連帯〉の地平がどこにあるのかを示していくことである。本書で論じていくように、カルチュラル・スタディーズは草創期から、階級や人種、ジェンダーをめぐる境界線の構築に敏感であった。それは、理論的かつ実証的にそうした境界＝分断の政治がいかに働いてきたかを捉えてきた。だが今日、徹底した市場化とそれをイデオロギー的に正当化する新自由主義は、ポピュリスト的なふるまいによって境界線を強調し、分断を煽りさえしている。私たちの身の回りでは、階級的格差や競争する国家間の反目、人種的・民族的排除の言説がポスト真実的なリアリティの地平で渦巻いている。人々はメディアに対してますます「能動的」になっているが、そのことによって人々はますます「排他的」にもなっている。その排他性は、ある時には様々な移民排斥や反韓・反中の言説戦略であるかもしれないし、ある時には格差が拡大するなかでの民主主義的な感覚の劣化かもしれない。他方、ここにおける〈連帯〉の地平は、階級やネーション、地域に基づくという以上にますますメディア的な様相を帯びていくだろう。カルチュラル・スタディーズは、こうした二一世紀初頭の世界に蔓延する日常に対して無力であってていいはずがない。

以下の三部にわたる諸論考は、大雑把にいえば、知的運動としてのカルチュラル・スタディーズ、アメリカニズム、群集の場としての都市という三つのテーマを中心に、様々な場面で書いてきたものである。この序章で述べてきたこととの関係でいえば、第Ⅱ部は主に「トランプ時代」に向かうアメリカニズムの問題を扱い、第Ⅰ部は一九九〇年代から二〇〇〇年代にかけてのカルチュラル・スタディーズの取り組みを扱っている。そして第Ⅲ部からエピローグにかけては、ここで論じてきた〈連帯〉の政治について、著者なりに考えようとしてきた様々な記録と言うことができるかもしれない。これらのなかには純粋に学術的な研究というよりも、実践的に東アジアのカルチュラル・スタディーズの連合体である「インター・アジア・カルチュラル・スタディーズ」の立ち上げや、日本列島を中心とするカルチュラル・スタディーズをリードしてきた「カルチュラル・タイフーン」の立ち上げに関わるなかで生み出されていったものも少なくない。他方、私の演劇との出会いや社会学との出会いの原点にまで遡るものもある。そうした自分史との関わりでいえば、本の配列の順番とは逆に、エピローグが最も古い時代に触れ、この序章が最も新しい時代に触れており、両者の距離は四〇年以上に及ぶ。読者には、序章からエピローグへと時間的には逆走するベクトルのなかで、本書に収めた一九の試行が広げる風景を進んでいただければ幸いである。

I

越境する文化

I―1　岐路に立つカルチュラル・スタディーズ

一九九〇年代初頭まで、日本でカルチュラル・スタディーズが総体として語られることはほとんどなかった。たしかにすでに一九八〇年代から、知の様々な分散的な領域、とりわけメディア研究と人類学と文学理論で、既存ディシプリンの枠組を越境するいくつかの試みがカルチュラル・スタディーズとして意識され始めていた。メディアの研究者にとって、それはアメリカ流のマスコミ研究に真っ向から挑戦する新しいオーディエンス研究の潮流であり、人類学者にとって、それは人類学的実践の政治性を問い直すクリフォード以降の理論的傾向であり、文学研究者にとって、それはレイモンド・ウィリアムズの系譜を継ぐマルクス主義文学批評の新しい潮流だった。これら以外にも、社会学者や教育学者の間でポール・ウィリスの『ハマータウンの野郎ども』［Willis 1977＝ウィリス 1985］が話題になることはあったが、ウィリスらのサブカルチャー研究と一連のオーディエンス研究、ウィリアムズ以来の文化史やポストコロニアル批評の実践が、全体としてカルチュラル・スタディーズという大きな知の潮流を形成しているという認識は存在しなかった。

たとえば、日本のメディア研究者の間では、「カルチュラル・スタディーズ」はあくまで「マスコミ研究」の大枠のなかでの新しい批判的な潮流として解釈され、受容されるにとどまっていた。多くの論者たちは主流の社会心理学的な効果研究を批判し、「デコーディング」の過程における受け手の意味解釈の「能動性」やテクストの記号論的多義性を強調してきた。しかし、カルチュラル・スタディーズの要点をオーディエンスの意味解釈の次元に還元し、場合によっては利用と満足研究とも統合可能なものであるかのように見なすのは、日常生活の総体的批判としてのカルチュラル・スタディーズが内包する批判的な射程を著しく縮めてしまうことになる。

だからこそ、一九九四年秋頃に花田達朗や水越伸と私が、一九九六年春にスチュアート・ホールを日本に呼んでシンポジウムを開くことを計画し始めたとき、私たちは何よりもまずこうした日本のマスコミ研究の枠内の事柄としてカルチュラル・スタディーズが受容されていく現状を打破したいと考えていた。逆にいえば、この時点ではわれわれもメディア研究以外の領域でカルチュラル・スタディーズがどのように理解され、このシンポジウムがその後の日本の言説状況のなかでどのような役割を負わされていくことになるかを予測をしていたわけではなかった。

しかし、一九九六年以降、日本におけるカルチュラル・スタディーズをめぐる状況は大きく変わった。われわれの開いたシンポジウム［花田・吉見・スパークス 1999］が原因だったと言っているのではない。この年の一月に酒井直樹を中心に『思想』がカルチュラル・スタディーズの特集号を組んだことや、三月に『現代思想』がやはりカルチュラル・スタディーズの特集号を組んだこと、他の雑誌もこの動きの後を追ったことが一部では作用したであろう。しかし当時、日本の人文社会系の学問を学ぶ若い大学院生たちの間でカルチュラル・スタディーズへの関心が急速に広がったのは、既存の学問体制自体の地殻変動、すなわち一方では、旧来の伝統ある諸学の枠組と学生たちの学問的関心が調停不可能なほどに乖離していること、他方では、大学の研究教育組織の水準での学問体制の再編が、「情報」「環境」「国際」「文化」等をキーワードとした中身がきわめて曖昧な新領域を族生させてきたことなどと関係している。

さらに言うなら、日本におけるカルチュラル・スタディーズのこのところの流行は、急速に進むグローバル化のなかで、英米系のアカデミックな文化商品がついにここでも好んで輸入されつつある現象にすぎないのではないかという疑いもある。実際、日本のアカデミック・ジャーナリズムは、これまでにも構造主義や記号論、ポストモダニズムからディコンストラクションやフェミニズムまで、多くのラディカルな欧米思想を先を争って輸入し、消費し、忘却してきた。カルチュラル・スタディーズもまた、そうした最新流行品のひとつなのかもしれない。

とりわけカルチュラル・スタディーズの台頭は、グローバル化とともに英語圏の情報産業の覇権が拡大し、ルートリッジ社のような出版社が海外に市場を拡大させていった動きや、海外留学の大衆化のなかで、とりわけイギリスやオーストラリアのような英語圏の大学に日本から大量の留学生が渡っていった状況とぴったり重なっている。日本の大学で教えられる文学研究やマスコミ研究に飽き足らず、イギリスやオーストラリア、アメリカの大学院に留学してすっかりカルチュラル・スタディーズの虜になって帰ってくる学生や若い研究者が急増したのだ。

いずれにせよ、一九九六年の断層を経て、日本のなかでのカルチュラル・スタディーズの相貌はすっかり変わった。一九九〇年代末の日本では、かつてのメディア研究のなかでカルチュラル・スタディーズが受容されてきた歴史などほとんど忘れ去るかのように、ポストコロニアリズムと文学批評、ポスト構造主義的な表象分析の潮流として、「ポスト現代の人文学」としてカルチュラル・スタディーズが大衆的に受容されつつある。カルチュラル・スタディーズを支持する側も、これを批判する側も、今日ではどこか「カルスタ」と「ポスコロ」が似たものどうしの関係にあるという認識を共有しているが、この認識自体、比較的最近のものだ。

そしてこのような認識は、少なからずカルチュラル・スタディーズとその中心人物であるスチュアート・ホールの関心を重ねることによって生じてもいる。たしかに、カルチュラル・スタディーズのなかに共存する諸々の要素が、すべてこのカリスマ的人物において体現されてきた。実際、ホールの重要性は、独創的な対話空間を形成していく彼の実に卓抜な能力に由来している。長きにわたり、彼はカルチュラル・スタディーズの議論を最も生産的な仕方で刺激し、問いの焦点を明確にし、そうした問いのコンテクストを正確に見据えてきた。このような個性に媒介されることで、カルチュラル・スタディーズは異質性を内包した対話的空間として発展してきたのである。そしてこのホールの関心が、一九八〇年代から九〇年代にかけてメディアやサブカルチャーからポストコロニアリズムやアイデンティティの政治学へと大きく展開していった。そしてこれと連動するかのように、多くの「バーミンガムの学徒」の関心が、少しずつメディアやサブカルチャーからアイデンティティの政治学へと拡大していった。しかしそもそも、この二つの知的関心は、どのように結ばれ、重ね合わされるべき関係にあるのであろうか。

一九九〇年代末以降の日本では、ポストコロニアリズムとのイメージの重なりのなかで、カルチュラル・スタディーズには国民国家批判としての相貌も付け加えられていった。こうしたカルチュラル・スタディーズについての認識は、新保守主義の論客たちに見受けられ、近年のナショナリズム批判に反論する彼らの議論のなかで、「カルスタ」はしばしばナショナリズム批判の言説の一部に位置づけられている。たしかにカルチュラル・スタディーズにとって、日常意識のなかのナショナルな文化統合の自明性を批判し、「日本文化」などといった言説の政治性を暴いていくことは必要な基礎的作業ではあるけれども、これはむしろ現代の多くの批判的な知に共有されている視点であり、カルチュラル・スタディーズ固有の問題意識とも言えない。

他方、一九九〇年代後半の日本での流行のなかで、「被抑圧者」による「抵抗」の新たな理論的武器としてカルチュラル・スタディーズを導入していこうとする立場も強調された。この立場はしばしばカルチュラル・スタディーズの価値を「被抑圧者」たちのラディカルな抵抗運動との結びつきに求めていく。この認識は、たしかにアカデミックな制度化に批判的な距離を保ち、自らの知をあくまで同時代の社会の矛盾や葛藤、運動といった文化政治的な闘争状況のただなかに位置づけていこうとするカルチュラル・スタディーズのスタンスを表現している。だが、他方でカルチュラル・スタディーズの要点が「被抑圧者」の「主体性」を本質主義的に固定化することへの批判にあったことは、すでに様々に論じられてきた通りである。

　一方で日常のさりげない、分散的で断片的な文化実践のなかの政治と、他方で「抵抗」や「運動」、「抑圧」と「排除」といったより直接的な政治の発現は、あくまで連続的なものとして把握されなければならない。顕在化した「抵抗」や「運動」がまずあるのではなく、日常的実践のなかで様々な差異とアイデンティティが構成され、実定性を帯びていく政治の場が無数に重なりあっているのだ。カルチュラル・スタディーズが「抵抗」の武器になるとしても、それはまずこうした日常空間のなかの文化の政治学を対話的に捉えていくことを通じてであろう。システムの外部に立つことを特権化するのではなく、むしろそうしたシステム自体の重層性のなかに亀裂や矛盾、闘争と折衝のフィールドを見いだしていくべきなのだ。

　こうしてわれわれは現在、カルチュラル・スタディーズをその一九九六年を境とした転換とは異なる方向へむけて練り直していくべき地点に立っている。ここ数年、日本ではカルチュラル・スタディーズがあまりにも急速にアカデミック・ジャーナリズムの流行商品に仕立て上げられていったのが裏目に出たのか、論者たちの格好の攻撃対象ともされてきた。保守派はこれを国家の機能的な必要性を知らない脳天気な議論だとして攻撃し、一部の左派はこれを消費社会に迎合的なポピュリズムの表現と見なし、ポスト構造主義のテクスト理論家たちは、「カルスタ」など「頭の悪い」連中の「鈍重な実証主義」だと見下している。これらの批判には悪意ある攻撃という以前に、カルチュラル・スタディーズについての単純な無理解、あるいはきわめて一面的な理解に起因しているものも少なくない。これはすなわち、日本ではこれまでのところ、カルチュラル・スタディーズの理論的な戦略性が十分に説得的なかたちで示されておらず、またこの知的実践の中核をなすべき多様な批判的エスノグラフィーが、いまだ書かれてはいない状態の反映でもある。この状態は、このまま放っておけばいいという類のものではない。

カルチュラル・スタディーズとは何か。この問いに一言で答えることは到底不可能だとしても、私はカルチュラル・スタディーズが一九七〇年代から八〇年代にかけてもたらした決定的に重要な点が、文化＝テクストについての記号論的、あるいは精神分析的な構造分析から、文化＝テクストが生きられ、経験されていく場、すなわちそれらが生成＝生産され、同時に感受＝消費されていく場についての意味生産論的であると同時に政治学的でもあるようなエスノグラフィックな分析への転換にあったと考えている。この場合、文化＝テクストが生きられ、経験されていく場とは、何よりも日常生活という場、ミッシェル・ド・セルトーがいう意味での日常的実践の場である。したがって、カルチュラル・スタディーズとはそもそも何であったかということをあえて言うなら、それはやはり人々の日常的な文化実践の場の政治学であり、同時に詩学なのである。この点で、レイモンド・ウィリアムズの一連の文化史的研究と、一九八〇年代半ばあたりまでのスチュアート・ホールの理論的実践、そしてこのふたりに影響されながらなされていった数多くのエスノグラフィックなフィールドワークは問題意識を共有している。

ホールが繰り返し強調するように、カルチュラル・スタディーズはその時代や社会の状況のなかで絶えず変化し続ける知であり、これに何らかの「原点」があるかのように語るのは、避けるべきだ。しかし、現在の日本での「カルチュラル・スタディーズ」についての言説状況をまのあたりにしていると、この知がそもそもどのような問題意識から出発し、何を問おうとしてきたのかについて真剣な議論をしてもいいように思えてくる。カルチュラル・スタディーズはポストコロニアリズムやナショナリズム批判の知であるよりも前に、まずはわれわれ自身の日常の文化的実践をめぐる批判の知である。この知にとって、文化＝テクストが文脈化されているという認識と、そうした文脈自体が文化＝テクストを生産する政治的、記号的実践のなかで節合されているという認識は両輪をなしている。こうした認識を基礎に、カルチュラル・スタディーズは現代の日常的文化実践におけるオーディエンス／パフォーマーの社会的身体と、それが位置づけられている社会的空間の政治学と詩学を具体的、状況的に語ってきた。

しかも、このような視座は、マルクス主義を基盤に労働者階級の生活世界の変容を内在的に捉え直すところから出発したカルチュラル・スタディーズが、記号論や社会史、精神分析の諸理論を貪欲に吸収しながら必然的に向かうことになった方向であった。この点で、とりわけイギリスでこの知が形成されていく背景として、重要な点が二つある。

第一に、カルチュラル・スタディーズの一方の背景には、第一次大戦以降のアメリカ流の大衆文化のグローバル化に対する英国の文化批評の側からの批判、なかでもスクルーティニー派の作業が存在した。その代表的な論者であったF・R・リーヴィスの大衆文化批判やQ・D・リーヴィスによる大衆文学の読者研究、デニス・トムソンらのマス・メディア研究を、カルチュラル・スタディーズの前提をなしたものとして理解する必要がある。とりわけ彼らに思想的な影響を受けながら、両大戦間期から第二次大戦後にかけてハイスクールレベルの英語教師たちによって担われていくメディア・リテラシー教育の実践は、スクルーティニー派の大衆文化批判が、むしろそうした大衆文化が生きられていく過程に内在しながら批判と学びの実践を進めていくカルチュラル・スタディーズへと転回していく媒介的な契機となった。

第二に、こうしたメディア・リテラシー教育の実践やコミュニティでの成人教育の実践を含め、カルチュラル・スタディーズはまさに労働者階級の日常的実践に内在することのなかから大衆文化をめぐる問いを考えていこうとした。実際、両大戦間期に始まるアメリカ化、ハリウッド映画や大衆雑誌から家電製品、テレビまでの文化商品のグローバルな消費のプロセスは、第二次世界大戦後の「ゆたかな社会」への歩みのなかで拡大し、リチャード・ホガートが『読み書き能力の効用』[Hoggart 1957＝ホガート 1974]で描いたようにイギリスの労働者階級の若者たちの日常世界にも深く浸透していった。そして一九七〇年代になされていったウィリスやヘブディジのエスノグラフィーもまた、一方では現代的な学歴社会に、他方ではトランスナショナルな音楽文化に、労働者階級の若者がどのように反応していくかを彼らの文化的実践の内側から考えようとするものであった。この関心は、同じ頃のモーレーらによるオーディエンス研究にも通底している。換言するなら、カルチュラル・スタディーズはこうした「労働者階級の人々の日常的実践の内側から」という共通の語りの場を持っていたからこそ、もう一方の大衆文化批判という出発点ではアドルノらフランクフルト学派の文化産業論とも一面で問題意識を共有しながらも、その知的実践の姿勢と方法的視座においてきわめて異なる方向を打ち出すことができたのだ。

だが、より広い文脈のなかで考えるならば、カルチュラル・スタディーズをこのようにイギリス固有の状況とあまり深く結びつけ過ぎるのは適切ではない。スチュアート・ホールも『カルチュラル・スタディーズとの対話』のために寄せてくれた示唆に富む特別論文で触れているように、「バーミンガム学派」は外部の論者たちがラベリングしていった幻想以上のものではないし、カルチュラル・スタディーズのモデルとなる理論のようなものが、たとえば構造主義にとってレヴィ＝ストロースの親族理論がそうであったような仕方で存在しているわけでもないのである。だから第二次大戦後のイギリスで、この国の労働者階級の文化を背景にカルチュラル・スタディーズが発展したことを、われわれはあくまでひとつの例示として、大切ではあるけれども決してモデルでも規範でもない例示として受け止めておく必要がある。ホールが強調したように、バーミンガムのセンターの活動に参加した者たちがカルチュラル・スタディーズの歴史に貢献したとすれば、それは「彼ら彼女らの初期の仕事が、自分たち自身の限られた視点から、きわめてユニークで状況に則した研究を、カルチュラル・スタディーズとして、またときにはカルチュラル・スタディーズをはずれるようなかたちで行なってきたから」なのだ［ホール1999：568］。

したがって当然、イギリスとは異なる社会ではまた異なる語りのフォーメーションをとったカルチュラル・スタディーズが存在していたし、存在している。たとえば今日、ミーガン・モリスやイエン・アング、ジョン・フロー、ガサン・ハージュ、テッサ・モーリス・スズキなど、オーストラリアでカルチュラル・スタディーズを実践する人々の関心は、イギリスの場合とははっきり異なっているし、アメリカの批判的な文化研究者たちの間にある問題意識も英国の場合とは基本的に異なる。ド・セルトーやブルデューの影響からフランスの文化史研究が新しい地平を開くなら、それは少なくともホールの影響を強く受けた一九八〇年代以降のカルチュラル・スタディーズとは異なる射程を持つであろうし、中南米、たとえばメキシコには、ネストール・ガルシア・カンクリーニのような、ブルデューの影響を受けながらもそれをカルチュラル・スタディーズのダイナミックな方向へと発展させている研究者がいる。アジアでは、韓国、中国、台湾、シンガポールやマレーシア、インドで、それぞれ異なる仕方で大衆文化とナショナリズム、グローバル化が問題化され、緩やかに応答のネットワークを形作りつつある。

それでは日本（もちろん、こうした地域的限定は括弧つきのものだ）において、カルチュラル・スタディーズはどのような歴史的、社会的、イデオロギー的な文脈のなかに位置づけられ、構想されていくことができるのであろうか。ここで避けて通れないのは、日本におけるカルチュラル・スタディーズの「出発点」を、われわれがホールらを呼んだ一九九六年でも、また日本のマスコミ研究者たちがカルチュラル・スタディーズを新しい「受け手」研究として紹介していた一九八〇年代でも、またウィリアムズの『文化と社会』［Williams 1958＝ウィリアムズ 1968］やホガートの『読み書き能力の効用』の邦訳が出版された一九七〇年前後でもなく、むしろイギリスやドイツ、アメリカなどの場合と同様、一九二〇年代から三〇年代にかけての時期にまで遡って考え直していくことである。第一次大戦後の知の地殻変動はまさにグローバルな現象だったのであり、日本でもこの時期から、大衆文化や大衆娯楽、マス・コミュニケーション、テクノロジーといったテーマが、とりわけマルクス主義に影響を受けた知識人の間で本格的に問われ始めていたのだ。

たとえばわれわれは、こうした動きのかなり早い例を、大正期の権田保之助らによる民衆娯楽研究のなかに見ることができる。一九一〇年代後半から二〇年代にかけて、権田や大林宗嗣らは東京や大阪の活動写真館や寄席の興行状況とその観客、そして浅草や道頓堀などの都市の盛り場における諸興行や娯楽施設とそこに集まってくる観客たちについての社会学的調査を、とりわけ労働者階級の生活文化との結びつきに焦点を合わせながら展開していった。今日の視点から振り返るならば、彼らの研究は、おそらく労働者階級の文化的実践に焦点を据えた日本で最初のオーディエンス研究であったということができる。調査方法論の点からいうならば、彼らの研究のさらに背景に、大原社会問題研究所や東京市社会局、大阪市社会部などの機関が進めていた都市下層民の生活についての社会調査の展開があったことは言うまでもない。こうした背景のなかで、彼らは関心を労働者階級と映画や寄席、盛り場のような娯楽の場との関係に向け、こうした空間にかかわる集合的主体と資本主義的生産システムとの関係を問題にしていった。「民衆娯楽論の原著は丸善にはありません。浅草にあります」という権田の言葉は、権田らがある時期まではこうした大衆文化にエスノグラフィックな関心をもって臨んでいたことをも示している。

だが、鶴見俊輔も批判したように、彼らはこの集合的主体を「マス」としての労働者階級と同一視し、大正時代の活動写真館や盛り場に集っていった人々の異種混交的な出会いに目を向けることはなかった。そのため一九三〇年代になると、この階級的アイデンティティは、容易に「帝国」の拡張に歓呼する「国民」のアイデンティティに置換されていくことになる。他方、まさに権田らが民衆娯楽の現場から退却していった一九二〇年代末から三〇年代にかけて、一連のマルクス主義的文化研究、ないしはコミュニケーション研究が浮上してくることになる。その中核を担ったのは、長谷川如是閑であり、戸坂潤であり、中井正一である。とりわけ長谷川や戸坂の新聞＝ニュースについての議論や、中井の映画＝視覚性についての議論は、同時代のヨーロッパのマルクス主義やベンヤミンの複製技術論、バフチンの対話についての考え方、後のレイモンド・ウィリアムズらの文化唯物論の視点にも通じる視座を十分に内包していた。

そして戦後になると、鶴見俊輔、南博などを中心とする思想の科学研究会が、流行歌や大衆小説、映画などのテクストとそれを受けとめていく大衆の日常的な心性に関心を向けていった。彼らが探究したのは、マス・メディアによって大衆の日常意識が操作され、画一化されていく過程ではなく、むしろそうしたメディアを使いこなし、そこから流れてくるテクストに独自の意味を読み取ったり、テクストを書き換えていく大衆の日常的実践の方であった。この場合、大衆＝オーディエンスの能動性のなかに見いだされたのは、人々の身体がその集合的な無意識性のなかに記憶している文化の基層的な力である。

そしてたしかに、マス・メディアといってもまだラジオや雑誌が中心で、都市化や産業化の進行過程にあった一九六〇年代前半までは、思想の科学研究会が依拠していた大衆の文化的想像力への信頼にも十分な根拠があった。しかし、戦後経済の高度成長が始まり、テレビが人々の日常意識に奥深く影響を及ぼしていく一九六〇年代後半から七〇年代にかけて、大衆の基層的な想像力へのこうした信頼は急速にアクチュアリティを失っていく。資本主義の高度化に伴い、消費社会的なリアリティが浮上していくと、もはやそうした大衆の文化的想像力を議論の所与の出発点に据えることなどできないことが、あまりにも明らかになっていったのだ。

本来ならば、この一九七〇年代以降に必要だったのは、ポスト産業化段階のこの国の大衆文化がジェンダー、世代、階級、エスニシティなどのいかなる変動的な編制に節合されていったのかを、諸資本の文化戦略やメディア戦略などの介入も視野に入れながら明らかにしていくことであったはずである。つまり、単に労働者階級の階級文化的な想像力に立脚するのでも、大衆的日常の基層にある文化的心性に立脚するのでもなく、現代日本における大衆文化が、いかなる社会戦略的な折衝の場として構成されているのかを考えることだったのではないか。だが、思想の科学研究会の研究から、こうした視点がまとまって登場してくることはなかった。

たしかにもう一方で一九七〇年代以降、日本でも大衆文化の研究に、記号論やテクスト理論の成果が導入され始める。前田愛による都市記号論の試みはその代表であり、文化の研究においてテクストの「読み」という意味論的な過程が決定的な重要性を持つことを明らかにしていった。だが、本来ならば問題は、いったい誰が、どこからテクストを読むのか、また人々がそのようなテクストの読み方をしてしまうのはどのような条件のなかでのことなのかという点にあったはずである。しかし多くの記号論的アプローチは都市や文学、広告、いくつかの大衆文化的テクストについての「読み」を呈示することにとどまり、そうした「読み」を生産している社会的な場の問題は視界の外に置いていた。そして結局、一九八〇年代を通じてこの言説は、ポストモダニズムの流行と一体になってマーケティング的言説のなかに回収されていく。

そもそも日本で、英国のカルチュラル・スタディーズが新たな重要性を帯びて浮上してきたのは、まさにこのような文化研究の閉塞状況のなかでのことであった。一九七〇年代から八〇年代にかけて、英国では記号論的な視座がマルクス主義とも結びつき、さらにそうした「読み」を担うオーディエンスの階級やジェンダー、エスニシティの節合が、彼らの日常的実践のなかで問われていた。彼らは人々がテクストを読んでいく社会的な場を、諸々の社会戦略が幾重にもせめぎあい、交渉しているマテリアルな場として捉え返したのである。

この時点で、記号論やポスト構造主義の導入に日英で違いが生じた背景には、ウィリアムズやホールがまさにこの時期、ポスト構造主義の諸潮流とグラムシ的なマルクス主義との実りある対話を成立させていったのに対し、日本ではすでにそうした対話の基盤が失われていたことがあるように思われる。すでに述べたように日本では、一九二〇年代から三〇年代にかけての早い時期に、ヨーロッパの動きとも連動しながらマルクス主義と文化研究の対話が実現していたのだが、それがもっと必要だった一九七〇年代から八〇年代にかけて少なくともメディアや文化についての研究では、この種の基盤が弱まっていた。今日のカルチュラル・スタディーズへの大きなうねりが、果してこのような対話の空間をどのような仕方で練り直していくことができるのか、またそれは「日本」の「大衆」の「文化」というフィールドの枠組を、いかなる仕方で内破していくことになるか、私たちはこの可能性に賭けていく必要がある。

（『神奈川大学評論』三四号、一九九九年一一月、神奈川大学）

Ⅰ－2　サブカルチャーと差異の政治

カルチュラル・スタディーズの底流

　いったいどうすれば、大衆文化、その現代的表現である諸々のサブカルチャーを、それを担う「民衆」や「若者」の主体性や創造性に過剰な思い入れを込めるのでもなく、またそれらを単に「文化産業」や「社会システム」の効果として演繹するのでもなく、ナショナルに、またグローバルに広がる資本と権力の諸作用と諸々のメディアや空間において作動しているテクストをめぐる戦略が何層にも重ね合わされた場での立体的な実践として理解できるのか——。

　たしかに、この問いはいささかも新しいとは言えない、これまでも繰り返されてきた問いだ。たとえば大正期、権田保之助や大林宗嗣らによってなされた、おそらくこの国で最初の「文化研究」と呼びうる民衆娯楽の社会学的探究は、その最良の段階において、「民衆」を「労働者階級」と重ね、資本主義のシステムが生み出した彼らの階級文化を主体としての階級の側に奪還する可能性を問うた。だが、彼らはさらに進んでそうした階級の均質的把握を解体し、より重層的に文化生成のダイナミズムを捉えようとはしなかった。そしてその最悪の段階では、この階級的主体性を国家的に教導されるべき国民の文化的主体性へと解消してしまった。

また、昭和期に活躍した戸坂潤や中井正一は、大衆的日常性についてずっと洗練された理論的展望を示しながらも、具体的な大衆文化現象を内在的に記述し、分析していくところへは向かわなかった。戦後、このような大衆文化をめぐる探究は、鶴見俊輔や南博らの思想の科学研究会によって深化させられていく。そこでもやはり「大衆」のなかの文化創造の主体性が、可能性として措定され、この可能性に一連の探究の有効性が担保されていくことになった。つまり、民衆文化や大衆文化をめぐる第一次大戦から高度成長期までのこれらの最も優れた探究において、冒頭の問いへの決定的な解決がつけられたとは言えないのである。

他方、一九七〇年代以降、鶴見らの問題意識を継承しつつ、これと社会学的視座とを結合させ、管理社会／大衆社会の文化編制と解放の可能性について新たな地平を切り開いたのは、見田宗介や栗原彬をはじめとする現代社会学者たちであった。はなはだ大雑把に述べるなら、現代の大衆文化現象をめぐって見田や栗原によってなされた洞察は、支配と対抗、自発的服従と自己組織化、管理化と総体化、管理社会と民衆理性の拮抗と連結、絡まり合いのプロセスに敏感であり、文化や意識を歴史的変動のなかで構造的に変容していくものとしてダイナミックに捉えようとしており、「民衆」なり「大衆」なりをあらかじめ実体的に措定するのではなく、あくまで主体性やアイデンティティを関係性の網の目のなかで構成されていく共同主観的なものとして把握している点で、それまでの多くの探究を超えている。さらにここでは、労働者階級や庶民一般というよりも、若者たちの意識やアイデンティティに大きな関心が払われていった。

私がここでとくに強調したいのは、こうした見田や栗原の探究が、決して戦後日本の社会学に固有の動きではなかったように思われることである。ちょうど、権田や大林の研究が第一次大戦後の世界に広がったマルクス主義の潮流と共振し、戸坂や中井の思想が同時代のフランクフルト学派やベンヤミンとも通底していたように、現代の、とりわけ若者文化をめぐる社会学者たちの批判的視座には、世界的同時代性が存在していたのではないだろうか。ちなみに私が初めてレイモンド・ウィリアムズの論考を英語で読んだのは、一九七〇年代末、見田とともに東大教養学部相関社会科学分科をリードしていた馬場修一のゼミにおいてであったと記憶している。

この意味で、ここで注目したいのは、一九七〇年代以降、それまでのレイモンド・ウィリアムズやリチャード・ホガートらによって展開されてきた労働者文化論の問題意識を継承しつつも、これをポスト構造主義的なパラダイムのなかで脱構築していったカルチュラル・スタディーズの探究である。とりわけ以下では、そのなかの、とくに若者たちのサブカルチャーに焦点を当てた研究の射程について考えたい。しばしば指摘されるように、ポール・ウィリスの『ハマータウンの野郎ども』［Willis 1977＝ウィリス 1985］とディック・ヘブディジの『サブカルチャー』［Hebdige 1979＝ヘブディジ 1986］は、この中間的な時期のカルチュラル・スタディーズを代表する著作に属する。ここで「中間的」と述べたのは、労働者文化の意味生成性に焦点を当てていた一九六〇年代までの研究と、スチュアート・ホールの関心の展開と連動しつつ、エスニシティ論やポストコロニアリズムとの結びつきを深めていった一九九〇年代以降とを媒介するという意味においてである。

野郎どもの文化の自由と従属

一方で、ウィリスの綿密なエスノグラフィーが取り上げたのは、バーミンガムの北にある労働者が多く住む地域の中学校で、学校の権威に逆らい、独自の「反学校の文化」をかたちづくる「落ちこぼれ」の男子生徒たちである。この本で、ウィリスはまず、自らを〈野郎ども〉と呼ぶこの男子生徒たちが、学校的な権威に絶えず敵愾心をあらわにしていく諸々の行動に注目する。彼らは教師に従順な生徒たちを〈耳穴っ子〉と侮蔑的に呼び、ことさらに彼らと自分たちの違いを際立たせた。この場合、〈野郎ども〉が〈耳穴っ子〉を単に排斥しているのではなく、優越感をもって見下している点が重要である。〈野郎ども〉は、自分たちが気ままに「ふざけ」たり「イカす女を口説」いたりでき、これは〈耳穴っ子〉には到底できないことだと考えていた。

このような教師や学校の権威に対する抵抗と〈耳穴っ子〉に対する優越感を表明する社会的な記号として、服装とたばこと酒は重要な価値を持っていた。これらはたしかに商業主義の産物だが、「若者たちによって取り上げられみずからのものとして使いこなされるときには、それが商業主義の動機からは予測しえなかった若者たち自身の率直な自己表現の媒体になりうる」［ウィリス1985：34］のである。〈野郎ども〉は、そのスタイル感覚の誇示を通じ、学校的な権威への反逆を劇化し、〈耳穴っ子〉との象徴的差異化を図り、自己のアイデンティティを確認しているのである。

〈野郎ども〉の自己意識は、言語的な手段よりも服装のスタイルや立居ふるまいの象徴的形式によって表明された。彼らの学校教育に対する反発は、言語の支配に対する拒絶反応を含んでいたのである。無論、これは〈野郎ども〉が、言語的な表現力の点で〈耳穴っ子〉に劣っていたからではない。ウィリスによれば、「反学校的な少年たちの言語行為は、制度順応的な生徒とくらべてけっして見劣りはしないし、イメージを生き生きと喚起する力においてはむしろ前者が後者に勝るほどである。しかしながら、でき合いの言葉にはいかにしても託しがたい心象にこそ対抗文化の洞察が含まれているのであり、言語がまさに洞察の内容の表出において無力であることに変わりはない」[同：254]。〈野郎ども〉は、「ぶっつけ本番のデモンストレーションによって、状況への直接的な参入と実践的な状況把握に向」かった[同：254]。たとえば、彼らの暴力行為にしても、象徴的な意味を担っていた。彼らにとって暴力は、「インフォーマルな集団秩序への最後の参入儀礼であり、集団のうちに一定の地位を引き受ける最終的な意志表明なの」である[同：72]。

〈野郎ども〉が学校において組織するのは、バフチンのカーニヴァル論を彷彿とさせるような非公式の空間と時間である。彼らの「学校に対する反抗の基本的な様相は、学校制度とその規則をかいくぐって、インフォーマルな独自の空間を象徴的にも具体的にも確保し、「勤勉」というこの制度公認の大目標を台無しにしてしまう所業に集中して現われ」た[同：53]。とりわけ彼らの文化が重視するのは、「ひとふざけする」能力である。これは彼らにとって基本的な要素で、「ひとを巻きこんでふざけることができなければ、真に〈野郎ども〉の一員になったとはいえない」と思われていた［同：59］。そして、学校は彼らが「ふざける」にはうってつけの舞台であった。実際、「あたかも非公然の不法な占領軍ででもあるかのように、〈野郎ども〉は学校のすみずみを徘徊して遊びの種を探し、器物を損傷し、騒ぎをかきたてる。厳重な監視のつく学校集会のような固ぐるしい場面でさえも、この種の「ふざけ」の可能性はいくらでもある」と見られていた［同：61］。

このようなわけだから、野郎どもが重視する時間のありかたも、学校の公式的規範とは大きく異なっていた。時間割に表現される直線的な時間の進行は、〈野郎ども〉の時間感覚とは無縁のものである。ウィリスによれば、「教職員や〈耳穴っ子〉からよく聞く不満は、〈野郎ども〉が「貴重な時間を台無しにする」ということである。〈野郎ども〉にとって時間とは、はるか将来の希望を実現するために細かく節約し、用心深く使うものではない。時間は、この現在の自己確認のために、いま彼らの掌中になければならないのだ」［同：58］。

こうした〈野郎ども〉の世界観や自己表現のスタイルには、学校側が生徒に提示する人生についての展望を超えた洞察が含まれている。実際、〈野郎ども〉が〈耳穴っ子〉に対して優位に立てるのは、彼らが〈耳穴っ子〉が額面通りに受け取るしかない学校的規範を解読し直し、別の意味を読み取っていくことを可能にする独自の解釈視座を保持しているからである。ウィリスによれば、「学校秩序から「はみ出し」て〈野郎ども〉の一員になる明確なわかれめは、まさにこの種の社会的な見通しと価値判断の独自の基準を獲得するか否かにある」[同：31]。これは、学校という空間が公式の組織として張りめぐらす諸々のコードを相対化する視点なのである。

たとえば、彼らが成績評価の価値自体に根深い懐疑を抱くのも、よりよい成績を得るために犠牲にしなければならないものの大きさについての合理的な計算からのことであった。彼らの観点からするならば、現在を犠牲にしてよい成績を得たとしても、それが職業選択に有効に作用する保証はなかった。要するに、「現代のあらゆる形態の労働はすべて同質で選ぶところはないとする認識において、さらに、にもかかわらず公認のイデオロギーに同調して職務を生きがいとすることのむなしさを知る点において」、少年たちの洞察は的を射ているのである［同：259-260］。

ウィリスは、こうした〈野郎ども〉の反学校文化の洞察力を、彼らの親たちが属する労働者階級の文化の力と結びつけていく。ウィリアムズやトンプソン以来の文化研究が強調してきたように、労働者階級の文化とは、資本主義の階級構造から自動的に生じるものではない。それは、実際の労働現場の厳しい条件や監視のなかで、労働者たちが何らかの肯定的な意味を見いだそうとし、独自の行動規範を打ち立てていく能動的な実践に胚胎されるものである。ウィリスによれば、「よそよそしい力が支配する状況を自分たちの論理でとらえかえすというこの逆説は、私たちが反学校の文化において見たものと同じものであり、また、無味乾燥の公式の制度のただなかで生き生きとした関心や気晴らしを根づかせる試みも、両者に共通のものである」［同：108］。

〈野郎ども〉の反学校文化が示す独特の手ごわさは、彼らが学校の外に広がる労働者階級の文化としっかりと結びついていることに由来していた。実際、〈野郎ども〉の放課後や週末の生活は、学年やクラスの垣根を超え、学外の若者をまじえたあやしげな環境のなかでくりひろげられていた。こうしたなかで、〈野郎ども〉の反学校の文化と労働者階級の職場文化の間には、絶えざる交流の回路が形成されていったのである。どのような社会層の学校であっても反抗的な生徒たちはいるものだが、〈野郎ども〉の反抗は、「学校制度への反抗が労働階級の文化の水脈と底で通じ合うことによって、特別の性格と意義を帯び」ていたのである［同：120］。

こうしてウィリスは、私たちを彼の研究の第一の結論へと導いていく。すなわち、はなはだ逆説的なことながら、〈野郎ども〉が学校が押しつけてくる公式的規範を茶化し、それを超えるパースペクティヴと実践の諸様式を獲得していくまさにその過程が、これを可能にしている労働者階級の文化との連続性を通じ、彼ら自身が自分の将来をすすんで筋肉労働者と位置づけ、そのような存在へと自己を成形していく過程となっているのである。〈野郎ども〉の若者たちは、学校という文脈のなかでは、〈耳穴っ子〉の限定された視界をはるかに超える創造性と洞察力を発揮しながらも、まさにそうすることで、より広い社会の文脈のなかで「西欧資本制社会の下積みとなる運命に、みずからの手でみずからを貶めている」のだ［同：7］。

サブカルチュラルな差異の政治

ウィリスの場合、以上で概観した文化の自律性と拘束性をめぐる把握は、あくまで〈階級〉というカテゴリーを主軸に展開されている。〈野郎ども〉が自分たちを〈耳穴っ子〉から差別化していくとき、ここに引かれる境界線は、ほぼ労働者階級と（下層）中産階級の境界線に重なっていくというのが、ウィリスの基本認識であった。逆に言えば、〈野郎ども〉のアイデンティティ戦略のなかで、階級以外の差別化のカテゴリー、とりわけ〈ジェンダー〉や〈エスニシティ〉が果たしている役割については、必ずしも十分な分析がなされていない。やがてアンジェラ・マクロビーも批判するように、必ずしも彼の議論は、ジェンダーの差別化が〈野郎ども〉の男性的アイデンティティの構成にとっていかに根本的だったかを正面から論じるには至ってない。他方、エスニシティに関しても、〈野郎ども〉が、アジア人を〈耳穴っ子〉の最悪の特徴を分かちもった存在として嫌悪したことや、黒人に対しては、行動パターンが〈野郎ども〉自身に近いことを認めながら、同時に抜きがたい差別意識を持ち続けたことなどが指摘されるが、こうした観点がより深く検討され、階級的境界線と人種的境界線の関係が問題とされてはいない。

この時期のカルチュラル・スタディーズのなかで、ディック・ヘブディジの『サブカルチャー』は、こうした階級とエスニシティという、複数の差別のカテゴリーの間の境界線の絡まり合いを論じていく。そこでヘブディジは、支配的な公式文化に対するサブカルチャーの非公式性を強調し、サブカルチャーはモノの従来の使用法を破壊し、記号を新しい文脈に据え、自分たちの解釈を表示するのだと述べる。彼は、ブリコラージュの概念を用いながら、この破壊と変形の具体相を示す。たとえば、テディボーイは「一九五〇年代初期にサビル街が金持ちの遊び好きな若者たちのためにリバイバルさせたエドワード朝スタイルを盗用し、変形させた」［ヘブディジ 1986：148］。モッズは、スクーターの意味を変形して団結のシンボルにし、金属製のくしを研いで攻撃用の武器にし、背広やネクタイ、短い頭髪などの意味を転換させた。さらに、このような意味の変形と破壊を徹底させたのがパンクである。彼らのスタイルは、意味の不在をつなぎ合わせることで特異性を表現した。

ヘブディジの議論で注意しておきたいのは、スタイル＝記号における意味作用の重層性とその社会的文脈の把握である。彼は、バルトの記号論とアルチュセールのイデオロギー論をいささか乱暴に接合させながら、その媒介項をバフチンのマルクス主義的言語哲学に求めていく。ここにはこの時期のカルチュラル・スタディーズに共通して見られるスタンスが示されている。バフチンはかつて、すべての記号領域が同時にイデオロギー領域であること、したがって記号学はイデオロギー学と同義であり、この記号＝イデオロギーが、音や色、物体、身体の動きなどの形態において社会的現実を構成していく過程を捉えるべきことを主張した。個人という有機体と社会的世界は記号において出会うのであり、記号の外部に内的心理や意識が存在するわけではないのである。イデオロギーは記号の物質性とその社会的交通の具体的形態から切り離せない。

ここで重要なのは、同一記号のなかで交差している様々な差異や対立についての鋭敏な認識である。ヘブディジが、テッズ、モッズ、パンクなどの若者のスタイルを記述しながら目指したのも、彼らが身にまとう記号において交差する意味のせめぎ合いを、一九七〇年代の英国社会という具体的状況のなかで明らかにしていくことであった。このような関心はさらに、若者たちの階級的アイデンティティが、一九六〇年代以降の英国社会、とりわけロンドンの労働者居住区における移民労働者の増大という状況のもとで、どのように人種的アイデンティティ、あるいはエスニシティの境界線と交差し、重層していったのかという論点とも結びついていた。

ヘブディジによれば、黒人のゴスペルとブルースが、白人のカントリー・アンド・ウェスタンと合体としてロックンロールを発生させたとき、黒人文化と白人文化は新たな対話の空間を誕生させたのであり、この空間における様々な結合のパターンが、一九六〇年代以降の英国におけるサブカルチャーの諸形態を生んでいくことになった。たとえば、こうしてアメリカで誕生したロックのスタイルは、英国に移植されるとテディボーイのスタイルとなった。この場合、現実の黒人労働者と白人労働者の対話の中でスタイルが形成されたわけでなく、想像力のレベルでスタイルが盗用されただけであったため、ロックの形成に関する歴史的地層が意識されなかった。

だが、一九六〇年代にはかなりの移民社会が英国の労働者居住地域にも成立し、黒人と隣接する白人たちの間にある種の親密さも存在するようになっていた。こうした中から、モッズが最初に黒人たちの存在に積極的に反応し、彼らのスタイルを真似し始める。上品な色のスーツを着用し、こざっぱりとしたモッズのスタイルは、外見上は攻撃的なものではなかった。しかし学校や職場からの帰途、モッズは地下のクラブやディスコ、レコード店などにたむろし、黒人文化との情緒的な親密感を確認した。彼らにとって、黒人は「想像上の「地下の世界」に通じる暗い通路としての象徴的役割を果していた」[同：81]。そして一九六〇年代末期には、このモッズの流れを汲む一部が戦闘的なスキンヘッドのスタイルをつくり上げた。彼らは伝統的な労働者階級が持っていた強いテリトリー意識やタフな外見、男っぽさのイメージに、移民社会から取り入れた要素を重ね合わせた。そうして近隣のクラブや街角で西インド諸島出身者たちとつき合い、黒人たちの言葉を取り入れ、その音楽に合わせて踊りながら自らのスタイルを形づくっていったのである。

このようにしてヘブディジは、英国社会の若者たちが置かれた具体的な状況下で、階級の境界線と人種の境界線、あるいは黒人移民文化との対話がどのように交差し、それぞれのサブカルチャーのスタイルをつくり上げていったのかを示している。しかも、ここでは若者たちのサブカルチャーにとって、必ずしも彼らの労働者階級としての階級的アイデンティティが所与の決定的な規定力としては考えられていない。ヘブディジは、親世代の労働者階級の文化と子世代のサブカルチャーとが、必ずしも完全に連続的とはいえないことに注意を喚起する。たとえば、スキンヘッドは伝統的な労働者階級の共同的な価値を再活性化させようとしたが、その頃には親世代ではそうした伝統的な価値がほとんど認められなくなっていた。したがって、彼らのサブカルチャーは、自分たちが置かれた新しい状況のもとで「伝統的」と見える価値の再創造していたのである。所与の階級構造がサブカルチャーを枠づけているというよりも、サブカルチャーの実践の方が、グループの階級的、人種的アンデンティティの構成的な契機として作用している。

階級文化とサブカルチャー

それにしても、ウィリスやヘブディジをはじめ、一九七〇年代末のサブカルチャー研究の論者たちは、なぜとくに労働者階級の若者たちを問題にしていったのだろうか。彼らの研究は、その出発点において、単なる若者の文化研究ではなく、あくまで労働者階級の文化研究でもあるものとして発想されていた。逆に言えば、一九五〇年代以来、労働者階級の文化に焦点を当ててきたカルチュラル・スタディーズが、なぜ一九七〇年代以降、とりわけ若者たちのサブカルチャーに関心を集中させていったのだろうか。この問いに対する、一つの答えが、ホールとトニー・ジェファーソンが編集し、ウィリスやヘブディジをはじめ、マクロビー、イアン・チェンバース、サイモン・フリスなど、一九七〇年代以降のカルチュラル・スタディーズでサブカルチャー研究の中核を担ったメンバー参加して編まれた『儀礼を通じた抵抗』［Hall & Jefferson 1976］である。ウィリスやヘブディジの著作に先立って現代文化研究センターで刊行された同書は、その後のバーミンガムでの一連のエスノグラフィー的研究を方向づける役割を担った。

この冒頭に収められた論文「サブカルチャー、文化、階級」において、ホールらは、近代社会における最も基幹的な集団性は〈階級〉であり、サブカルチャーは、この階級文化を母体とした下位の単位として現れるのだと、いささか公式的な観点から議論を出発させる。したがって、あるサブカルチャーは、その母体の階級文化（〈親〉文化）との関係と、支配的な文化との関係の両方から把握される。無論、サブカルチャーと母体の階級文化とは、単純に連続的なのではない。むしろ、多くのサブカルチャーは母体の階級文化全体から区別される明確な特徴を備えている。サブカルチャーは、ある特定の歴史的条件のもとで、それを担うメンバーの実践によって集団的にかたちづくられるのであり、階級文化からの単なる派生物ではないのである。

それどころか、そもそも〈親〉の階級文化そのものも、何らかの政治経済的構造から直接に派生したものではない。たとえば英国の労働者階級の文化にしても、これはこの国の労働者たちのコミュニティでの日常的な生活の実践のなかから具体的にかたちづくられていったものである。したがって、諸々の政治的、経済的条件に媒介されながらも、文化はその担い手の実践によって相対的に自律的に構成され、またそれ自体、一個の文化ということはありえず、複数の文化が相互に、また〈親〉の階級文化と〈子〉のサブカルチャーの間でも非連続性や緊張関係を生じさせながら、様々な節合的な場において演じられていくのである。

このような認識からするならば、労働者階級の若者たちのサブカルチャーが単純に労働者階級の文化の一部と見なせないのと同様、彼らのサブカルチャーを含む先進資本主義諸国での「若者文化」も、単純に「豊かな社会」の消費文化として一括りに語ることはできない。ホールらは、第二次大戦後、若者たちが変化する社会の象徴と見なされていくようになったことに注目する。「若者文化」はマスコミや社会学者、評論家が好んで語るテーマとなっていった。こうした言説の背景には、イデオロギーの終焉論や大衆社会論、消費社会の均質的な欲望によって覆われていくといった論調があった。若者たちの、そしてまた社会全体の文化の構成にとって、〈階級〉的差異はもはやあまり大きな役割を果たさなくなると、これらの議論は主張していた。ホールによって理論的に導かれ、ウィリスやヘブディジらが具体的に記述していった一九七〇年代のサブカルチャー研究が批判の標的としたのは、このような「豊かさ」のもとでの文化的平準化というイデオロギーである。彼らは戦後の高度化した資本主義社会が、決して文化的な平準化に向かうのではなく、新たな仕方で階級や世代、エスニシティなどが交錯する差別と闘争の文化的プロセスを発生させていくことを示そうとした。したがって、「豊かさ」をめぐる一九七〇年代までの議論が前提としていた福祉国家体制が、レーガニズム＝サッチャリズム以降、新自由主義の席巻によって変質していくと、カルチュラル・スタディーズのこうした批判の戦略自体もまた再構成を迫られることになるのである。

（栗原彬編『共生の方へ』弘文堂、一九九七年）

I－3　ポストモダニティとほつれゆく文化

人類の知には、その専門的な知見を深めることに専心するタイプの知と、そうして掘られた様々な知をつなぎ、その結び目から新たな視座や領域を生み出すタイプの知が存在するのではないか。前者をディシプリン型、後者をエンサイクロペディア型と呼んでもいい。物理学や化学から経済学、そして社会学まで、近代知が発達する一九世紀から二〇世紀までは、ディシプリン優先の時代であった。しかしそれ以前、一八世紀には、様々な知識の飛び地や現場を横断し、俯瞰的な広がりのなかで新しい思考を生み出そうとする知識人の活動が活発化していた。それを可能にしたのが活版印刷の普及であり、そうした活動の代表選手がフランスの百科全書派、なかでもディドロのようなネットワーカーであった。そして、このような活動の一つの結果が、フランス革命や一九世紀以降の近代知の創出であったことも広く知られている。

二一世紀、近代知をめぐる状況は再びヨコ軸を必要とし、エンサイクロペディア型の知を浮上させようとしている。二一世紀におよぶディシプリン発達の時代を挟んで一八世紀と二一世紀が、知の横断的なネットワーク化やエンサイクロペディア的な実践を必要とする時代になっているのは偶然ではない。このどちらもが、人類が圧倒的な知識の爆発に直面した時代であった。一八世紀の場合、それまでの二世紀に及ぶヨーロッパ文明の世界化、あるいは非ヨーロッパ世界の植民地化のプロセスを通じ、ヨーロッパ各地に取り込まれる文物や知識の量が爆発的に増大していた。二一世紀には、人類は文字通り「情報爆発」の時代を迎えている。

知識が爆発的に増大する時代には、過去の認識パラダイムでは世界が説明しきれなくなり、既存の知の壁を破って新しい知が創出されていく。一六世紀以降、キリスト教神学知から近代知への移行は数世紀かかったが、一八世紀の百科全書派は、そのような知の再編を、知識人や実務家の横断的なネットワーク化を通じて実践した。もちろん、そのような営みは、世界の植民地化と表裏の関係にあった。ところが二一世紀初頭、ポスト植民地化とグローバル化、情報の爆発的な増大は、これまでのところ知の横断的再編というよりも、既存の知の権威の相対化と多方向への拡散、遠心力をどんどん大きくさせているように見える。

そのようななかで、マイク・フェザーストンは、二重の意味で、遠心力を否定するのではなく、むしろ一つ一つの遠心力を生かす方向で、新たな世界を認識する地平を形作ろうとしてきた。二重というのは、一方では知の編集人の実践において、他方では著作において、という意味である。一方で、同氏が長年にわたり多大なエネルギーを傾注してきたのは、英国をベースにして社会理論と文化理論を横断する学術ジャーナル『セオリー・カルチャー・ソサエティ』誌の編集である。同誌が一九八二年に創刊されて以来、四半世紀以上にわたり、フェザーストンは同誌の編集やここに集まる世界中の知識人ネットワークの運営の中核を担ってきた。一九八〇年代からグローバリゼーションや消費文化、新しい身体性の問題をいち早く取り上げるなど、同誌の特集には今も魅力的なものが多く、そのような新しい知的フロンティアへの開放性において、同誌は類似の社会理論系の学術雑誌のなかでも際立っている。

そして一九九〇年代末以降、同氏の関心は、学術雑誌の編集・発行から新しい百科全書（エンサイクロペディア）の出版へと向かっていった。エンサイクロペディアとは、この言葉が「円環」（サークル）と「学び」（ペダゴジー）を意味する語の複合であるように、単なる事項の説明の網羅的集成なのではない。むしろ様々に異なる分野や領域の知が結びあわされ、連環していくネットワーク化の運動のことである。『セオリー・カルチャー・ソサエティ』誌という、それ自体、社会学、人類学、歴史学、メディア学など、異なる分野の知の出会いの場であった雑誌の編集から、ネットワーク化の運動自体をメディア化する実践への展開は一貫したものだ。

さて、私が最初にフェザーストン氏とお会いしたのは、もう一〇年も前になる。一九九九年に来日された折、東京大学旧社会情報研究所の公開講演会で、「グローバリゼーションと消費文化」についてお話しいただいた。その後、同氏らの新百科全書プロジェクトに私も関与することになり、「百科全書解体」と題したシンポジウムを開催して来日講演もしていただいた。この間、同氏は何度も来日しており、二〇〇七年には、『セオリー・カルチャー・ソサエティ』誌と東京大学大学院情報学環、同総合文化研究科の共催で、国際シンポジウム「ユビキタス・メディア——アジアからのパラダイム創成」を開催した。このシンポジウムは、フリードリヒ・キットラーやベルナール・スティグレール、バーバラ・スタッフォード、蓮實重彦などの基調講演者をはじめ、四〇〇人の報告者を世界から迎え、一〇〇のセッションが　新しいメディア時代の社会理論をテーマにして論じあうメディア学の歴史にとって画期的なものであった。

フェザーストン氏は、現在の知的状況全体を見渡す見通しの良さと、それぞれの論者の言わんとするところを言葉の端々から見抜く勘の良さ、ソフトな応対のなかで肝心な志は貫き通す芯の強さを備えている。学者というのは、しばしば相当に我儘な存在であり、時にはそのような我儘さがその人物の独創性と不可分なこともある。しかも、世界各地の第一線の研究者たちとのネットワークを長年にわたり維持し、経済的な価値とは異なる次元で彼らからの貢献を引き出していくのは並大抵のことではない。フェザーストン氏は、概していつも相手の立場を考え、バランスをとりながら丁寧に人間関係を調整してきた。そうした彼のパーソナリティが、彼らの雑誌やプロジェクトの継続的発展を可能にしてきたようにも見える。このような氏の活動の軌跡は、私がイメージできる限り、たとえばディドロ、あるいは日本でいうならば林達夫、あるいは最近ならば三浦雅士のような知識人＝知の編集人のイメージに近い。氏の論考は、一点を徹底的に掘り下げて何らかの結論を導き出すというタイプのものではない。むしろ、現代世界の〈文化〉をめぐる状況を的確に見渡し、どのような問いが本質的に重要なのか、その問いに答えていくいかなる補助線がこれまでの社会理論で培われてきたのかを正確に言い当てている。著者は本書『ほつれゆく文化』［Featherstone 1995＝フェザーストン 2009］の諸論考が、様々な次元で遠心力が大きく働く現代社会での〈文化〉の位相を問うために、①文化の専門家の存立条件の変化、②統一されたパーソナリティの観念、③グローバル文化の編成という三つの次元から考察を進めると宣言している。これらの問題意識を貫く一方の軸は、消費社会のなかでの文化の専門家の問題にあり、他方の軸は、グローバル化とマックス・ウェーバーをつなぐ線にあるとはいえるだろう。

前者の問題設定の重要性は明白である。現代文化に関する諸々の理論的探究は、フランクフルト学派の文化産業論、一九六〇年代から七〇年代にかけての文化帝国主義論、それらを批判して様々に展開されていったカルチュラル・スタディーズ、あるいは米国での文化の生産に関する社会学などなどの諸系譜をたどってきたと、とりあえずは教科書的に整理できよう。しかし、グローバル化のなかでの権力の多元化や新しいメディア体制における受け手の情報発信者への転換、アカデミックな知や芸術的権威の相対化、文化システムの複雑化といった諸状況を踏まえるならば、既存の文化産業論はもちろんのこと、オーディエンス（受け手）研究も根本的にその枠組を考え直すべき段階に来ている。そのようななかで、おそらくもっとも重要なポイントは、著者のいう文化の専門家、なかでも文化媒介者や制作者たちについての透徹した調査や分析である。

たとえば著者は、「ポストモダニズムを単に時代の推移や資本主義の新しい段階として理解してはならない」［フェザーストン2009：3］と述べる。そのポイントは、「新しい範疇の文化財に関わる文化の専門家と仲介者の活動と、増加するオーディエンス（戦後のベビーブーム世代）に焦点をあてることで、経済と文化の媒介に注意を払」うことである［同：3］。つまり、フレデリック・ジェイムソンやデイヴィッド・ハーヴェイが資本主義の構造転換とポストモダンの文化現象を結びつけて展開した分析に、そうした文化現象の生産や流通を担う人々や組織の実践についての分析を介在させていこうというのである。

この関心は社会学的なものであり、いわばかつてブルデューが、文化消費のレベルで個々の消費者がいなかる慣習的実践を通じて階級再生産に身を投じていくかを洞察したのに対し、個々の文化生産や媒介のプロセスで、様々な文化の専門家の実践がどのように経済や権力の編成と結びついていくかを問う問題設定と言える。つまり、文化の専門家（芸術家、知識人、それに様々なタイプの文化仲介者）がそのなかで仕事をしている場の知的かつ文化的な生産や消費の諸条件と、その「外部にある」より大きな世界との関係こそ、精査が必要なのである。

必要なのは、グローバル化する資本主義のなかでの文化の専門家たちの実践を、経済や政治、軍事といった「通常彼らより強力な他の集団との間の相互依存や権力バランス」［同：5］のなかで精査することである。この点で、著者は本書で現代を通じて顕著になっていった三つの傾向を指摘している。第一は、現代におけるこの専門家たちの実践が、「文化的な飛び地《エンクレーヴ》の独占化と分離」と「より広範な公衆への文化の脱独占化」という二重のプロセスに向かって変化する傾向を帯びていることである。前者は、高度な文化的リテラシーを備えた少数のエリートによって享受される文化に向けられ、後者はより大衆的で商業主義的な文化、あるいはサブカルチュラルな消費に向けられている。第二は、「それぞれの文化の専門家に関して別個の制度と生活スタイルが発展したこと」、つまり文化のジャンル化とそれぞれのジャンルにおける独自の慣習や規範の成立である。そして第三は、文化（情報）産業の拡大や「象徴財のためのより広範な市場の創出」といった、文化の専門家たちを取り巻く経済システムの発展である［同：26］。

ここにおいて、文化の専門家たちは「市場とアンビバレントな関係」に囚われる。この関係は複雑である。市場は「文化領域の自律性を維持し促進するために、分離と距離化の戦略をとる」かもしれないし、文化の専門家たちは「取引の場《マーケットプレイス》を利用して、彼らの一般的な社会的権力を補強するためにより広範な観衆に接近し、その専門的な文化財の威信と公共的な価値を増大させ」るかもしれない［同：26］。さらには、通常の「文化の専門家以外の集団がオルターナティブな趣味を支持し、以前は排除されていた民衆の伝統と大衆的な文化財を包摂できるほど拡張されたレパートリーを正当化」していくかもしれない［同：27］。いずれにせよ、「文化領域の発展は、象徴生産における専門家のポテンシャルの成長に関連する長期プロセスの一部」とみなされなければならず［同：47］、専門家集団間の、あるいは専門家とその支持者たちとの支配や依存の関係が問われなければならない。

しかも、これらの関係はグローバル化の圧力のなかにある。国民国家は多くの文化の専門家を雇ってきた。しかし、彼らは昨今では米国で教育を受け、国境を越えるネットワークを有し、その発想もグローバルであることが少なくない。文化省の担当官も世界的なアーティストも、「一方で国民の文化統合に気を取られながら、他方で国際観光業界に気を取られ」ている［同：205］。その上、彼ら「文化の見張り役《ゲートキーパー》、ブローカー、興行主……は国民国家の主要都市にいながら、海外の世界都市の仲間たちと連絡を取りあって、ローカルな大衆文化のどの面が、大都市《メトロポリタン》である中心やその他の場所でパッケージングでき、売れるかを、共同で決定している」［同：205-206］。

さて、以上のような文化の専門家たちをめぐる議論に加え、同氏は一九世紀から二〇世紀への転換期にウェーバーが格闘したピューリタニズムと天職、職業的な生の一貫性をめぐる問いを、ジンメルを補助線に二〇世紀末のポストモダン状況と結びつけている。知られるように、ウェーバーにとって近代の合理化プロセスは、ピューリタン的な価値合理性の喪失、彼が真の人格と考える、行動に一貫性を示し、個性というプロテスタントの理念で把握される卓越性を達成できる、統合されたパーソナリティが育つことのできる土壌を衰退させていくものであった。ウェーバーが擁護したこの種の人格性、人がその生を統一されたものとして全うできる可能性を、二〇世紀初頭の世界は粉砕した。そして、その同時代にジンメルは、そのようなモダニティのはかなさや移ろいやすさ、多元化や断片性といった、やがてポストモダニティをめぐる議論に引き継がれていく多くの問題系に敏感に反応していた。ジンメルとウェーバーがどこで共鳴し、どこでは対立していたのかを考えることで、ウェーバーの人格性や卓越性をめぐる問いを、ポストモダン状況のなかでもなお同時代性を有するものとして理解していくことができる。

この『ほつれゆく文化』はこうして、社会学にとって古典中の古典ともいえるウェーバーやジンメル、二〇世紀初頭の社会学的知を、グローバル化やポストモダニティといった現代的な状況を考える補助線として再導入する。著者は、「ウェーバーやジンメル、それに彼らの努力の射程を継承しようとしてきたエリアスやレックスのような人々に結びつけられる社会学の伝統は、自らの領分にこだわって、社会学を狭義に解釈された社会の研究だと考えて縄張りを守る者にとっては、まるで縁のないものである。〔しかし〕このより広範に理解された学科横断的な社会学こそが、我々の時代の重大問題について答える試みに最も適したもの」だと語る［同：88］。

著者は賢明にも、ここで批判されている「社会学を狭義に解釈された社会の研究だと考え」る者たちが誰を指すのかは語らない。しかし、社会学的な知の本来の可能性が、そうした「業界」としての社会学にではなく、越境的な知としての社会学にこそあり、その意味で「我々の時代の重大問題について答える試み」は、一世紀を越えて二〇世紀初頭の社会学につながっているという著者の立場は、比較的多くの日本の社会学系の人々には受け入れやすいものであろう。

このように書いてくると、冒頭の「ディシプリン型／エンサイクロペディア型」という二分法には、若干の修正が必要になってくる。横断的な知は、決して一八世紀で終わり、二〇世紀末になって突然再浮上してきたわけではない。一九世紀には経済学が、世紀末には社会学が、そして二〇世紀の人類学、言語学、歴史学など様々なディシプリン型とされる知が、むしろエンサイクロペディア的な広がりを形成し、〈近代〉とは何か、〈社会〉とは何か、〈文化〉とは何かといった大きな問いに正面から取り組み続けてきた。今日の「情報爆発」のなかで、多くの知や文化が遠心力を強め、その一方で知の横断性への関心も強まっているとしても、そのような越境には常に〈歴史〉の軸、近代西欧文化の統一性やヘゲモニーが不安定化していった時代のなかで先人たちが考えていたこととの架橋が不可欠である。フェザーストンはそうした歴史的射程にこだわりながら、グローバル化やポストモダニティの現在を、「文化の専門家」や「人生の統一性」といった具体的な社会生活の現場に結びついた形で問い、多くの示唆を与えてくれている。

（マイク・フェザーストン『ほつれゆく文化』西山哲郎、時安邦治訳、法政大学出版局、二〇〇九年）

I―4　問いとしての政治的身体

身体がまずもって政治的領域であり、権力が作動する根幹的なアリーナであるということは、なにも今、改めて発見されたことではない。それは遅くとも一九六〇年代から多くの知の越境者たちの共通の出発点であったし、ベンヤミンやバタイユ、あるいは日本では戸坂潤のようなファシズムと暴力の時代を生きなければならなかった先人たちにとっても、そして同じように植民地的暴力と対峙しながらみずからの認識を形成しなければならなかったファノンをはじめ多くの反植民地主義の知識人たちにとっても、当然の前提であった。そしてもちろん、カルチュラル・スタディーズはかなり早い段階から、これらの人々の研ぎ澄まされた洞察から少なからぬ知的影響を受けながら、このような二〇世紀の知に通底する政治的身体へのまなざしを共有してきたのだから、政治的身体は、常に問いの最大の焦点であり続けてきたのだといえなくもない。

それにもかかわらず、今、日本や東アジアのカルチュラル・スタディーズの次なる展開を担う世代が明確な輪郭をもって浮上してきたとき、その多くがはからずも政治的領域としての身体を共通の問いの焦点とすることに新鮮な思いをさせられるのは、これまでのカルチュラル・スタディーズの議論が、しばしば大衆的なテクストの解釈の多様性や、イデオロギーとしての人種主義や植民地主義、ナショナリズムの批判に傾きがちだったからなのだろうか。

もちろん、私と同世代でも冨山一郎のように、まさしく政治的身体が立ち上がる瞬間にこだわり続けてきた者もいるし、私自身にとっても、演劇から都市へ、そして国民儀礼やアメリカニゼーションの問題へと関心の焦点を移行させながら、究極的には人々の集合的な身体の政治性こそが、みずからの問いの出発点であり目標地点であり続けている。おそらくは、ほぼ同世代の多くの者にも、そうした身体的な場への関心が共有されているはずだ。私にとってカルチュラル・スタディーズが重要なのは、それが日常的な身体の場における意味と権力の関係を、さまざまな具体的で実践的なフィールドで問い続けてきたからにほかならない。

だからこそ、私はここでのささやかな介入の試みとして、文化颱風に集った数多くの大学生、大学院生に、一〇ほどの問いを提起してみたい。ここで私が指摘したいのは、われわれには今なお、政治的身体をめぐりあまりにも多くの問いが残されていること、そしてそれらは、カルチュラル・スタディーズの深化を左右する賭け金でもあることである。

1　なぜ今、政治的身体が問いの焦点として改めて浮上しつつあるのだろうか？　この問いの一九七〇年代的地平と現在の間では、どのような違いがあるのだろうか？

一九七〇年代に知的関心の基盤を形成してきた世代にとって、身体こそが政治が賭けられる究極の領域であるという認識は受け入れやすい。ポスト六〇年代的な時代の空気のなかで育ってきた世代には、すでに大文字の「政治」よりも、構造主義からポスト構造主義への展開のなかで出てきた多くの潮流、とりわけ人類学や記号論、都市論、そして誰よりもフーコーの思想的影響のなかで語られていた身体のミクロ・ポリティクスが、最もアクチュアリティのある現実であった。印象的に述べるなら、一九八〇年代のポストモダニズムの全盛が、この身体政治への関心を、むしろ記号の政治、イメージとシミュレーションの問題へと移行させたのに対し、一九九〇年代末以降、再び身体の政治が問題の焦点として若い研究者たちの間で同時多発的に浮上している。いわば、政治的身体をめぐる関心が、大きくスパイラルを描きながら回帰してきたようにも見えるのだが、この回帰はたんなる繰り返しではあり得ない。それならば、なぜ今、政治的身体が多くの若い世代の研究者の問いの焦点として改めて浮上しつつあるのだろうか？　その認識の地平は、かつての一九七〇年代の問いの地平とどのように異なっているのだろうか？

2

政治的身体は、いかなる学問的な基盤から問われ続けることができるのか？　カルチュラル・スタディーズは、この問いをめぐる諸々の方法をどう節合するのか？

一九七〇年代以降の批判的知において、政治的身体が繰り返し問われてきたにしても、そうした営みがアカデミズムのなかでも承認され、促進されてきたわけではない。日本の場合、この種の作業は多くが既存分野の外側で、それぞれの研究者の個人的な努力に支えられてきた。身体が政治的領域であることに、既存の政治学は関心を寄せてこなかったし、身体をめぐる多くの知、たとえば医学から教育学までの知は、フーコー以降の問いかけに不完全にしか返答してこなかった。たしかに人類学や民俗学は、身体の日常的な営みを持続的に観察し続けてきた。しかし、これらの知では、そうした身体の営みを政治のアリーナとして問題にしていく関心が希薄な場合が少なくなかった。ゴッフマンやブルデューのような社会学者が問題にしたのはまさしくそうした点であったが、社会学が全体として、身体の政治をテーマに展開してきたわけではない。

ここで問うべきは、カルチュラル・スタディーズと政治的身体の結びつきである。カルチュラル・スタディーズが現代の文化的生産と消費をめぐるアクチュアルな知であろうとする限り、政治的身体を問題にすることは必須であろう。それは、あるときはメディアのオーディエンスの身体であり、あるときは路上の群集の身体であり、あるときはスポーツ選手、アーティスト、俳優、同性愛者、活動家、犯罪者たちの身体である。実際、すでにジェンダー・スタディーズやクィア・スタディーズといった領域では、まさしくこの政治的領域としての身体が問われ続けることで新しい地平が切り開かれてきた。カルチュラル・スタディーズは、政治的身体をめぐり、これまで主に人類学や社会学でなされてきた知見を結び合わせるだけでなく、どれだけ既存のディシプリンの射程を超える深度を持った理解や分析の方法論を獲得できるだろうか？

3　エスノグラフィーという方法は、政治的身体の探究にいかなる視界を拓くのか？　行為の意味は、実践の社会的次元といかに節合されるのか？

人類学や社会学と同様、カルチュラル・スタディーズにとってもエスノグラフィーはきわめて有力なフィールドワークの方法である。これまでも多くのカルチュラル・スタディーズの探究が、方法的にエスノグラフィックであることを標榜してきた。同時にカルチュラル・スタディーズは、しばしば人種的、階級的、ジェンダー的なイデオロギーの作動や差別の歴史的な重層性、メディアにおけるテクストの流通と読みを問うてきた。われわれの身体が政治的な現場であるということは、その身体の表層やふるまい、出会いの実践のなかにテクスト的作用や言説の諸制度が折り重なっていることでもある。私たちは、そのような身体を幾重にも貫く権力作用を射程に入れながら、都市の路上や住居、さまざまなメディア空間における身体のありように迫っていくであろう。では、そのためにどのようにして、方法としてのエスノグラフィーと意味やテクストの分析を結び合わせていくことができるのか。換言するなら、記号や言説、意味の問題と社会的実践や関係形成の問題を同時に扱う認識と記述の回路を獲得することは可能だろうか。

4　政治的領域としての身体において、表層の差異はいかなる欲望を発動させていくのか？　人種主義を構成する政治的身体の実践とは何か？

多くの身体政治は表層で作動する。肌の色、骨格、化粧、服装、声、しぐさ――。これらは政治的身体が生きられる舞台であり、戦場である。そして言うまでもなく、近代においてこのような身体政治が最も強力に発動したのは、人種主義という形においてであった。

ゴッフマン流にいうならば、これらの表層は、彼が「外面（front）」と呼んだ次元に包摂されよう。社会的場面に置かれた身体は、さまざまな「外面」が玉ねぎの皮のように重ねられている存在である。外面を剥げばまた別の外面が現れ、それを剥げばまた別の外面が現れる。そのさまざまな「外面」の間の一致やずれは、それ自体、歴史的で政治的な構造をなす。だからたとえば、ちょうどマクリントックが鮮やかに描写して見せたように、帝国主義時代の英国社会における人種と階級、ジェンダーと節合する自己のパフォーマティブな構造化や脱構造化の契機を浮かび上がらせることができる。人種主義や植民地主義を担う政治的身体を、幾重にも折り重なる「外面」のずれや連続を含むパフォーマティブな節合過程のなかで捉えなおしてみるべきなのだ。

5　今日の世界を覆い尽くす文化＝情報的な資本主義のなかで、ミメーシスはいかなる政治的身体によって演じられるのか？

政治的身体は、パフォーマティブな相互性のプロセスを含んでいる。すなわち身体の政治性とは、身体における複数的な実践の契機でもある。たとえばスポーツは常にミメティックな次元を含んでおり、異質なものが出会い、模倣しあう関係のなかで競いながら、変化の可能性を常に含んだ主体や集合的アイデンティティが構築される時空である。それは時として、ファシスト的な身体やコロニアルな権力への同一化を促すが、他方では常にミメーシス的な複数性を促し、社会的闘争を触発する。クリケットはコロニアルな権力を反映するものであるが故に、帝国の権威を揺るがす可能性を含んでいるのだ。そのような両義性において、スポーツという身体文化はいつも諸々の社会闘争の政治文化に接している。

同じことは、ミメティックな身体領域である演劇や舞踊、音楽的なパフォーマンスにも当てはまろう。だからグローバルな文化産業やスポーツ産業、メディア・イベントの流通のなかで、なお身体が複数的な実践の場、ミメティックな転覆可能性を秘めた場でありうるのはいかにしてか、という問いは重要である。グローバルな資本主義のなかで、ボードリヤール的なシミュラークルの論理に還元されない身体のミメーシスとは、いかなる実践によって可能になるのか？　またわれわれは、そうした実践をいかにして記述していくことができるのか？

6　政治的身体は、都市という空間をいかに経験するのか。今日、都市に向けられるノスタルジックでもファンタジックでもある欲望は、いかなる政治の作動なのか？

身体が政治的領域であるように、都市もまた政治的領域である。それどころか、都市はさまざまな共在する身体によって同時的に生きられる複数性の場として、権力を日常的に作動させ、政治的なものを成り立たせている。都市の政治とは、常に身体化された政治であり、そのような身体と都市、そして政治的なものの結びつきが、一九六〇年代の政治の季節のなかで問われてきた。たとえば、私たちが皇居前広場に佇むときの、あの空虚な感覚はどこに由来するのか、あの空間の空虚さは、本当にロラン・バルトが論じたような記号論的なものなのか――。むしろ占領期以降の政治的空間戦略の作動の結果に過ぎないのではないか。あるいは東京駅の空間構造のなかに、文字通りフーコー的な権力の空間戦略が織り込まれていることをどれだけの人が知っているだろうか――。銀座煉瓦街から郊外のニュータウンまで、都市計画は常に政治的であると同時に身体政治的である。これこそまさに、アンリ・ルフェーブルの都市論とカルチュラル・スタディーズが切り結ばれなければならない具体的な場所である。さらに今、北京の天安門広場から香港まで、東アジアの都市を舞台に、都市空間と政治的な身体が新たな仕方で結びつきつつあるのなら、この新たな結びつきを成り立たせている条件とは何か？

7　政治的身体は、セクシュアリティの空間でもあり、また快楽と資本を媒介する装置でもある。この媒介は、いかにして再生産されているのか？

身体は政治的領域であると同時に性的領域でもある。身体において、〈政治〉と〈性〉は絶えず結びつきながら作動している。自己は、この関係の結び目に出現し、ときには政治的な、またときには性的な行為の主体となる。このような身体の両面性は、それこそ公的なもの（パブリック）と私的なもの（プライベート）の相互性、あるいは吉本隆明がかつて論じた共同幻想と対幻想の関係から、フーコーのセクシュアリティをめぐる洞察までを貫いて問われ続けてきた。こうした文脈で今日的に重要なのは、身体が多くの場面で、まさしく快楽と資本を媒介する装置として作動していることであろう。この媒介は、世界各地の亜熱帯リゾートのビーチからトランスナショナル化するセックス産業、都市のエステティックサロンなどまで、無数の具体的な事例において確かめることができる。大雑把な言い方ではあるが、今日のグローバルな文化資本主義にとって、身体的快楽の領域は、資本の価値増殖のための重要な賭け金となっているのである。

8

近年における「政治的なるもの」の変容は、いかなる政治的身体の変容として捉えられるのか？　政治的身体は、いわゆる社会運動や政治過程をどう生きているのか？

身体が政治的領域であるという認識は、もちろん一つの仮説にすぎない。実際に、それぞれの個人や集団が、その日常生活で自らの身体の政治性を意識しているとは限らないし、むしろそのような意識をまるで欠いている場合のほうが圧倒的に多いであろう。しかも、ここでいう身体の政治性が、実際のいわゆる政治過程や社会運動のプロセスに結びつくとは限らないし、日常の身体政治と大文字の政治の間には、構造的な連続性という以上の複雑な捩れや断層が横たわっている。だからこそ、こうした問題設定が、近年における政治秩序の変容や新しい国境を越える市民運動の展開をどのように捉え返していくのかという問いが、重要な意味を帯びる。

つまり、従来の社会運動論や環境社会学とは異なる観点から、マクロな政治場面でのミクロな政治的身体のふるまいを精査していくことは必須である。私たちは、日常の文化実践のなかに〈政治〉を見出すだけでなく、文字通りの政治的な出来事や活動のなかに文化的な実践を担う政治的身体を見出していかなければならない。このような関心は、カルチュラル・スタディーズが新しい社会運動論とほぼ同時的に入ってきた韓国や台湾、アジアの他の国々では馴染み深いものである。これに対し、「ポストモダン」が政治からは切り離されて語られがちだった日本では、最近ようやく、反戦デモや環境保護や公共事業に対する反対運動などの政治的闘争のプロセスが、政治的身体の水準から語られ直す必要が浮上しているのである。

9　政治的身体が、その極限において出会うのは、殺戮と絶対的な暴力としての戦場の身体である。そうした身体との出会いにおいて、われわれはいかなる〈政治〉を見出していくことができるだろうか？

九月一一日の事件からイラク戦争までの出来事が起きた後の現在的な状況のなかで、アジア太平洋戦争や朝鮮戦争、ベトナム戦争、湾岸戦争などでの暴力とメディア、記憶、表象の問題を、ここで問うている政治的な身体性の次元から問うことはきわめて重要なことであろう。だが、そのような極限的な状況における身体は、すでに「政治的」という接頭辞を付すことができる次元を超えているのではないか。そうした身体は、「政治的」であることがもはや成り立たないかもしれぬぎりぎりの地点に立ち現れているようにも見える。ある身体が「政治的」であるためには、何らかの折衝や対抗、わずかでも自由の余地が残されていなければならないのではないか。そうした可能性がまったく塞がれている絶対的な状況において、人はいかに政治的であり得るのか、あるいはあり得ないのか。そうした問いを、あくまで実際の戦争や占領、さまざまな極限的な暴力の現場のアクチュアリティを失わない仕方で持続すること、これがカルチュラル・スタディーズがこの問いにかかわり続けるための大前提であろう。

10　政治的身体は、そもそも今も存在しているのだろうか？　今日のメディア・イメージの浸透のなかで、その身体はすでにその存在の根拠を蒸発させているのではないか？

政治的身体という問題設定は、ひょっとすると主体性の政治学の罠にすっかり陥った典型例なのではないだろうか。個人であれ、集団であれ、人々の身体のなかに「政治」を名指すことで、何らかの主体性の契機を外挿的に措定しているのではないか。しかも、その期待はそれ自体、今日のコミュニケーションの資本制的な編成が要請する効果にすぎないのではないか。

あるいはこうも言える。メディアが日常のリアリティを深く媒介している今日、身体が政治的な領域だと主張するだけでは、いささかもその媒介の体制を揺るがすことはできない。私たちは、そもそもそのような身体の存在に疑いを差し挟むところから問いを出発させるべきなのではないか。何らかの批判や奪用、変革の根拠として身体を語るよりも、そのような身体に反応し、語ってしまう自分自身の前提を突き放してみる必要がある。今日、多くのカルチュラル・スタディーズの論者たちが「身体」を語ろうとしていること、それ自体が資本の効果として考え直されるべき現象なのではないか。実際、一九八〇年代以降のコマーシャルなイメージの変遷を調べるなら、ここ十数年あまり、社会のさまざまな領域で「身体」への関心が突出してきたのを確かめることができる。カルチュラル・スタディーズが政治的身体について語るのは、コマーシャルな言説が健康で美的な身体について語るのと本当に異なるものなのだろうか?

カルチュラル・スタディーズがこの国の学問的土壌のなかで有利な点を持っているとすれば、それはこうして多方面で同時多発的に議論を増殖させていくポテンシャルを、いかなる他の分野や領域よりも強く伏在させている点に尽きる。理論の精度や実証的研究の蓄積、知識の体系性といった規範に照らしてみるならば、カルチュラル・スタディーズは欠点だらけの中途半端な流行と見えるかもしれない。しかし、それでも今日、さまざまな分野の異なる立場の若手研究者が、同時多発的な意志によって協働する対話的な知のプラットフォームを形成しつつある。このプラットフォームの裾野の広がりと緊張度、浮上してきたうねりにとって必要なのは問いの持続であり、開かれた対話の場の醸成である。

(伊藤守編『文化の実践、文化の研究』せりか書房、二〇〇四年)

I－5　カルチュラル・スタディーズの旅は続く――追悼・スチュアート・ホール

一九九〇年代後半の日本の知的言論を賑わせた「カルスタ」（カルチュラル・スタディーズの略称）は、すでに一時の流行で終わったかのようで、今ではもうそんな「流行」があったことすら忘れられている。二〇〇〇年代、九・一一の大事件が起き、米国はイラク戦争を仕掛け、やがてリーマン・ショックで世界資本主義に亀裂が入り、日本では三・一一の途方もない衝撃から未だ抜けきれないのにアベノミクス、東京オリンピック招致である。私たちは歴史のどこに立っているのかが見えなくなり、「文化」よりもまず「経済」、さらに「軍事」こそが喫緊の知的争点というわけだ。「カルチャー」云々の前に、「貧困」を、「国境」を、「帝国」を論じるべきと思われている。マスコミ的言説の表面を眺める限り、「カルスタ」はすでに過去のものだ。

ところがその一方で、ここ十数年、「ワタシ、日本のポップカルチャーを勉強したいです」と、韓国、中国、台湾、さらには世界各国から日本に留学を希望する知的に優秀な若者たちが激増した。日本のポップカルチャー、音楽やテレビドラマ、マンガやアニメ、ゲームのアジア諸国での消費はすでに広く知られ、国際的には研究もそれなりに蓄積されてきた。それをさらに深化させようとやって来る留学希望者の多くが、地元の大学の成績も高い水準にある。日本の大学で、この種のテーマは学部のレポートにはなっても、大学院以上の本格的な研究対象とはみなされにくい現状とは大差がある。彼らは高校、大学でよく勉強し、同時に日本のポップカルチャーをよく消費し、その二つが結びつくこと、そのように文化の消費と文化の研究が結びついていく領域が、国際的に「カルチュラル・スタディーズ」と呼ばれて通用していることを知ったのだ。

ここ十数年、日本のマスコミ的言説の水画下で、若手研究者の間にカルチュラル・スタディーズは浸透・定着し続けてきた。毎年、各地の大学拠点を中心に地域住民、アクティヴィスト、海外研究者を多数巻き込んで開催されてきた国際イベント「カルチュラル・タイフーン」も今年で一二回目を迎える。アジア各国の研究者やアクティヴィストの連帯としてスタートした「インター・アジア・カルチュラル・スタディーズ（Inter-Asia Cultural Studies）」もすでに世代交代をして発展を続けており、同名の英文ジャーナルは国際的地位を得ている。世界的には、「クロスロード（Crossroads）」と呼ばれる国際カルチュラル・スタディーズ学会が、フィンランドのタンペレと世界各地を往復して毎年多数の参加者を集めている。

一九九〇年代にカルチュラル・スタディーズの存在証明が議論されたとき、しばしばそれが「ポスト・ディシプリン」で「ポスト・アカデミック」で「ポスト・ネーション」の知であることが強調された。「ポスト・ディシプリン」とは、学際的な研究や学びの限界を越えて、それぞれの学問分野の根底を問い、その正典性を内側から掘り崩すことで新しい越境的な知のフィールドを創造すること。「ポスト・アカデミック」とは、アカデミズム対ジャーナリズム、あるいはアカデミズム対アクティヴィズムといった二項対立に陥ることなく、アカデミックな知を社会的実践を通じて生まれ、そうした社会的実践性を伴い得るものとして定義し直すこと。「ポスト・ネーション」とは、近代の多くの人文社会的な知の大前提であったネーションという枠組みを問い直し、トランスナショナルな知識人の協働から革新的な知の構想力を鍛えていくこと。

もちろんこれらの指針は今も有効だろうが、どちらかというと知の外形的な定義である。カルチュラル・スタディーズが、どのような〈近代〉と対しているのかを語っているにすぎない。カルチュラル・スタディーズは〈文化〉を問題化する――むしろこれが、最も本質的な定義となろう。しかし、そう言った瞬間に〈文化〉とは何かが問題になる。文化人、文化祭、文化施設、文化政策、文化財、企業文化、文化革命、異文化、伝統文化、大衆文化、サブカルチャーから文化史、文化人類学、多文化主義、文化資本等々、文化は日常の会話から学問的な言説まで幅広く使われる用語でありながら、内容は実に曖昧で複雑だ。「文化財」の文化と「異文化」の文化は非常に異なるし、文化史と文化人類学とカルチュラル・スタディーズでは、その端緒で「文化」認識に根本的な違いがある。さらにこの用語は、「文明」、「教養」、「芸術」、「イデオロギー」、「表象」等の用語とも歴史的に深く複雑な類縁関係を持ってきた。

社会学との関係で言えば、決定的な転換は一九二〇年代に生じ、少なくとも一九六〇年代まで続いた。それ以前は、ウェーバーやデュルケーム、初期の社会学の創建者たちが照準したのは、文化よりも宗教と経済、つまり宗教的なエートスや集合意識と資本主義、ないしは近代社会の関係であった。近代化が脱魔術化、広くは世俗化の過程であった以上、〈文化と近代〉よりも〈宗教と近代〉の方が切実な問いだった。しかし一九二〇年代、ジンメルやマンハイム、そしてシカゴ学派といった次世代の社会学者たちには、膨張する大都市や独占段階に達した資本主義のなかでの〈文化と現代〉がより重要な問いとして前面化していく。そしてこれ以降、一九七〇年代に大きなパラダイム転換を経験するまで、当該集団に内在する固有値としての〈文化〉が、イデオロギーや階級意識からステレオタイプや価値規範、社会的パーソナリティ、文化の型、準拠集団、文化資本といったように、「文化」という言葉の直接的使用を超えて論じられ続けた。

日本にあっても、この〈文化〉への関心の移行は同時代的だった。一九二〇年代以降、大都市の膨張とマスメディアの浸透を背景に、都市を闊歩する群集、百貨店やカフェでの消費、映画館、ラジオ、大衆雑誌、サラリーマン生活と郊外電車、モダンガールに表象されるジェンダー秩序の攪乱が生じていた。これこそが〈現代〉であり、ほどなくこの変化を注視し、それを言語化・分析する知が浮上した。この知は、広義に文化社会学的であった。

このような文化の固有性、文化をめぐる社会学的、人類学的、歴史学的考察が依拠してきたパラダイムが根源的に問われたのが構造主義以降の知的革命であったのだし、カルチュラル・スタディーズはそうした転換の渦中、その亀裂から浮上した知であった。だからカルチュラル・スタディーズにとって、文化を自明のものとして分析するのではなく、その自明性自体を問うことは基本的了解である。二〇世紀初頭からの文化社会学や文化人類学、文化史の偉大な遺産を引き継ぎつつも、構造主義を経て文化の多重的・抗争的な構築の政治に関心を向けていったカルチュラル・スタディーズには、文化理解について認識論的な断絶があった。

それではカルチュラル・スタディーズは、ポスト社会学、ポスト人類学、ポスト歴史学、つまりはポスト人文学の知なのだろうか。すなわちカルチュラル・スタディーズは、国民国家の後退や知の商業化により苦境にあるかに見える人文学の死刑執行人なのか。一九世紀初頭以降、国民国家が確立していく過程で、その歴史的起源と審美的価値、異文化との差異、つまりはネーションの文化の本質を解き明かすものとして発達してきた人文諸学に対し、カルチュラル・スタディーズは破産宣告を告げようとしているのだろうか。それともカルチュラル・スタディーズは、文化概念の転換を通じ人文諸学に新たな道を提供するのであろうか。

答えは両義的だ。明らかに、グローバル化は経済や政治の変動にとどまらず、われわれの知の基盤を構造的に変えていく。その変化のなかで、私たちは近代の人文諸学がどれほど深くネーションの地平に根づいていたかをますます再認識せざるを得ない。カルチュラル・スタディーズは、そうした地平とは異なる時空で人文知を組織する、決して唯一ではないが有力な方法の一つである。それは、文化社会学にはグローバルな文化産業と文化のトランスナショナルな地政学こそ問われるべきだと主張するだろうし、文化人類学には越境的な文化地政学がいかに生きられるかを考える共同戦線を提案するだろう。歴史認識のナショナルな前提を内破するところから、文化を根本的に越境的な経験として記述する挑戦に文化史を誘ってもいくだろう。そして文学や史学に対しては、テキストや図像のみならず、二〇世紀の知が映像によって書かれてきたこと、その映像はトランスナショナルで集団的な生産物として蓄積されてきたことを強調するだろう。

国民国家の後退という数世紀単位の大変動に巻き込まれているのに、国の支援の縮小や知の商業化、若い学徒たちの知的劣化を嘆くだけでは話にならない。「カルスタ」がこの二〇年、日本国内では諸方面から揶揄されながらも少なくとも国際的には継続的に裾野を広げてきたのは、それがグローバル化のもたらす文化のポスト・ナショナルな状況に対し、トランスナショナルな問いと応答の地平を形成してきたからである。だから「カルスタ」は、グローバル化とともに／に抗して、何度でもナショナルな地平への逆襲を続けていくことになる。

一九九六年三月、初来日したスチュアート・ホールは、東京大学安田講堂を埋め尽くした聴衆を前に、カルチュラル・スタディーズが決して単一の起源や理論に結びつけられないし、それどころか大学の内から生まれた知ですらないことを強調した［花田・吉見・スパークス 1999］。

カルチュラル・スタディーズは、一九五〇年代以降、レイモンド・ウィリアムズ等の英国マルクス主義知識人による労働者文化研究を通じて形成されたとされる。やがてリチャード・ホガートにより設立されたバーミンガム大学現代文化研究センターの所長をホールが引き継ぐと、記号学や言説分析などの構造主義の方法論を受容し、サブカルチャーまで視野を広げ、その階級、人種、ジェンダーをめぐる重層的な構造化の分析を進め、さらにポストコロニアリズムを取り入れながらネオリベラリズムへの徹底した批判を展開、一九八〇年代以降の知の最前線を担った。

しかしこの起源の物語をホールは自ら疑い、大学でカルチュラル・スタディーズが講じられるずっと前から、民間の実践としてカルチュラル・スタディーズは営まれてきたし、特定の理論に基づき対象を分析するのではなく、状況との対峙から理論を編み直し、認識を変化させていく作業がカルチュラル・スタディーズなのだと語った。講演後の対話で司会の私は、ホールの応答が常に、会場から彼に質問をする人々の問いの内容以上に、それらの問いが生まれるまさにその足元や背景に向けてなされていることに衝撃を受けた。この人は偉大な思想家、学者、著者である以前に、天才的な教師なのだと実感した。

そのホールが逝った。八二歳であった。すでに『ガーディアン』等の海外メディアは彼の死を悼む長い記事を載せた。ネットでも瞬時に情報が流れて国際的な追悼の動きが広がる。日本での知名度の相対的低さとは比較にならない影響を、彼は一九八〇年代以降の世界に与えてきた。

それは一体なぜだったのか――。戦後、斜陽の大英帝国の知的中心に旧植民地ジャマイカから奨学生として大西洋を渡って来たホールは、優秀な英文学徒として英国的風景を内面化しつつも、自らの出自や人種、政治的志向を通じて英国性と対決し続けた。この両面性は、カルチュラル・スタディーズが内包する戦略的可能性である。

たとえば一九七〇年代までのカルチュラル・スタディーズで、ポピュラー文化は最大の関心事の一つだった。しかしカルチュラル・スタディーズがそこで為そうとしたのは、高級文化にポピュラー文化を対置することではなかった。むしろカルチュラル・スタディーズは、消費社会ではポピュラー文化こそが、政治的抗争の最大の現場の一つになると考えていた。啓蒙主義的な立場から大衆文化産業を批判するのでも、労働者階級文化の視点からブルジョア文化を批判するのでも、あるいは単に娯楽映画やポップ・ミュージック、スポーツに新たな広大な学問的フロンティアを見いだすのでもなく、消費社会化のなかで遍在化する「ポピュラーな＝大衆的な・人気の」文化が重大な政治的抗争の現場だと考えたのだ。

ここにおいて必要なのは、そうしたポピュラー文化に内在し、その内側で経験されている世界を厚く記述することと、そのような経験と対決し、その経験の成り立ちに孕まれる政治を浮上させていくことを同時に遂行し続けることだろう。ポピュラー文化であれ高級文化であれ、文化的価値は作品に無前提に内在しているのではない。それぞれの作品が異なる時、場にあるメディア＝装置に媒介されながら多様な人々に経験されていく過程において、文化的価値は多重的に想像され、構築される。だからこの過程には、階級はもとより、人種やジェンダー、地域や世代、無数の分割線が織り込まれ、その一つひとつに政治が作動していくことになる。ポピュラー文化の経験とは、決して均質的な経験ではなく幾重にも分節＝統合された政治的経験である。

そうした意味で、まさしく「マーガレット・サッチャー」は、一九七〇年代末以降の英国において最も〈ポピュラーな〉現象だった。米国では「ロナルド・レーガン」、日本ではやがて「小泉純一郎」といった政治家たちを主役として、政治が演じられる舞台は構造的に転位していくのであり、その背景には〈ポピュラー〉からポピュリズムへの構造転換とでも呼べる変化が起きていた。この構造転換に自覚的であることにより、一九七〇年代までのポピュラー文化や若者たちの対抗的なサブカルチャーに照準したカルチュラル・スタディーズと、サッチャリズム批判に照準を合わせていく一九八〇年代以降のそれの間には、はっきりとした連続性がある。

つまり、一方にはホール以前からホガートも注目していた状況の世界化があった。これは一般に全世界的なアメリカニゼーション、ハリウッドの娯楽映画やポップ・ミュージックからファースト・フードまでの全世界化と考えられている。しかしここには、そうした同質化への反作用として若者たちによる対抗的なサブカルチャーが族生し、文化的ローカリゼーションが生じてくる過程も伴われていた。こうしたなかでカルチュラル・スタディーズは、早くからアメリカ的文化消費やそれへの対抗に内在し、そこで作動する政治を問うていた。彼らはあらゆる批判的方法を越境的に動員したが、その研究スタイルは、やがて世界に普及していった。

他方、ホールがいち早く注目したように、一九八〇年代以降に生じたのは、そうした戦後的状況とは位相的に異なる何かであった。グローバリゼーションと結びついたこの動きは、ある意味で第一次世界大戦以前の帝国主義の再来のようにも見える。英国のフォークランド紛争、米国の湾岸戦争やイラク戦争、ロシアの中央アジアへの介入、そして日本の尖閣諸島問題まで、一九八〇年代以降の国際紛争とそれへの対応は、冷戦期とは異なり、一見、帝国主義全盛の時代に戻るかのようである。グローバリゼーションのなかで帝国の亡霊が浮上してくるとき、諸地域の文化に何が生じていくのか――。少なくとも西欧や日本、すでに一定の経済的豊かさを実現した社会では、その豊かさを失う不安から、むき出しのネオ・ナショナリズムが支持を広げてきた。

私たちが現在生きているのは、このような二つの歴史の位相が、段階的にというよりも重層的に縫合され、重心移動している世界である。カルチュラル・スタディーズは、単にポピュラー文化の研究なのではなく、このような世界のなかでの文化の重層的な政治性を浮かび上がらせる。だからこそ、一九九六年に東京大学にホールをはじめとする英国カルチュラル・スタディーズの中心人物たちを招き、「カルチュラル・スタディーズとの対話」という国際シンポジウムを開催したとき、私たちはそこで人気テレビ番組のオーディエンスをめぐる文化政治の問題系と、沖縄や在日、マイノリティの文化政治の問題系を結びつけたいと考えていたのだった。やがて二〇〇〇年代以降、この二つの結合はインターネットの社会的普及を前提に、「ネット右翼」が日本国内の政治状況に大きな影響力を及ぼすようになることで顕著に、しかもネガティブな仕方で問題化していくが、一九九六年当時の日本ではそこまでの未来が見えていたわけではない。

しかしホールは、このシンポジウム後、日本での論集出版のために寄せてくれた特別論文「旅するカルチュラル・スタディーズ」［ホール1999］で、一九九〇年代以降、カルチュラル・スタディーズが北米大陸やオーストラリア、ドイツや北欧、それにアジアなど世界各地に広がりつつある状況に触れ、トランスナショナル化するカルチュラル・スタディーズの問いが、それぞれの時代、社会の〈コンジャンクチャー＝状況的局面〉に根づいていることの重要性を強調した。戦後英国でカルチュラル・スタディーズが勃興したのは、破壊の時代が終わり、経済が高度成長に向かうなかで労働者階級が富裕化し、消費社会的価値が自明化されつつあった状況と切り離せない。一九九〇年代以降、グローバリゼーションはあたかも世界各地の歴史的差異を無化し、一元化させていくように見えるがそんなことはない。ホールの考えでは、グローバリゼーションは近代初期まで遡れ、資本主義を媒介しながらネーションの創出にも一役買ってきた。だから冷戦の終わりで世界全体が大きく変化しつつあるなかで、それは大衆文化やナショナル・アイデンティティをめぐる新たなグローバル／ローカルな状況的局面を生んでいくのであり、カルチュラル・

スタディーズはその状況的局面にこそ関心を向けるべきなのである。

一九九六年以降、ホールには何度かお会いした。一度は英国でアジアの留学生が開いた会議の場であったが、もう一度は日本の放送大学で私が担当していた科目のインタビューでご自宅を訪問した時だ。ロンドンのアパートにはよくあるが、狭く急な階段を上まで上ると彼の書斎があり、毎日この急階段の昇り降りは辛いのではないかと思ったのを覚えている。単なるインタビューなのに、一時間以上も熱心に質問に答えてくれたのに再び感動した。ホールは終生、こうした出会いや対話を大切にする人だった。その一方で、彼は大学の研究室の高みから世界を批判することを拒否し続けた。彼は自分を「学者」とは位置づけていなかった。むしろ彼は、無数の学生や活動家、アーティストの最高の教師だった。カリスマ的語り手として、対面する相手を内側から触発し、互いに結びつけていくのが彼一流の仕事で、その対話的実践により世界を少しだけ変えたのだ。その変化は、人から人へ、彼の直接的な関与を越えて各地に広がり続けている。

（『思想』二〇一四年五月号、岩波書店）

I－6　東アジアのCultural Studiesとは何か

「豊かな戦後」とアジアの「戦後」

二〇一一年三月一一日の震災と原発事故の拡大で、私たちの「豊かな戦後」の終焉はいよいよ決定的となった。壮絶な大津波の到来で、一瞬にして瓦礫の荒野と化した東北沿岸の風景を前に、私たちはどうしようもなく胸が締めつけられる思いにかられる。逃げる間もなく濁流にのみ込まれて失われた二万数千の命に対し、その数知れぬ魂に対し、生き残った私たちにいったい何ができるのか。こうした思いが列島全体に広がっているし、今後も長く刻み込まれ続けるだろう。今、ここにその終焉があまりにも明白となったのは、日本社会の「豊かな戦後」である。この「豊かな戦後」は、一九五〇年代半ばに構築され始め、六〇年代を通じて絶頂に達し、七〇年代の模索の時期を経て軌道修正の可能性を失い、八〇年代末以降、今日まで四半世紀に及ぶ崩壊過程に入っていた。私は拙著『ポスト戦後社会』［吉見 2009］で、この「豊かな戦後」が頂点に達して以降の日本社会、とりわけ七〇年代以降のそれを「ポスト戦後社会」と名づけた。

しかし、この日本の「ポスト戦後」は、東アジアの「戦後」である。東アジア全体でみた場合、「戦後」は一九四五年に始まってはいない。一九五〇年代から七〇年代まで、東アジアでは朝鮮戦争とベトナム戦争という二つの大規模戦争が生じ、中国大陸では文化大革命の動乱が続き、さらに韓国、台湾、フィリピン諸国は軍事独裁体制に支配されていた。東アジアは少なくとも一九七〇年代半ばまで、「戦後」どころかまさしく「戦時下」を生きてきたのだ。東アジアに「戦後」が到来するのは、中国が文化大革命の混乱を終息させて「改革開放」政策に転じ、カンボジアでのポルポト派による大虐殺が終わり、韓国や台湾では民主化運動が盛り上がっていく一九七〇年代末以降のことである。つまり、日本の「ポスト戦後」は、東アジア全体で考えると「戦後」そのものだったということになる。

したがって、日本の「戦後」と東アジアの「戦後」には三〇年程度のずれがあり、その間、日本と東アジアはそれぞれ異なる歴史的現実を生きた。日本本土の場合、この三〇年余は、復興から高度経済成長へと向かう「輝かしき」時代だった。無論、三〇年間は同じように流れたのではなく、中間の一九六〇年前後で前期と後期に分かれる。前期は「占領から復興へ」の流れであり、軍事・政治的な支配者としてのアメリカが強烈に意識されていた。この点で、日本と他の東アジア諸国の間には、まだ共通点があった。だが、安保闘争を経た一九六〇年代以降は日本が経済成長にひた走る時代で、東アジア諸国との歴史的経験の共通性は見えなくなる。そして、この日本の「戦後」と東アジアの「戦時」が、同時に終わっていくのが、一九七〇年代半ばなのである。

一九七〇年代末以降、東アジアは、本格的な「戦後」の時代へ、日本の経験からするならば「ポスト戦後」の時代に入っていく。韓国や台湾では、一九八〇年代を通じて民主化闘争が展開され、九〇年代になると中国に市場経済が浸透し、東アジアは何よりも経済で再び深く結びつき始める。日本は一九八〇年代にバブル経済に沸いた後、長期的な停滞期に入るが、同時代に他の東アジア諸国は成長を重ね、四半世紀ばかり早くに「豊かな社会」を実現していた日本との差異は小さくなった。現在では、東アジア諸国から若者たちが職を求めて日本に流入してくるだけでなく、日本から香港や台湾、東南アジアに若者たちが職を求めて流出している。日本の「戦後」と「ポスト戦後」では、国内的には前者の「発展」と後者の「停滞」が対照されるが、国際的にみると前者の「単独性」に対し、後者では他のアジア諸国との「共通性」が拡大している。

このような変化の早い段階では、「日本」の消費文化が東アジアの若者たちにとって格別な憧れの的になっていった。一九七〇年代から八〇年代にかけては「海賊版」、すなわち日本のマンガやアニメ、流行歌などのアンダーグラウンドな流通が東アジア諸国で盛んになったが、やがてこれは日本のトレンディドラマやJポップの消費に引き継がれていく。一九九〇年代の東アジアはJカルチャー消費全盛の時代であり、テレビドラマやポップミュージックからマンガ、アニメまで、あらゆる分野で「日本」は消費の記号となった。そして今でも、私が教える大学院などには、台湾や中国、東南アジアから「日本の大衆文化」を研究テーマにしたいと留学を希望してくる学生が後を絶たない。彼らの目からすると、Cultural Studiesとは「大衆文化」の研究であり、その大衆文化の最先端が日本にあるから、日本に留学してみたいということになる。

率直にいえば、このようなCultural Studiesの理解に、私は違和感を抱いてきた。テレビドラマやポピュラー音楽、マンガやアニメなどのいわゆる「クール・ジャパン」の表象領域で、日本で生じていることが自国にいかに越境し、消費されていくのかを分析することが、それだけでCultural Studiesの実践と言えるのか。Cultural Studiesとはたしかに「文化の研究」である。それはいわゆる「文学部」で営々と受け継がれてきたような「文学」や「美術」の研究とは異なるもので、半ば必然的に、テレビ番組や流行歌、映画、マンガやアニメ、広告、ファッションなどを対象としていく。多くの東アジアの若手研究者が、この種のサブカルチュラルな消費文化をいち早く全面化させていた日本に注目するのも当然である。

それにもかかわらず、たとえば日本のアニメが大好きで、そうした大衆文化の研究をしたいと希望してくる若者たちに私が身構えてしまうのは、大衆文化を研究対象とすること自体への違和ではなく、それらに向かう姿勢への違和感からある。少なくとも私の理解では、Cultural Studiesは単なるポピュラー文化研究ではない。Cultural Studiesがポピュラー文化に照準したのは、歴史的にはそれが国民国家の文化体制のなかで正典化された教養文化のヘゲモニーに対抗してきたからである。しかし今日、グローバル資本主義のなかであらゆる種類の文化が並列的に消費されていく状況では、ポピュラー文化の対抗性は神話にすぎない。ポピュラー文化は、グローバルな文化体制のなかで越境する商品の地位をすでに確立しており、これについて考えることも、アカデミックな制度にすっぽり受容されている。だから、東アジアのポピュラー文化研究は、少なくとも個々の文化消費を取り囲む越境的な産業体制について分析する視点を伴わなければならない。

さらにそれを、東アジアの地政学的秩序のなかに位置づけていくことも必要だ。

まさにここで重要なのが、日本の「戦後」とアジアの「戦後」の三〇年あまりのずれなのである。今日、東アジアで流通する日本のポピュラー文化のほとんどは、その原型が一九六〇年代から八〇年代までに形成されたものである。冷戦構造と日米関係の外交的親密圏に守られることで、一九八〇年代までの日本では、アニメからポピュラー音楽まで、アメリカニズムを内面化することで日本化したメディア文化が多様に創造されてきた。一九八〇年代末以降、東アジア全域に広がる日本のポピュラー文化は、そのようにして冷戦構造のなかでリメイドされたものであるし、その浸透力を支えたのは、日本と他のアジア諸国の文化的というよりも時間的な距離であった。一九九〇年代以降、この距離が縮まり、やがてゼロに近づいていくなかで、東アジアの諸地域での文化生産は、まったく新たな地政学的編成へと転位しつつある。

つまり東アジアは、一九八〇年代を境に、日本だけが「豊かな戦後」を享受している社会から、地域全体のなかで「豊かな戦後」が再配置されていく社会へと変化した。東アジア各国に消費社会が形成され、日本のポピュラー文化が越境的に消費され、やがてアジアのメガシティの間に文化消費の新たな共通基盤が形成されていることは、近代以降のアジアの歴史にとって何を意味しているのか。これらの問いに、東アジアのCultural Studiesは答えていかなければならないはずである。それは、Cultural Studiesが単にそれまでの人文知にとどまらない幅広い文化領域を扱う知だからというのではなく、いまやグローバルな資本体制の一部となりつつあるポピュラー文化と、その新たなトランスナショナルな消費者の台頭を、過去の教養主義に戻るのではない仕方で批判する可能性を有しているからこそそうなのである。

国民国家による「文化」の想像

東アジアの Cultural Studies のこうした課題に何が賭けられているかを示すには、まずは概説的にでも、これまで Cultural Studies において「文化」が何を意味してきたのかをふり返っておく必要がある。大雑把にいうならば、「文化」が単に人類学的、民俗学的な記述の対象というのでも、また西欧近代のブルジョア的価値と一体化した教養というのでもなく、むしろそうした前提自体を問う抗争的な場として問題化されてくるのは、第一次大戦後からのことである。それ以前、一八世紀末から二〇世紀初頭まで、「文化」は、一方ではブルジョアジーによって発見された「他者」としての大衆文化や「未開」の文化、オリエンタルな欲望の対象として、他方ではそうした「他者」をまなざす近代西欧の「知的、精神的、美的発展の一般的過程」として、つまり対称的な二重の意味のベクトルを負って概念化されてきた。

この観念の確立は比較的遅く、ジョン・ヘンリー・ニューマンは、一八五〇年代に書いた文章でも、後年ならば「文化」の概念に括られていく内容を次々に挙げ、それを一言で表現する言葉が英語にないことを嘆いていた。当時、「文化」はまだ個人の知性から社会的な価値、創造的な活動までを指す統一的な用語としての地位を確立してはいなかったのである［Williams 1958＝ウィリアムズ 1968］。語義的な面からいうならば、この言葉はもともと「穀物や動物の手入れ」

を意味していた。これがやがて「人間の成長」も意味するようになり、「彼らの心の文化＝陶冶のために」などといった言いまわしがなされていく。一九世紀、「文化」概念の英国での確立過程で決定的な役割を果たしたとされるマシュー・アーノルドの『文化と無秩序』[Arnold 1869＝アーノルド 1946] は、労働者階級の文化的「無秩序」を調教し直していこうというブルジョアジーの戦略を理論的に表現していた。彼は、産業革命や大量生産、またそうした原理が支配するアメリカを、彼が理想とする陶冶された「文化」とは対極に位置し、人間性の調和的完成に破壊的な作用を持つ物質主義の土壌として批判した。そして、産業革命の悪しき影響で「無秩序」のなかに置かれてしまった労働者階級を「文化」によって「救出」し、国民的な統合の枠組のなかに組み込んでいこうとしたのである。

英米圏では、一九世紀を通じた「文化」概念の構築は、とりわけ「英文学」の正典化と結びついていた。なかでもシェイクスピアの文学は、「民族的本質と理性的国家を統一するものとして、すなわち、民族の本質が国民文化として自然発生的に自らを表現する一つの支点として」、近代英国の国民的な教養文化において特権的な地位を確立する。シェイクスピアの「演劇＝文学」は、神聖ローマ帝国の後裔たるドイツでギリシャ哲学がそうであったのと同様、国民文化の自然発生的な起源を保証するものとなるのである。ギリシャ語もラテン語もほとんど知らないまま「天才」をもって不朽の文学を創り上げたシェイクスピアは、英国文化のアイデンティティを証明するのにぴったりだった。グローブ座の円形舞台は、まるで古代ギリシャのアゴラと同じような象徴性を帯び、一七世紀からの英国市民による国民国家形成を正当化した [Readings 1996＝レディングズ2000]。

この英国における「文学」の正典化とシェイクスピアの聖人化を完成させたのが、スクルーティニー派の中心にいたF・R・リーヴィスである。彼にとって、シェイクスピアの「文学」は、イングランドの文化的伝統が立ち返るべき原点だった。リーヴィスは、近代に生じたのは文学とコミュニケーション言語の分裂であると考えた。文化は有機的統一を失い、文明の機械的発展のなかで言語はひき裂かれた。支配的となっていった機械文明と大衆文化に対し、少数派たる知識人は、抵抗の言語をいかに獲得できるのか――。そのためには、分裂以前の文学、シェイクスピアの時代まで立ち返り、一度は死んでしまった詩の言語に批評の力で命を再び与え、産業社会の広告的言語に対抗させていかなければならない。英文学の研究は、シェイクスピアという原点に絶えず立ち返ることで、現代の産業文明に抗する英雄的な実践となる。

同じ頃、民俗学や人類学は、自分たちの社会が失いつつある文化に関心を向けていた。ピーター・バークによれば、民衆文化が西欧知識人の主要な関心事となったのは、ちょうどそれらが消滅していった一八世紀末以降のことである[Burke 1978＝バーク 1988]。知識人にとって民衆は、「自然で、素朴で、文字を知らず、衝動的で、非合理で、伝統と地域の土地に根ざし、(個人が共同体に吸収されて)個別性の感覚をもたぬ人びと」だった[バーク 1988：24]。こうした他者としての民衆を「発見」することは、「未開への文化的復帰運動の一部」であった[同：26]。すなわち、「タヒチやイロコイの人びとの生活慣習の研究から出発して、フランスの知識人がフランスの農民を見はじめ、信仰や生活様式においてかの地の人びととさして遠くないところに自国の農民もいると考えるにいたるまでは、ほんの一歩の距離」だった〔同：30〕。

Cultural Studiesによる「文化」への介入

やがて、第一次大戦とともに、大衆の時代が本格的に幕をあける。この時代、帝国の諸都市で、圧倒的な消費のリアリティが伝統的な価値を一気に呑み込んでいくのである。とりわけアメリカでは、口紅や香水、洗濯機や冷蔵庫、ラジオやタブロイド新聞、自動車、摩天楼、デパート、映画などによって縁どられる消費生活のスタイルが、広告技術とローンの普及に促されながら広く浸透しつつあった。この変化は単に日常を彩る商品が劇的に増えたというだけでなく、それまでの階級やジェンダー、人種をめぐる規範が根底のところでゆらぎ始めたことを意味した。

たとえば性に関していえば、若い女たちのスカートの丈はどんどん短くなり、断髪や細身でローウェストのドレスが流行し、口紅の使用もごく一般的になった。セックスに対してもあけっぴろげな態度が広がり、女性の飲酒や喫煙の習慣の拡大や告白雑誌やラブシーンを盛り込んだ成人映画から離婚率の増大までがこの傾向に拍車をかけた。ホワイトカラー女性が急増するなかで、因習的な性の境界線は打ち破られつつあった。人種的次元においても、この時代のニューヨークでは、出版、演劇、音楽、ナイトクラブなどで人種間の境界をこえた結びつきが増殖していた。

第一次大戦後に顕在化する大衆文化状況に最初に鋭敏に反応したのも、やはりリーヴィスらであった。彼らは美学的鑑賞能力のあるエリートこそが創造的な文化の担い手であるとの認識から、審美的な能力の基盤をなし崩しにする大衆文化の作用を非難した。Q・D・リーヴィスは、大衆的な読み物や雑誌、タブロイド新聞、ハリウッド映画やダンスホールの流行により、読書を自己陶冶の手段と見なしていた宗教的伝統が力を失い、安易な刺激と受動的な快楽に人々が落ち込んでいくことを問題にした。彼らはやがて、文化産業が私たちの日常に送り込んでくる映画や大衆小説の質を見極めていく教育プログラムの必要を訴えていく。

F・R・リーヴィスらは『文化と環境』［Leavis & Thompson 1933］で、マスメディア化されていく現代の文化状況を厳しく批判し、そうした文化の「低俗化」と戦い、教養的なリテラシーを守る先導的な役割を英語教育の現場に期待した。こうしてイギリスの学校教師は、大量生産や画一化と先頭に立って戦う「英雄的」使命を負わされたのである。彼らの呼びかけは英国の教師たちに影響を及ぼし、今日のメディア・リテラシー教育の原型をかたちづくった。

スクルーティニー派は、後のCultural Studiesがマルクス主義を背景にしながら日常の文化的実践の政治性を問うたのとは異なり、あくまで西欧のエリート的価値に基づき大衆文化を批評する立場にとどまった。だがそれは、いくつかの点で、Cultural Studiesの問題構制の出発点でもあった。デニス・ドゥオーキンはこのスクルーティニー派からCultural Studiesへの連続性を三点にまとめている［Dworkin 1997］。第一に、それは批評的な方法を、文学作品の範囲を越えた文化的実践、たとえば広告や大衆雑誌、ポピュラー音楽、映画などにまで拡張していった。第二に、それは作品論や作家論のレベルを越えて、文化的テクストとコミュニティ、メディア、言語、歴史を包括的に考える地平を拓いた。第三に、彼らはこうした批評的実践を教育実践に結びつけ、

Cultural Studiesとメディア・リテラシー教育を一体のものとして発展させる道を示した。

興味深いことに、こうして両大戦間期の英文学研究まで戻ってみると、ウィリアムズ以降のCultural Studiesとマーシャル・マクルーハンのメディア論が出発点を共有していたことが見えてくる。F・R・リーヴィスは、マクルーハンの師の一人でもあり、彼が教えていたケンブリッジ大学は、Cultural Studiesからメディア理論までの諸動向が第二次大戦後に出現してくる原基となった。カナダ中央部の都市で育ったマクルーハンにとって、そのメディア学的な思考を開始するのは留学したケンブリッジ大学でのことであり、かれはそこでリーヴィスやI・A・リチャーズらの英文学研究の新しい流れと触れている。マクルーハンの最初の著作『機械の花嫁』［McLuhan 1951＝マクルーハン1968a］には、海の彼方のスクルーティニー派からの屈折した影響を読みとれる。

そして、レイモンド・ウィリアムズも、マクルーハンにやや遅れてケンブリッジ大学で学んだ人であり、マクルーハンと同様、英文学者としてキャリアを出発させている。ちなみにマクルーハンが『グーテンベルクの銀河系』［McLuhan 1962＝マクルーハン1968b］を発刊するのは一九六二年、これは同じトロントを拠点としたノンスロップ・フライの『批評の解剖』［Frye 1957＝フライ1980］、ハロルド・イニスの『メディアの文明史』［Innis 1951＝イニス1987］、エリック・ハヴロックの『プラトン序説』［Havelock 1963＝ハヴロック1997］等と同時代的な動きであった。他方で、レイモンド・ウィリアムズが『文化と社会』［Williams 1958＝ウィリアムズ1968］を出すのは一九五八年、リチャード・ホガートの『読み書き能力の効用』［Hoggart 1957＝ホガート1974］は一九五七年、E・P・トンプソンの『イングランド労働者階級の形成』［Thompson 1963＝トムスン2003］は一九六三年であった。このように時期が集中しているのは、両大戦間期にケンブリッジ大学のような場所で英文学の新しい流れに触れて思想形成した世代が、第二次大戦後になってそれぞれの研究を一斉に開花させていった結果であった。

以上のように、「文化」研究を最初に推進したのは、産業化や大衆化に対してネーションの文化的伝統を守ろうとする立場の人々であった。彼らは流動化する状況のもとで、国民国家の文化的アイデンティティを防衛し、再構築していこうとした。そのために、旧来の文学研究を越境して、マスメディアを通じて流れ込んでくる大衆文化にまで視野を拡張したのである。

このような大衆文化への批判に対し、Cultural Studies の出発点をなしたのは、むしろ労働者階級文化へのこだわりであった。たとえばジョージ・オーウェルは、スクルーティニー派が文化を問題にしたのと同じ頃、労働者階級の生活世界から文化のアメリカ化を考えていた。彼は、どこの街角にもある売店で売られるけばけばしい表紙の大衆週刊誌に焦点を当て、そこから「イギリスの大衆の大多数が実際に感じたり考えたりすること」に迫ろうとした［オーウェル 1971：193］。

このオーウェルの労働者階級文化へのまなざしは、やがてリチャード・ホガートの『読み書き能力の効用』にもつながっていく。ホガートもまた第二次大戦後、労働者階級の文化に重大な変化が生じつつあることを問題にした。彼は、今日では「平凡さで満足するテクニック」が発達し、進歩の観念が「複雑でゴチャゴチャした商業的生活の圧力に押されて拡大され、ほとんど無制約の、モノの「進歩主義」にまで伸びきってしまっている」という［ホガート 1974：141］。ホガートを驚かせたのは、イギリスの労働者階級の間にアメリカ流の進歩主義をよろこんで受け入れようという気持ちが広汎にみられることであった。ホガートは、同時代の労働者階級の間に二つの異なる態度のせめぎあいを見た。一方にあるのは、彼が「より古い秩序」と呼ぶ一九世紀から引き継がれた階級文化の世界である。他方には「新しい態度」、すなわちアメリカ流の文化消費を迎え入れていく若者たちが存在した。両者の関係を必ずしも不可逆的な変化ではなく、「同じ時、同じ人びとのなかに共存して」いた［同：140］。このようなホガートのまなざしは、ノスタルジックに理想化された階級文化に依拠しつつ、現在進行中の変容を「価値の頽落」として捉える点で、エリート主義的な立場から文化の大衆化を批判したスクルーティニー派と決定的に異なっていたわけではなかった。

しかし、やがてCultural Studiesは、このように根強く残ってきた大衆文化への蔑視を転換していく。ここで重要なのは、労働者の成人教育運動である。英国では、戦前から労働者教育協会（WEA）のような組織が労働者階級の成人教育を全国レベルで組織していた。第二次大戦後、政治運動の一環としての教育実践は行き詰まりをみせ、その一方で成人教育の実践を大学の教育プログラムとして営む動きが広がった。こうした労働者教育の運動が拡大するなかで、マルクス主義の社会学や社会史、リーヴィス流の文化批評などのアプローチが交流し、Cultural Studiesの基礎が形成されてくる。興味深いのは、このような成人教育の現場とかかわることで、スクルーティニー派のアプローチも、初期の意図とは異なる射程を帯びていったことである。

リーヴィスらは本来、英国の文化的伝統を守るために文学研究の射程を大衆文化的なジャンルまで広げたのだが、こうした視界の拡張は、一部のエリート学生を相手にするのではなく、大衆雑誌や映画、ポップミュージック、スポーツの話題などにどっぷり漬かって生活している人々を相手にする成人教育の教師たちに魅力的な提案であった。彼らに必要なのは抽象理論ではなく、日常慣れ親しんでいる文化的経験に結びつく仕方で自分たちの社会的条件を力動的に捉えていけるようにする方法だった。Cultural Studiesを特徴づける脱領域性は、労働者階級の人々との間で営まれる成人教育に固有の条件からも必要とされていたのである。

以上の概括から得られる結論は、次のようなものである。第一に、「文化」の概念は、もともと国民国家の確立過程で、哲学なり文学なりが国民的な文化伝統として構築されていくプロセスにおいて「発見」されたものだった。第二に、単に文学や哲学にとどまらない大衆文化領域まで含めた研究に向かうのは、産業界や大衆化に対してネーションの文化的伝統を守ろうとする保守的は立場からの動きであった。そして第三に、Cultural Studiesはこのような文化的伝統を守る立場からのアプローチを流用しつつ、労働者階級の教育実践に内在していくことにより誕生した。単純化していうならば、Cultural Studiesは、その初期には「ネーション＝文化」という結合に対する「階級＝文化」という視座からの批判的介入の試みであり、これがやがて人種やジェンダー、様々は社会的差異への関心へと広がっていったものだった。だからこそこの動きは、国民国家よりもグローバル資本主義がよりヘゲモニックな体制となる時代において、逆にそもそも批判的介入であったはずのものが、その批判性を喪失するという危機に直面することにもなる。

日本におけるCultural Studiesの展開

今日、Cultural Studiesがこの危機を乗り越えていくには、自らを押し上げているグローバルな文化状況を、トランスナショナルなローカリズム、より具体的には東アジアという地域の現在／歴史において問題化する実践が必要である。実際、東アジアにおけるCultural Studiesの展開は、これまでも欧米の知的潮流の輸入とは大きく異なる動きを示してきた。

日本の場合、Cultural Studiesに関心が集まるようになったのは、一九九六年のいくつかの出来事を通じてだった。その一つとして、花田達朗や私が中心になり、英国からスチュアート・ホールらを招いて東京大学で開催した国際会議「Cultural Studiesとの対話」を挙げることができる［花田・吉見・スパークス 1999］。この会議は、一九九六年三月、同社会情報研究所とブリティッシュ・カウンシルの共催で催されたもので、英国からはホール、デヴィッド・モーレー、アンジェラ・マクロビー、シャルロッテ・ブランスドン、コリン・スパークス、アリ・ラタンシ等が、日本からは、花崎皋平、成田龍一、冨山一郎、上野千鶴子、小森陽一等が参加した。ホールと花崎の基調講演には六百人を超える聴衆が集まり、日本における関心の高さを示した。

主催者側がそこで目指したのは、次の三点であった。第一に、これを単に英国で発展したCultural Studiesの成果を日本に紹介するだけに終わらせず、むしろ日本と英国の批判的な知の真正面からの対話を実現すること。第二に、この対話を一次的なイベントで終わらせるのではなく、より長い継続的なプロセスとして展開させていくこと。とりわけ日本でCultural Studiesに興味を抱く学生たちの問題関心を継続的に育んでいくプロセスの中にこの会議を位置づけること。第三に、日本でのそれまでのCultural Studiesの受容が、マス・コミュニケーションの受け手研究の新しい展開としてなされてきたことを批判し、むしろオーディエンスの「読み」の多層性のなかで交わされていくポリティクスから都市のサブカルチャーや新保守主義批判まで、幅広い文化政治学の実践としてCultural Studiesを再定義すること、これであった。

こうしてこの国際会議で主催者は、近代の歴史的文脈で具体的な問題に取り組みながら批判的な文化研究をしてきた人々を、「ネーションと植民地主義」「消費とポピュラー文化」「階級」「ジェンダー」「メディア」の五つの軸を立てて組織した。また、会議をより継続的なプロセスの中に位置づけるため、会議開催まで一年間にわたり、毎月大学院生や若手研究者による研究会を開いていった。開催された研究会は毎回五〇人を超える参加者を集めた。そして、ちょうどこの国際会議が開催された一九九六年頃からCultural Studiesは日本でもブームとなり、多くの雑誌で特集が組まれ、若手研究者の関心を集めていった。こうした関心拡大のなかで、Cultural Studiesについてのマス・コミュニケーション研究的な理解は背景に退き、むしろそれが文学や思想のレベルでのポストコロニアル批評と一体のものとして語られていく状況が広がった。

一九九〇年代半ばの時点で、私たちはこのようなCultural Studiesへの取り組みをしていく際、三つの越境を目指していくべきだと考えていた。第一は、ナショナルな知＝文化の越境であり、第二は、大学の知とその外の知の越境であり、第三には人類学、歴史学、社会学、文学研究、マス・コミュニケーション研究といった専門分野の越境である。換言するなら、Cultural Studiesの実践は、近代の知や文化が自明としてきたナショナルな境界やそうした枠組みを生み出してきた〈近代〉を問う。同時にCultural Studiesは、大学という場とそこにおける知識のあり方、「学問」と「非学問」の境界線を問題化する。このことは、単に伝統的なアカデミズムから排除されてきたいくつかの領域、たとえばテレビや大衆雑誌、マンガ、ポピュラー音楽、様々な身体的実践の領域を対象とすることだけを言っているのではない。むしろそうした大衆的な領域までを含め、学問的な知が生産され、流通し、消費されていく場の制度的編制そのものが問われるべきである。この問いは、当然のことながら既存の学問体制の再編成を含み込んでいかざるを得ない。この場合も、重要なのはいわゆる「学際的」研究ではない。むしろそうした「学際」性の前提となっている学問分野ごとの領土主義の境界線が問い直されなければならないだろう。

一九九六年以降、Cultural Studiesは、ポストコロニアリズムと文学批評、ポスト構造主義的な表象分析の潮流として受容され、一種の知的流行品となった。さらにCultural Studiesには国民国家批判としての性格も付け加えられ、また「被抑圧者」たちの抵抗運動との結びつきも強調されていくようになった。Cultural Studiesは、ポストコロニアルな実践として若い研究者たちの関心を集めていった。その一方で、日本の人文学ではフランス、ドイツの影響力が大きかったから、主に英語圏を基盤に広がったCultural Studiesは、フランス経由ですでに一九八〇年代、盛んに論じられたポスト構造主義を後追いする「頭の悪い」エピゴーネンとも揶揄された。

このように政治性に傾斜しながらも、Cultural Studiesがこだわり続けたのは、日常の文化的実践であった。たとえば、最後の「被抑圧者」との関係にしても、Cultural Studiesは「被抑圧者」

の主体性を本質主義的に固定化することを批判してきた。一方で日常のさりげない、分散的で断片的な文化実践のなかの政治と、他方で「抵抗」や「運動」の形態をとる政治の発現は、あくまで連続的なものとして把握されなければならないのである。顕在化した「抵抗」や「運動」がまずあるのではなく、日常的実践のなかで様々な差異とアイデンティティが構成され、実定性を帯びていく政治の場が無数に重なりあっている。Cultural Studies が「抵抗」の武器になるとしても、それはまずこうした日常空間のなかの文化政治学を明らかにしていくことを通じてであろう。Cultural Studies は、システムの外に立つことを特権化するのではなく、そうしたシステム自体の重層性のなかに亀裂や矛盾、闘争と折衝のフィールドを見いだしていく知的実践である。

Inter-Asia Cultural Studies と文化颱風

以上のような意味での Cultural Studies は、「英国」という起源には回帰しない、トランスナショナルにネットワーク化された場において発展してきた。たとえば、ミーガン・モリスやイエン・アング、ガサン・ハージュ、テッサ・モーリス・スズキなど、オーストラリアの Cultural Studies の関心はイギリスの場合とはっきり異なるし、アメリカの研究者の問題意識もまた異なっている。ド・セルトーやブルデュー、カステルなどの影響が強いフランスやスペイン、中南米の文化研究は、たとえばメキシコのネストール・ガルシア・カンクリーニが示すように、英米系の文化研究とは異なる射程をもって深化している。

そして一九九〇年代のアジアでは、この地域のCultural Studies全体を結んでいく流れが生まれていった。台湾の陳光興、シンガポールのチュア・ベン・ファットらをはじめ、インド、タイ、インドネシア、フィリピン、香港、中国、韓国、日本等の研究者や活動家が協力し、日本では太田好信や冨山一郎、武藤一羊、それに私が参加して発刊され始めたジャーナル Inter-Asia Cultural Studies のプロジェクトがそれである。

私にとってInter-Asia Cultural Studies との出会いは、自分がアジアとのつきあいかたを決定的に変えていく契機だった。一九九六年に前述の「Cultural Studiesとの対話」の国際会議を開いた頃まで、私自身の活動の基盤は日本であり、北米やヨーロッパで自分と同じような問題意識を持った同世代の研究者たちと連携していた。しかし、Inter-Asia Cultural Studies のプロジェクトにより深くコミットしていくなかで、己の意識の遠近法が大きく変化し、徐々にアジアとの関係において自身の仕事や実践を位置づけるようになっていった。現在、私自身は、自分が現代日本という以上に現代東アジアの歴史的文脈のなかで研究をしていると感じているし、実際にもそうであろう。私自身のケースは単なる一例で、一九九〇年代末以降、多くの同時代の研究者のなかにそうした意識の転回が生じたのだと思う。

二〇〇〇年代以降、このようなアジア全域にわたるCultural Studies の動きと連携しながら、日本の若手研究者たちがリードするネットワークとして出現していったのがカルチュラル・タイフーンである。カルチュラル・タイフーン誕生のきっかけは、二〇〇二年七月、東京から韓国の春川へ移動しながら開催された国際会議「New Dimension of Cultural Studies」である。この会議は、一九九六年の会議では十分実現できなかった二つの課題、つまり大学院生たちの発表を前面に立てていくことと、アジアの研究者の連携を中軸に据えることを目指し、東京で二日間、春川で一日間開催された。この会議には二六〇人を超える若手研究者等が参加し、多くのアジア諸国からも研究者や実践家が集まり、大変熱気のこもった展開となった。

ところが、実はこの国際会議の初日は、大型台風の直撃に見舞われた。台風は実際に東京に接近し、天気は大荒れとなってフライトが相次いで欠航になり、海外からの参加者が来られなくなるのではと危ぶまれる状況となった。台風襲来に苦労したので、会議のオーガナイザーたちは、この会議をしばしば「台風会議」と呼んでいたが、よくよく考えてみると、「台風」というのは東アジアを拠点とした草の根的なCultural Studiesの活動に非常にふさわしいメタファーであることに気づく。この国際会議が成功裡に終わったので、できればこの続編を考えていこうという声が浮上したとき、小倉利丸の発案で「文化颱風＝カルチュラル・タイフーン」というネーミングを、この日本でのCultural Studiesの新しい広場的な活動の名称としていくことになった。

台風は、移動しながら周りのエネルギーを吸い上げ、吐き出し、不確定な軌道を描いて去っていく。私たちは、しばしば知の新しい「潮流」といった言葉を使う。潮流は渦となり、熱されてさらに大きな渦巻となって移動する。この変容と増殖のイメージは、台風に似ている。実際の台風はあまり歓迎されたものではないが、それは大雨を降らせ、乾いた土地であえぐ多くの生命を蘇らせ、過ぎ去った後にその土地の風景を一新させるようなきらきらした風通しの良さも残す。他方、知の革新には破壊がつきものであり、学問や思想、研究において塀や城壁を破壊していくことは、新しい認識の地平創出のための必須の条件である。学会とか、学派とかいった形態ではなく、絶えず求心力と遠心力が拮抗することで生み出される不安定な移動性のダイナミズムに賭け続けること。こうしたことが、私たちがカルチュラル・タイフーンに託したイメージであった。私たちは、日本で若手研究者が既存の知を内破しつつ、トランスナショナルなCultural Studiesの活動に接続していくには、このようなダイナミズムが必要だと考えていた。

こうして二〇〇三年以降、毎年、カルチュラル・タイフーンが日本各地で開かれていくことになった。第一回は、「グローバル化の中の文化表現と反グローバリズム」を統一テーマに、二〇〇三年六月末に早稲田大学で開催され、約四六〇名の研究者が参加した。第二回は、二〇〇四年七月初めに琉球大学で開催され、約五〇〇名が参加した。第三回は、二〇〇五年七月初めに立命館大学で開催、五〇〇名近い参加者を集めた。このように三年間の積み重ねを経ることで、カルチュラル・タイフーンは日本でCultural Studiesを志す多くの若手研究者にとって最も魅力的な研究発表の場として知られ、国際的にも関心を集めるようになった。

その一方、第三回までのカルチュラル・タイフーン はいずれも大学の施設を用いて開かれたために、もともとの目的の一つであった都市の文化実践や社会運動との連携という面に限界があった。そこで第四回は、会場を大学のキャンパスから外に出し、都市文化の面で活気ある下北沢の街の中で、地域の運動と連携しながら開催していくことになった。こうして二〇〇六年には、タウンホールと高校校舎を借りたメイン・プログラム、映画館シネマアートンを会場として都市映画をテーマに開催したCinema Typhoon、再開発問題をめぐって世界から集まった建築家が二週間のワークショップを開いてオルタナティブな案を練るUrban Typhoonという三本柱を展開させた。第五回は、名古屋のウィルあいちをはじめとする市内各所で開催され、第六回は、六月末に仙台のせんだいメディアテークという公共施設で開催されていった。

文化颱風が乏しい予算の中で毎年、多くの大学院生、若手研究者を集めて継続できている根底には、この活動が既存の学会や国際シンポジウムのような形式をとらず、また「教員」と「学生」などの既存のヒエラルヒーや区分にこだわらず、広く対話と表現の交流を目指してきたことがある。たとえば二〇〇九年には、東京外国語大学で第七回のカルチュラル・タイフーンが、Inter-Asia Cultural Studiesと合同で開催されたが、その実質的な準備を進め、企画から会場設営までを取り仕切ったのは、東京外大や一橋大を中心とする院生チームであった。すべてがボランティアベースであるにもかかわらず、彼らは自分たちの中で適材適所の役割分担の体制を作り上げ、全体の方向を枠づけていった。日本では若者たちの国際的な討論や共同作業に対する関心は概して低い。そのような中で、カルチュラル・タイフーンへの学生たちの強い没入は、全般的な傾向とは正反対の可能性を示すもので、大学の新たな学びが進むべき方向を示唆している。

東アジアのCultural Studiesは何を問うのか

以上、一九九〇年代半ば以降の日本とアジアでのCultural Studiesの展開を、主に組織的な面から概観した。しかし、このように徐々に連携のネットワークが形成されてきたアジアの

Cultural Studiesで、いったい今、何が共通の問いとなり得るのだろうか。もちろん、Cultural Studiesはわれわれの日常の文化的実践をめぐる批判の知であるから、この知が取り組むテーマは多様で、何らかの一元的な枠組みで括れるようなものではない。とはいえ、一九世紀から二〇世紀にかけて国民国家を基盤に発達した教養知や人文知が、大雑把にいえば文学や美術、哲学、歴史等を代表とするネーションの伝統を想像する知であったのに対し、Cultural Studiesを浮上させているのはグローバル資本主義の力である。そのためCultural Studiesは、トランスナショナルな文化のフローやその各地域での消費のプロセス、ジェンダーやセクシュアリティ、エスニシティを越境する様々な混淆、経済発展する沿岸地域の文化消費やネット・コミュニケーション等、どちらかといえば移ろいゆくものに注目していくことになる。これは、今日のグローバル化が必然的に生じさせている傾向であり、アパデュライがかつて論じたような文化、メディア、人々、技術、経済など諸々のトランスナショナルなフローとその節合が焦点化されることになる。

そうだとするなら、この全般的傾向を踏まえた上で、東アジアのCultural Studiesは何を問うていくべきなのだろうか。たしかに目前の対象は、諸々の越境的なメディアや文化の諸現象になるとしても、それらを東アジアのグローバル化、越境する文化の歴史的・地政的な文脈性と切り離しては考えられない。東アジアの歴史的文脈性とは、第一に、一九世紀末から二〇世紀中葉までの日本帝国による植民地支配であり、第二に、戦後冷戦及びポスト冷戦を通じたアメリカのヘゲモニーであり、第三に、中国共産党による大陸統治の確立であり、第四に、中国、韓国、日本、台湾、ベトナム、シンガポールなどを含めた東アジア経済圏の急激な拡大・統合であり、そして第五に、群島から成る東アジアが内包するすさまじい文化的多様性である。もちろん、さらに条件を加えていくことも可能だろうが、少なくともこれらの歴史的文脈を東アジア全体が根深く背負っていることは、この地域のいかなる文化的越境についての議論も看過できない。

以上の五つの条件のうち、旧日本帝国による植民地支配、冷戦体制とアメリカのヘゲモニー、中国共産党による大陸統治の三つは、いずれもこの地域の近現代史を支配した大文字の支配力を示している。文化の越境的なフローが水平的な作用なら、これらはむしろ垂直的な作用である。東アジアのCultural Studiesは、この水平面と垂直軸の交錯を、それぞれの場面の内側から捉えていくことになるが、この交錯は東アジアのあらゆる場所で深刻に生じてきたことだから簡単ではない。私たちはこの三つの大文字の支配力に関し、一方ではそれらをめぐる表象の歴史や人類学、他方ではそれらが今なお現実の力として存在している地政学の両面から考えていく必要がある。たとえばアメリカは、冷戦期から今に至るまで、アジア各地で異なる仕方で表象され、消費されてきたが、同時に米軍基地や米国企業という現実の他者としても存在し続けている。旧日本帝国も映画やテレビ番組などで様々に表象されるが、その傷痕は今も現存している。中国共産党は、ますます表象上の他者であると同時に現実に作用する力となった。ラテンアメリカやアフリカの文化政治では、北米なりヨーロッパなりの植民地主義的権力との対抗的従属という基軸が存在するのに対し、東アジアでは少なくとも三つの歴史的な力が折り重なっている。

他方、東アジアは経済的には高度に統合化されながらも、めくるめく文化的多様性を内包した地域でもある。今日、黄海から東シナ海に広がる沿岸地域、すなわち上海、北京、大連、ソウル、台北、沖縄、福岡、そして少し離れて大阪や東京、あるいは香港やシンガポールを拠点にネットワーク化された東アジア経済圏は、間違いなくヨーロッパはもちろん、北米をも超える世界最大の経済圏に成長しつつある。市場経済圏として見た場合、東アジアは決して周縁ではなく、むしろ二一世紀のグローバル資本主義の中核地域となっていく。そのなかで主役を演じるのはもちろん中国で、これに日本、朝鮮半島、台湾、香港、シンガポールなどが連携しながら対抗する巨大な経済圏がすでにその姿を現しつつある。そのなかで、私たちはいかにして同質性と異質性が対話するコスモポリタンな文化圏を形成していくことができるだろうか。この東アジアでは、軍事や政治、歴史的記憶は今後も分裂を続けるだろうが、経済は統合の度合いをますます強めていくはずである。そうだとするなら、東アジアを先導し、まとめていくのはますます経済人たちの力となり、ここにおける企業や市場の優越性は簡単には揺らがない。この越境する経済主導のモメントは、文化をめぐる批判的な知に、はたして活動の余地を残すだろうか。

それでもなお、私は最後に、この東アジア地域が、経済的にはどれほど統合されても、文化的には大小の群島から成る多様性の海であることを強調したい。東アジアは、中国大陸を中心とした求心的な世界であっただけでなく、日本海、黄海、東シナ海、南シナ海などが連なる長大な多島海地帯として生きられてきた。この多島海地域は、かつて帝国日本の激しい侵略を受け、アメリカの軍事的覇権下に置かれ、日米戦争の激戦と朝鮮戦争、ベトナム戦争も、いずれもこの一帯で起きた。しかし、日本列島とフィリピン諸島にはそれぞれ約七〇〇〇の島があり、インドネシアには約一万七〇〇〇の島がある。西太平洋全域を含めれば、おそらく五万を下らない島々が散在している。島はそれぞれが小宇宙を成し、文化的多様性を育む。日本は「島国」であり、この「島国」性を内に閉じたものではなく、外に開かれたものに定義し直す必要がある。さらに朝鮮半島のような半島も、「群島」の一種と考えるならば、アジアを特徴づけているのは画一性よりも多様性である。ちょうどヨーロッパを考える際、イスラムを含めた地中海世界からの眼で考えることが重要なように、アジアも中国大陸中心ではなく、これを五万の島々からなる多島海として考えることで未来イメージを変化させるべきである。アジアの台風はまさしくこの多島海を南から北へ抜ける。インドネシア諸島から千島列島に至るこの広大な海域の多様性においてアジアの未来を想像すること、これがもう一つの東アジアのCultural Studiesの可能性である。

（岩崎稔、陳光興、吉見俊哉編『カルチュラル・スタディーズで読み解くアジア』せりか書房、二〇一一年）

I－7　カルチュラル・スタディーズとグラムシの対話をめぐって

ファシズムとサッチャリズム

一九九六年三月、東京で開かれたシンポジウム「カルチュラル・スタディーズとの対話」の基調講演で、スチュアート・ホールは、英国の文化研究は一九七〇年代、彼ら自身が直面していた歴史的状況のなかでグラムシを「創造」したのだと語った。当時、文化研究は現実の、歴史的な問題をめぐって動いていたのであり、「われわれはそれを理解しなければならなかったのに、適切な理論的ツールがなかった。だからそれをつくったのです。われわれはアルチュセールをつくり、グラムシをつくってしまったのかもしれない」とホールは語った［花田・吉見・スパークス 1999：58］。ここでまず考えたいのは、英国の文化研究が直面していた「歴史的な問題」とは何かという点であり、またグラムシは、その歴史的問題をどのように理解していく方法を提供したのかという点である。

一九七〇年代末以降の英国の文化研究にとって、両大戦間期のグラムシの問いがきわめてアクチュアルな意味を持った一つの理由はサッチャリズムの台頭にある。一九二〇年代から三〇年代にかけて、グラムシは革命の後退とファシズムの勃興という状況に立ち向かいながらヘゲモニーや受動的革命、機動戦と陣地戦といったいくつかの概念を理論化していったわけだが、サッチャリズムこそは、一九七〇年代から八〇年代にかけての英国の文化研究が立ち向かわなければならなかった最も重要な政治的問題だった。ここにはある種の対比があり、サッチャリズムはかつてのファシズムと同様、グラムシのいう「受動的革命」の典型例であった。

ホールが指摘するように、一九七〇年代から八〇年代にかけての英国で、サッチャリズムはそれまで戦後を通じて英国を支配してきたケインズ主義的福祉国家体制を正面から攻撃していった。ここにおいて彼女らが目指したのは、「社会を再構築するために国家を変容させ、戦後体制全体を脱中心化し、置換し、一九四五年以降存在してきた政治的和解――労働と資本の歴史的妥協――に基づいて形成されてきた政治文化を一変させること」だった［ホール 1998：118］。つまり、戦後ながらく社会民主主義たけでなく保守の側もケインズ主義的な福祉国家体制を前提にし、両者の和解を前提に左右の争いをしてきたわけだが、サッチャリズムは両者が前提にしてきた福祉国家の枠組そのものを攻撃し、ネーションの破壊的再創造を図ったのである。

サッチャーが語りかけたのは、伝統的な保守党支持層やインテリよりももっと大衆的な人々の自己像にむけてであった。一九七〇年代、保守派は国民の諸々の心配や不安、失われたアイデンティティに照準し、人々の意識を諸々の集合的ファンタジーと英国らしさに向けていった。そしてやがて、サッチャリズムは単に政治的な権力を得ただけでなく、「ポピュラーなもの」の構制を根底から組み変えていくのだ。こうして政治の枠組そのものが変化していく「革命的」状況を、同時代の英国の左翼はまったく理解することができなかった、とホールは批判する。左翼陣営は相変わらず旧来の階級闘争の枠組で現状を理解しようとし、そうした階級概念や政治の枠組自体の危機が進行しつつあることに気がつかなかった。だが、実のところこの状況は、「現代の国家と社会の諸構造が複合的なものとなり、社会的敵対性の諸々の発生点が増殖するがゆえに、現代社会においてはヘゲモニーは構築され、争われ、多くの異なる場で獲得されなければならないというグラムシの主張に照らしてのみ」理解することができたのである［同：123］。

受動的革命という〈政治〉

したがって、一九七〇年代末以降の英国の文化研究がグラムシを重視したのは、彼が「ある特定の歴史的瞬間における、連続と亀裂、同一性と差異との複雑な相互交渉についての、最も重要な理論家」だったからである。グラムシが問題にしていたのは、「不安定な均衡関係が形作られたり、乗り越えられたりする連続的プロセス」であった。歴史的状況は不変でもなければ、性質が統一されてもいない。それらは絶えず「脱分節化や再分節化といった連続的過程を通じて、構築され、再構築されている」。歴史は不可逆的だが、それはけっして段階的に進んでいくわけではなく、決定的なところで非決定性が政治的に乗り越えられていくのだ。そう考えるグラムシは、

「諸利害は所与のものではなく、絶えず政治的かつイデオロギー的に構築されなければならないということを認めていた最初の現代的マルクス主義者」だった［同：122］。

したがって、グラムシにおいて〈政治〉の領域は大幅に拡大されている。秩序の危機は至るところに噴出するのであって、伝統的な意味での「政治」の領域のなかだけにも、階級闘争の場だけにも限定されない。「政治とは非常に拡張された一つの場であり、特に、我々が生きているような社会においては、そこにおいて権力が構成される場が非常に多様化されているということをグラムシは理解している」［同：123］。当然、イデオロギーも首尾一貫した知識の体系などではなく、「相異なる諸主体や、相異なる諸々のアイデンティティ、相異なる諸々の企図、相異なる諸々の熱望を一つの布置へと節合する」実践となる。「イデオロギーは反映するのではない。それは差異から「統一性」を構築するのである」［同：121］。

グラムシ自身のテクストに戻るならば、受動的革命、機動戦と陣地戦、ヘゲモニー、歴史ブロックといった一連の主要な概念は、こうした意味での〈政治〉を理解するための戦略的な概念である。グラムシは、一九世紀における穏健的で保守的な自由主義がジャコバン的な急進主義に対する受動的革命であったのと同じように、同時代のファシズムが、社会主義に対する受動的革命として台頭していると考えていた。すなわちファシズムは、「国家の法的介入や協同体的組織を通じて、国の経済構造に「生産計画」的要素を際立たせるために、個人もしくは集団による利潤横領にふれることなく（規制や統制だけに限ることによって）」資本主義に有効な修正を施そうとする受動的革命である。この「革命」の受動性は、経済の面での計画性が、人種的、性的、道徳的、知的な面でのおぞましいまでの保守性や不寛容と結びつき、ナショナリズムを極端なまでに推し進めるところにも示されている。しかし問題は、そうした戦略が「都市や農村のプチ・ブルジョア大衆のようなイタリアの社会諸集団のなかに期待と希望をつくりだし、したがって伝統的な支配階級の意のままになるヘゲモニー体系や軍事的・市民的な強制力を保持することができ、また現にその効力をもっている」ことにある［グラムシ 2001：58］。ファシズムの特異性は、それまで「一元的イデオロギーをもちえなかった社会階層にとって適切な組織形態を発見した点にあ」るのである［同：69］。

この視点を今日まで延長するならば、サッチャリズムやレーガン以降のさまざまな新保守主義もまた、グローバル化のなかでのトランスボーダーな新しい社会形成に対する受動的革命として考えることができる。グラムシが生きた一九二〇年代から三〇年代にかけてが、二〇世紀における〈政治〉の成り立ちの一方の大きな転換点であったとするならば、文化研究がグラムシを取り入れていく一九七〇年代末から八〇年代にかけては、二〇世紀におけるもう一方の〈政治〉の大きな転換点である。たしかに冷戦体制が最終的に崩壊し、この転換が本格化していくのは激動の一九八九年を経てのことだ。しかし、一九八九年に至る諸々の動きは、すでに一九七〇年代半ばあたりから福祉国家体制の綻びや揺らぎとして現れていた。ヨーロッパやアメリカまで視点を広げるならば、フェミニズムや環境運動、多文化主義やそれを超える動きなど、諸々の新しい社会運動の波が、一九七〇年代には広がりつつあった。このような広い意味でのラディカリズムに対し、まずはサッチャリズムが、やがてさまざまな新保守主義が、受動的革命を遂行していく。

一九九〇年代はそうした動きがますます強くなっていった時代であり、英国のみならず各地の文化研究では、こうした動きといかに対峙していくかが自らの試金石となった。

ヘゲモニー概念と文化研究

とはいえ、もう少し正確に述べるならば、英国の文化研究がグラムシの思想に注目していくのはサッチャリズムの到来よりもかなり早い。たとえばレイモンド・ウィリアムズの場合、一九六〇年代から七〇年代にかけて、彼が「土台‐上部構造」的な二元論を否定して、むしろ文化唯物論的な視座から社会の全体性を理解していくようになるなかで、グラムシのヘゲモニー概念は重要な役割を果たしていた。『マルクス主義と文学』［Williams 1977］で彼は、ヘゲモニー概念が文化についてのこれまでの二つの強力な立場、すなわち文化をあらゆる社会過程の総体とみなす人類学的視座も、また文化をイデオロギーとして、つまり支配階級の利害の表出として理解するマルクス主義的視座も、共に乗り超えることを可能にするのだという。

すなわちヘゲモニー概念は、前者に対しては、社会過程の総体がさまざまな権力の不均衡な場としてこそ生起していることに注意を促す。後者に対しては、文化的権力がたんに意識化された世界観や信念体系のレベルで働いているのではなく、もっと無意識の身体的実践までを含みこんだ感覚の構造において作動していることを強調する。通常、マルクス主義が批判的な分析の俎上に乗せていく観念やイデオロギーの諸形態は、具体的な社会生活のコンテクストから理念型として抽象されたものである。だが、実際の生活のなかでの人々の語りや実践は矛盾に満ちており、不整合な厚みをもっている。しかしそうした不完全な諸要素は、多くのイデオロギー分析では表層のエフェメラルなものに過ぎないとして捨象されてしまうのだ。ウィリアムズはこれを批判し、ヘゲモニー概念に日常の文化的実践のレベルを呼び戻そうとしたのである。

ヘゲモニーはわれわれの社会のなかで、たんに言語化され、意識化されたイデオロギーのレベルにとどまらず、あらゆる身体的経験を包摂するような日常的な実践レベルの作用として存在している。ウィリアムズはこうした認識に加え、このヘゲモニーがけっして一枚岩的なものではなく、社会のさまざまな成員によって生きられ、経験されることを通じて矛盾や葛藤、変化の可能性を複雑に含みこんでいる流動的な作用であることを強調していた。たとえば彼は、『マルクス主義と文学』のなかで次のように書いていた。

生きられるヘゲモニーは常にプロセスとしてある。それは、分析的に語られる以前からシステムや構造としてあるのではない。ヘゲモニーは、経験や諸々の関係性、諸活動の複合として、それぞれ特殊で変化する圧力や限界を伴って具現されているのだ。実際のところ、ヘゲモニーはけっして単一のものではあり得ない。その内部構造がきわめて複雑であることは、どんな具体的な分析からも直ちに見てとることができるであろう。しかもそれは、けっしてたんに支配の形態として受動的に存在しているのではない。それは絶えず更新され、再創造され、防御され、修正されている。それはまた同時に、それ自身とは異なる力によって絶えず抵抗され、制限され、変容され、挑戦されてもいる。したがってわれわれは、ヘゲモニーの概念を対抗的ヘゲモニーの概念やオルタナティヴなヘゲモニーの概念と結びつけ、これらを実践の現実的で持続的な要素として考察していかなければならない。〔Williams 1977 : 112-113〕

ウィリアムズの認識では、ヘゲモニーの重層的な場として文化を捉えていくことは、とりわけ現代のように権力の問題を一方的な抑圧や操作、動員といった観点からでは捉えることができなくなっている社会において有効である。ヘゲモニー概念は、このような社会において、社会を変えていく闘争や運動を、かならずしも政治や経済の次元に収斂するのではないさまざまな日常的な実践の複合的な組み合わせから考えていくよう促している。しかもこの観点は、およそ文化を、社会のより基礎的な構造が外化された形態、いわゆる上部構造とみなすのとは決定的に異なる仕方で理解する。ウィリアムズの観点からするならば、文化的な伝統や実践は、社会経済的なシステムとして構造化されたものの結果ではなく、そうしたシステムよりもはるかに幅広く、厚みのある日常的実践の複合的な過程なのであり、まさにそうした複合的な厚みのなかでこそヘゲモニーが作動しているのである。グラムシ＝ウィリアムズは、このようにしてヘゲモニー概念を前面化することで、マルクス主義を具体的で歴史的な状況に開いていった。

「南部問題」と「サバルタン」への視座

あきらかに、ホールもこうしたヘゲモニー概念の重要性についての認識を、ウィリアムズと共有していた。一九八〇年代になってからの論文だが、ホールはグラムシが、現実の状況をマルクス主義のいくつかの抽象的な概念に還元して理論化してしまうのではなく、むしろそうした概念をもう一度、同時代の具体的な歴史状況のなかで組み直していること、したがってグラムシの思想にあるのは理論化の不足ではなく、理論的であることについての旧来のマルクス主義者とは異なる考え方なのだということを強調していた。とりわけグラムシが、公式的なマルクス主義のなかにあった経済決定論にきわめて厳しく反対していたこと、歴史は経済システムの運動だけによって決定されるのではなく、諸々の矛盾し、捩れ、せめぎあう社会的実践の絡まりあいによって非決定論的に方向づけられていることをはっきりと認識していたことを重視していた。

その上でホールが注目したのは、「南部問題」についてのグラムシの洞察が、やがて植民地主義をめぐる議論が提起していくような人種とエスニシティへの視座と結びつきうる点である。グラムシの出身地であるサルディーニャ島は、ちょうど日本の本土に対して沖縄が植民地化されてきたのにも似て、国民国家たらんとするイタリアの内国植民地的な状況に置かれてきた。そして、グラムシの社会主義思想との最初の接触は、サルディーニャ民族主義の発展のなかでもたらされたのである。やがてグラムシは、イタリア本土のなかでも最も先端的なトリノの工場労働者の運動に身を投ずることで、サルディーニャでのそれとはきわめて異なる社会主義への回路を思考していく。しかしホールが強調するのは、グラムシが同時代の西欧マルクス主義者たちのなかでは誰にもまして、単なる階級問題には還元されない「南部問題」の重要性に留意していたことである。グラムシにとって、サルディーニャの貧農とトリノの工場労働者は、どこかで理論的にも節合されるべき問いとして最後まで並存し続けたのだ。したがって、グラムシの思想に、たとえば英国のマルクス主義者たちが、イギリスにおけるアイルランド問題をどのように扱うことができるのかについての問題提起が含まれていると考えることはそう困難なことではない。

こうしたホールの発見的な介入から、グラムシ思想を今日のポストコロニアリズムやサバルタン研究につないでいくことは、果たしてどこまで可能なのだろうか。この点についての事情は、どうやら複雑だ。たしかにグラムシの「サバルタン」論と今日的なサバルタン研究の視座の間には距離がある。グラムシにおいて「南部問題」と「サバルタン」がいかに結びついていたのか、果たして彼は、「階級」の論理には還元されない仕方で資本主義と差別の問題を定式化できたのかという点には疑問が残るのである。たしかにホールは、グラムシがエスニックな差異を階級の論理に解消させず、むしろそうした差異を組織していく仕方で資本主義が発展していくと考えていたことに注意を促している。北部と南部の地域的差異は、資本主義が発展すれば解消されてしまう性質のものではなくイタリア資本主義のなかに構造化されていた。しかし、それでもグラムシと今日の文化研究との連続性を強調しすぎることにも、われわれは慎重であらねばならない。

二つのアメリカニズムのあいだ

文化研究はこれまで、その方法論的転回の機軸としてさまざまにグラムシを利用してきた。すでに述べたサッチャリズムとの対決にしても、こうした利用の流れの一つの局面である。したがって、今日の文化研究のなかでグラムシが提起する可能的視座を、サッチャリズムのような受動的革命との対決だけでなく、より広く文化の政治学へ開かれたものとして考えていくこともできるであろう。すなわち、一九六〇年代以降、文化研究が問おうとしていたのはグローバルな消費社会化、アメリカニズムの波のなかで、従来の英国労働者階級の文化や日常的経験が構造的に変容しつつあることだった。初期文化研究の代表作の一つとされるリチャード・ホガートの『読み書き能力の効用』[Hoggart 1957 = ホガート 1974]は、文字通りこのアメリカニゼーション、消費社会化の波が、労働者階級の生活世界をどのように変えつつあるのかを描写した。このアメリカニズムをめぐる問いにおいて、グラムシはどんな視座を提起してきたのだろうか。

実際、一九七〇年代以降の文化研究は、一方ではテレビや大衆的な雑誌、音楽などのマスメディアのオーディエンス研究、他方ではパンクなどのサブカルチャーのスタイル、学校の「悪ガキ」ならぬ「野郎ども」の文化的世界の研究というように、変容の局面で浮かび上がってくるメディアと身体、文化、資本、権力のコンジャンクチュラルな節合を記述していく方向に向かっていった。なぜなら一九七〇年代、グローバルに広がる「豊かな社会」のリアリティのなかで、英国でも階級は、もはやマルクス主義的分析にとっても所与の前提ではあり得なかったからである。

文化研究は、一方ではロラン・バルトからボードリヤールまでの記号論的分析に影響を受けつつも、なお個々の文化消費の実践に孕まれている政治学、テレビを見ること、グラビア雑誌を読むこと、パンクのスタイルでコンサートに集うこと、学校の片隅で反学校の文化を生きていくことが、どのような主体性の政治学を内包しているのか、階級やジェンダー、人種的アイデンティティの再生産やずれとどのように節合されているのかを考えていったのである。

このような文化研究のグローバルな消費社会化への取り組みにおいて、グラムシの思想はどのような意味を持ち得てきたのか。知られるようにグラムシは、新しい社会のモデルとしてのアメリカニズムに注目していた。だが、そこで捉えられていたのは、基本的にはフォーディズム、つまり徹底した合理化を進め、ベルトコンベアー方式のなかに労働者を押し込めていく超近代の工業社会としてのアメリカ資本主義である。グラムシは、このアメリカニズムを例外的なものとしてではなく、社会の計画化、プログラム化という全体的な傾向の重要な一面を示すものとして捉えていた。他方、グラムシの議論のなかでアメリカニズムのもう一つの面、大衆消費文化としてのアメリカニズム、ハリウッド映画やジャズや家電製品、自動車などに象徴される消費の民主主義としてのアメリカニズムへの洞察は少ない。

後者の意味でのアメリカニズムは、両大戦間期、おそらくはローマのような都市では顕在化していただろうが、グラムシが自らの問いの足場としていたトリノでは、まだそれほどはっきりした姿をとってはいなかったのかもしれない。だからもしも、グラムシが第二次大戦後もその批判的実践を続けていくことができていたなら、必ずや冷戦体制が確立する頃までに、アドルノたちの文化産業論とは異なる仕方で現代世界における消費のアメリカニズムを問題にしていったのではないか。実際、それこそがまさしく英国の文化研究が、一九七〇年代以降、グラムシ的なヘゲモニー論を取り入れながら、彼ら自身が置かれていた状況のなかでグラムシを創造しながら、さまざまな文化消費のフィールドで明らかにしようとした点であった。ここにおいて、グラムシのヘゲモニー概念や〈政治〉のイメージは、大きな触媒的役割を果たしている。

いうまでもなく、あらゆる解釈の歴史は誤読の歴史であり、あらゆる思想の創造的継承は流用の歴史である。ある思想やテクストに対し、何らかの一つの正しい「読み」が存在するわけではない。そうした意味では、文化研究はグラムシとの対話を通じ、グラムシを誤読し、流用し、創造し続けてきた。ファシズム批判からサッチャリズム批判へ、ヘゲモニー概念の諸々の文化フィールドでの展開、サバルタン概念の批判的な転用、生産のアメリカニズムから消費のアメリカニズムへの焦点の移行、これらのいずれもが、文化研究におけるグラムシとの対話が、単なる概念の応用というよりも流用・転用に近いものであったことを物語っている。だが、そうしたことが可能であったのも、そもそも文化を「下部構造」に決定されてしまう「上部構造」として見るのではなく、それ自体が政治的闘争の場であるような重層的決定の空間として捉えたグラムシの視座を、文化研究も根本のところで共有していたからこそのことであったのだ。

（アントニオ・グラムシ『グラムシ・セレクション』片桐薫編訳、平凡社、二〇〇一年）

II

抗争する文化

II―1　「アメリカの世紀」の終わり

もはや、アメリカの敗北、すなわちその覇権的地位の喪失は明らかであるようにも見える。もう四年近く前の九月一一日の事件以降、この空前の超大国は、周囲の忠告を意に介さぬまま無謀な戦争を強行することで世界の信用を失い、国内の民主主義を閉塞させ、それでもいまだに自分たちこそが「世界一の民主国家」だと疑わない人々が誤った大統領選びを繰り返すことによって再び全世界を失望させてきた。すでにイラク占領の失敗は明白であり、ドイツやフランスはアメリカとますます距離をとり、アジアでも韓国をはじめとして「アメリカ離れ」が広い範囲で進んでいる。現下の世界で、アメリカの政権が北朝鮮などよりもはるかに憂慮すべき存在であることは、保守的な政治学者たちまでもが認めるところとなっている。

意見が分かれるのは、そこから先である。これは愚かな大統領を選んでしまったが故の逸脱なのか、それともむしろ歴史のなかで構造的にもたらされたものなのか。もしも後者だとするならば、それはポスト冷戦がもたらした結果なのか、それとも冷戦体制のなかで長い時間をかけて培われてきたものなのか、あるいはさらにアメリカという社会の成り立ちそのものに端緒から内包されてきたものなのだろうか。

同時にこうした問いも提起されよう。ジョージ・ブッシュ政権の「暴走」は明らかなのに、なぜかくも多くのアメリカ人が、いまだに政権の推し進める「恐怖の帝国」(ベンジャミン・バーバー)路線を支持し続けているのか。そしてまた、急速に変貌しつつある世界のなかで、なぜ日本は、世界一の親米社会であり続けるのか。みずからと暴走するアメリカとの距離を再設定し、アメリカから離れてアジアでの新たな関係構築に向かうことができないのか——。

もう半世紀以上も前の著作でヘレン・ミアーズは、戦時中、「「日本の脅威」に対する私たちの恐怖は異常に誇張されていた」と語った[Mears 1948＝ミアーズ 1995：97]。戦争末期、日本兵が自爆攻撃を選んだのは、「降伏よりも死を選ぶ」というよりも、彼らが圧倒的に優勢な敵と戦っていたからである。ところがアメリカは、日本人が本質的に好戦的な人種であるとして原因と結果を転倒させ、その人格改良に乗り出した。こうして実施された対日占領政策では、「人道主義と恐ろしいまでの無神経さが、いつも裏腹になっていた」[同：64]。占領者たちは、「批判と「改革」の対象とされている人たちがどんなに屈辱感を味わっているか、まったく気づいていなかった」[同：64]。

日本の植民地支配への評価には大いに異論があるにせよ、ミアーズの指摘は、今日に及ぶアメリカの対外意識の少なくとも一面は捉えている。やがて、「日本の脅威」への恐怖は「共産主義の脅威」への恐怖に取って代わられ、さらに「テロリストの脅威」への恐怖へと変化していく。

しかし、そのいずれの場合においても、アメリカは、一貫して相手の「脅威」を過大評価し、自分たちの理想化された「民主主義」を「脅威」から守り、広めるのだという大衆化された語りによって、次第に自己の防衛機制を軍事的に強化させてきたのではないか。

実際、古矢旬が論じたように、第一次大戦後、「自由資本主義のもとで未曾有の豊かな社会を生みだしたこの国の戦後が、同時にいわば準戦時体制下にありつづけてきた」［古矢 2002：232］。第二次大戦は、必ずしも一九四五年で終了したわけではない。朝鮮戦争からベトナム戦争、冷戦期を通じ、福祉国家を生み出したケインズ主義は、軍事のケインズ主義を影のように伴っていた。冷戦は、文字通り低温状態で継続された世界戦争の時代であり、この準戦時体制を正当化する根拠が、「共産主義の脅威」という繰り返される語りであった。

このような第二次大戦後におけるアメリカの軍事国家化のプロセスに対応していたのが、チャルマーズ・ジョンソンが指摘した東アジアにおける「アメリカ帝国」の出現、そして全世界的な基地の帝国的ネットワークであった。ジョンソンは、冷戦期にソビエトが東ヨーロッパを傘下に従えて帝国化したのと同じように、アメリカは東アジアを傘下に従え、アジア・太平洋地域に帝国的秩序を築いていったのだという。一九四五年に日本の軍事体制が崩壊した後、日本がアジアに侵略して築き上げた帝国の相当部分が、アメリカの軍事‐経済的なヘゲモニーの下に統合されていった。この広大な影響圏は、やがて「イデオロギーや経済交流、技術移転、共通の利益、軍事協力などを基礎とするはるかに包括的な連合」となった［Johnson 2000＝ジョンソン 2000：40］。冷戦期、アメリカの世界戦略の視点から見るならば、日本から韓国、フィリピン、インドネシアまでの太平洋岸地域は、アジアにおける自国のヘゲモニーの基盤をなす連続的な空間として存在していた。

ジョンソンの指摘は、戦後アメリカの準戦時体制のなかで、東アジアとりわけ日本が占めていった特殊な位置を示唆している。戦後長らく、日本は世界のなかでも最も親米的な社会であったが、そのような「国民感情」には歴史的な文脈がある。一九四五年まで東アジアの帝国であった日本本土は、戦後、植民地を失いながらも、韓国や沖縄などの「要塞」から隔てられ、東南アジアを原材料供給地とする「工場」としてアメリカの覇権的な秩序に組み込まれ、そのことでポスト帝国的な準中心性を温存させた。このような日本の位置が、やがてこの国の高度経済成長を可能にし、また広く大衆化された親米意識を醸成してもきたのである。

逆にいえば、現代の日本社会が、暴走するアメリカとの関係を相対化できない背景には、単に安全保障の面でアメリカから逃れられないというだけではない歴史的な文脈が存在する。

この文脈を理解するには、二〇世紀の東アジアにおける日本の帝国主義的モダニズムからアメリカニゼーションへの連続性が解き明かされていかなければならないだろう。ちょうど一九世紀の近代化のプロセスが、西欧列強による植民地支配と表裏をなす過程であったように、二〇世紀半ば以降の消費のアメリカニゼーション、つまり「アメリカ」への大衆的欲望の編成は、ポスト植民地化＝ポスト帝国化のプロセスと結びつき、帝国主義体制から冷戦体制への連続的な移行、つまりアメリカのヘゲモニーへの移行を支えてきた。

こうした欲望や意識のアメリカニゼーションは、けっしてアメリカの軍事的秩序と単純に一対一対応してきたわけではない。かつての文化帝国主義論者たちが主張したのとは異なって、「文化」と「経済」、「軍事」は一体的な秩序をかたちづくってはいないのだ。だが、それでもアメリカは、合州国内の存在であると同時に常にそれを超えて世界的な存在でもあるという二重性を帯び、そうした二重性を文化的、軍事的に作動させてきたのである。アメリカとは一つの国であり、同時に世界である。このような矛盾と連動の構造のなかで、われわれはアメリカニゼーションを、アメリカ社会を統合していく文化過程として理解するのとまったく同時に、そのようなアメリカに向けて注がれるまなざしや受容のプロセスとして考えていかなければならない。

したがって、今日、アメリカを問い返すことが重要なのは、単にこの超大国が現在行使している帝国主義的な暴力のためだけではない。文化政治的な視点からするならば、世界各地で消費され、構築されてきたアメリカニズムは、二〇世紀初頭まで西欧を超越的な「主体」たらしめてきた植民地主義が、両大戦期以降の大衆消費やメディア革命、全世界的なイメージと欲望の氾濫を通じて組み替えられていくことで浮上したポスト帝国的なモメントである。もちろん、ここで「ポスト」という言葉を用いるのは、決して植民地的な権力の終焉や帝国からの解放を意味しているわけではない。むしろそれは、両大戦期以降に広がった消費社会を、近代を通じた植民地化の力学の積層と再編の歴史のなかに位置づけ直すことの必要性を指し示しているのだ。

そして今日、アメリカの魅力は急速に色褪せつつある。東アジアでは、韓国は苦心しながら単なるアメリカ追従ではない独自の道を北朝鮮との関係においても模索しているし、中国は明白にアメリカの対抗勢力として自国の立場を表明し始めている。そうしたなかで、日本だけがアメリカへの従属を、とりわけ軍事面でさらに強めつつあるようにも見える。昨今の中国や韓国での反日運動にも、そのようにアメリカの傘の下で自国の過去に決着をつけようとしない日本社会へのいらだちが込められていたのではないか。とはいえその日本でも、日米安保の継続を望まない声が強まりつつあり、過半数の人がアメリカは信用できないと考え始めている。二〇世紀が文字通り「アメリカの世紀」であったとするなら、そのような二〇世紀が、少なくとも軍事以外の分野、とりわけ人々の意識や欲望の次元においてはようやく終わろうとしているのである。

(『思想』二〇〇五年七月号、岩波書店)

II―2 「アメリカ」を欲望／忘却する戦後――「基地」と「消費」の屈折をめぐって

アメリカを構成する諸次元

戦後日本のアメリカ化が頂点に達したかに見えた、一九八〇年代初頭、『アメリカン・カルチャー』と題された三巻本の事典形式のシリーズが、石川弘義、藤竹暁、小野耕世の監修によって三省堂から出版されている〔石川・藤竹・小野 1981〕。同シリーズは、一九七〇年代までの戦後文化史を三期に分け、日本の風俗文化のなかに「アメリカ的なもの」がどのように浸透していったのかを多面的に検証した試みである。

第一期は、一九四五年の敗戦から六〇年安保までで、「アメリカ愛憎時代」と名づけられている。この時期は、戦時中の「アメリカ」に対する不安が憧れに反転し、人々が、政治的には基地反対の反米闘争に共感しながらも、生活感覚ではアメリカをいずれ獲得すべき手本として生きた時代である。ここで取り上げられているのは、「チューインガム」「英会話」「リーダーズダイジェスト」「ジャズ」「アロハシャツ」「ブロンディ」「ターザン」「ナイロン・ストッキング」「プロレス」「西部劇」「ディズニー」「ポパイ」「ロカビリー」「スーパーマン」「フラフープ」など、いかにもアメリカニズムの匂いが濃厚に漂う商品やメディア、流行現象である。

第二期は一九六〇年代で、「アメリカ浸透時代」である。高度経済成長を背景に、アメリカ的生活様式が、平均的な日本人の生活にも広く浸透していった。日々の生活のなかで「アメリカ」との距離が、一九五〇年代までと比べてずっと近づく。そして、この時代の日本のなかの「アメリカ」を象徴するものとして取り上げられるのが、「コカコーラ」「ホームドラマ」「スーパーマーケット」「キッチン革命」「ミニスカート」「ジーンズ」「フォークソング」「ロック・ミュージック」「ヒッピー」などだが、いまだアメリカ色はかなりはっきり読み取れる。

しかし、第三期の一九七〇年代になると、「歩行者天国」「アウトドアライフ」「視聴率競争」「オカルト映画」「ダイエット」「スニーカー」「嫌煙権」などの項目をみてもわかるように、第二期までのような明白なアメリカニズムの表象を見つけていくのが難しくなっている。この時代の日本はアメリカが直面するのと同じ問題を内部に抱えるようになり、日本人が海の彼方の「アメリカ」に憧れた時代は過去のものとなった。「アメリカ」は、欲望の対象であるというよりもむしろ世界の最新の動向についての情報源となっていったのである。

ある意味でこのシリーズは、一九六〇年代から南博らによってなされてきた「大正文化」や「昭和文化」についての共同研究の延長線上にある。日露戦争以降の大衆文化史を人々の感情の構造の面から捉え返した南らの研究が戦前までで終わっている以上、これを「アメリカ文化」としての戦後文化の問題として引き継いでいく作業が必要であった。当然、このシリーズでは戦後日本のアメリカニズムを、単純にアメリカの軍事的、政治経済的支配によって押しつけられたものとしてではなく、むしろ戦後日本人の心情や欲望に直結したところで構成され直していったものとして捉えている。「アメリカ」は、敗戦の社会的ショックが作り上げた集団的感情の空白に、内的な説得力をもって滑り込んでいったのであり、戦後史を通じて日本人は、「アメリカ」に対する欲望と反発を媒介に自らのナショナル・アイデンティティを再興させてきたのである。

こうした視点の重要性を認めつつ、なおここで問うておきたいのは、このような感情史の視点からの戦後アメリカニズムの研究が、焦点を狭義の風俗文化に限定してしまっていることの限界である。少なくとも項目としては、ここでは「天皇」や「マッカーサー」も、「検閲」「基地」「暴力」「沖縄」も登場しない。全体として、「文化」の概念は「政治」や「軍事」から切り分けられるものとして脱政治化され、「アメリカ」が豊かさや解放の象徴として、戦後日本人自身によって希求されたことが強調されている。だが、このようにして不均等な権力関係や支配の問題を視界の外に置いてしまうことで、まさしく「アメリカ」への欲望をめぐって作動してきたイデオロギーや権力、文化の政治学の問題が不問に付されてしまうのではないだろうか。

たとえば、戦後日本の音楽文化は、米軍基地での日本人ミュージシャンたちの雇用を通じて育まれ、そこでの米兵たちとの接触から決定的な影響を受けてきた。しかし、同書のなかで、このことについての十分な考察はない。むしろ、アメリカから一流のジャズメンがいつ頃来日し、いかに日本のファンに熱狂的に迎え入れられていったか、やがてジャズがいかにして日本の音楽文化のなかに定着していったかが語られるにとどまっている。このように音楽文化史の視点だけからの分析だと、基地のなかで起きたことを括弧でくくったまま、金網の外側でのアメリカ文化が独立して捉えられて終わってしまうのではないだろうか。

たしかに解説のなかには示唆的な記述もあって、「アロハシャツ」の項目執筆者は、一九二〇年代にハワイの植民地状況のなかで生まれたアロハシャツが、米軍占領下の日本で大流行していったことには、植民地的なアイデンティティを受容していく意識が働いていたのではないかと論じている。こうした分析は、より深く多面的に進められる必要があろう。

管見では、日常生活のなかで生きられる文化的経験と感情の構造にあくまで照準しつつ、現代日本における「アメリカ」の存在を、「アロハシャツ」や「ディズニー」から「基地」や「暴力」までの諸次元の重なりとして捉えていくには、少なくとも次の三つの次元における「アメリカ的なもの」の存立を、それぞれの歴史的状況のなかで明らかにしていかなければならない。

第一は、「グローバル・パワーとしてのアメリカ」の次元である。こうした次元に関心を集中させた議論の典型は、文化帝国主義批判の論議である。かつてハーバート・I・シラーは、戦後世界におけるアメリカのヘゲモニーが、経済面と情報面のグローバルな支配力の相補的な関係に支えられていると主張した。それまでの「血と鉄」に代わり、「エコノミクスとエレクトロニクスの結婚」こそ、アメリカを頂点とする新たな帝国主義を可能にしていったのだ。自由貿易が結局のところ強い国の経済が弱い国に浸透し、これを支配していくのを可能にするメカニズムに他ならないのと同様、グローバルな情報流通は、アメリカ的生活様式への欲望やアメリカの価値観が、貧しい、傷つきやすい社会に埋め込まれていくチャンネルとして機能し、その社会や国家の自律的な発展を困難にしてしまう。「アメリカから発せられるコミュニケーションは、生活様式についての一つのヴィジョンを呈示していく。それは、製造物が山のように積まれたイメージであり、それらは私的に飾られ、個人で購入されたり消費されたりしていく」[Schiller 1969]。

このように世界各地で増殖するアメリカニズムを、情報と経済の帝国主義による一方的な輸出品として捉えるパラダイムが、文化人類学や文化研究のフィールドワークのなかでどのように批判されていったかについてはすでに多くが語られてきた[Tomlinson 1991＝トムリンソン 1993]。しかしむしろ、ここで強調しておきたいのは、一九六〇年代のシラーのいささか乱暴な文化帝国主義批判がすでに時代遅れだからといって、世界各地の文化的アメリカニズムが、なおアメリカ合州国を中心とする圧倒的な軍事的、経済的なヘゲモニーと深く関わりながら再生産されている事実までが否定されたわけでは決してないことである。通俗的な文化帝国主義論とは異なる仕方で、「グローバル・パワーとしてのアメリカ」を扱う理論がいまなお必要とされているのである。

とりわけこの点で、アメリカの軍事的支配（基地）と経済的なヘゲモニー（市場）のねじれた関係が、文化のトランスナショナルな流通との関係においてもう一度考察され直さなければならないだろう。アメリカ文化の世界的な輸出を、単にその軍事的な世界支配と同列のものとして扱うことはできないが、それでもなお第二次大戦後、世界に広がっていった米軍基地とアメリカ文化のグローバル化の間には、不可分のねじれた節合関係があるのである。

さて、第二の次元は、「消費する近代性としてのアメリカ」の次元である。およそ一九二〇年代以降、世界各地で「アメリカ」が強力な文化的浸透力を有したのは、単にグローバル・パワーとしてのアメリカの軍事的、経済的ヘゲモニーのゆえではない。「アメリカ」は、「モノの近代」としての直接性や大衆性において、それまでのヨーロッパの帝国主義とは決定的に異なる吸引力を備えていた。アメリカでは、平等主義や幸福追求、自由主義といった近代の諸観念が、競争的な市場経済に媒介された大量生産方式を通じて表現されてきた。つまり、「アメリカは商品を通して「自由」や「平等」の観念を宣伝できた唯一の国であった。ともかくも消費財をひとつの文化のように見せかけ、ひとつの国のシンボルにまでし」たのである［佐伯 1993：108］。

このことによって「アメリカ」は、全世界の人々を「消費する主体」として再編してきた。それはひとつの欲望のシステムであり、そのなかで人々は無数のモノに取り囲まれた生活を送るようになる。ボードリヤールが論じたように、現代の消費社会では、洗濯機や冷蔵庫から肉類や果物の缶詰にいたるまで、モノたちは「多様な一連の動機へと誘う、より複雑な超モノとして互いに互いを意味づけあっている」わけだが［Baudrillard 1970＝ボードリヤール 1979；2015：18］、「アメリカ」は、そうしたモノの意味／主体の連鎖のグローバルな展開にとっての準拠点になってきたのである。

第三に、大量生産と消費の民主主義に集約されていく「アメリカ」とは異なって、「異種混交的な通俗性（banality）としてのアメリカ」の次元がある。家電製品や自家用車、古典的ハリウッド映画に示されるアメリカ的生活様式の規範からは逸脱するポピュラー文化の次元、たとえばジャズやロックンロール、プロレスやボクシング、ヴァラエティショーなどのなかに見られるパフォーマティヴな異種混交性の次元である。

実際、一九世紀半ばのマシュー・アーノルドから約一世紀後のアドルノまで、「アメリカ」は一貫して「野蛮」として、西欧近代のエリート的価値をなし崩しにしてしまう安易でけばけばしい通俗性として語られてきた。こうしてたとえば一九三〇年代、英国ではスクルーティニー派が、アメリカ流の大衆的な読み物や雑誌、タブロイド新聞、ハリウッド映画やダンスホールの流行により、西欧におけるプロテスタント的な文化伝統が力を失い、刺激たっぷりで俗悪な快楽主義へと人々が落ち込んでいくことを怖れた。同様の批判は、よく知られたアドルノの文化産業論はもちろん、多くの左翼的知識人によるアメリカ文化批判にも通底していた。

しかし反面、まさにこうした「けばけばしい俗悪性」により、世界各地の大衆は「アメリカ」へと吸い寄せられてもきたのである。その意味で、「西洋」がまずは「文明化」を推進するエリートの知であったのに対し、「アメリカ」の受容では「下から」の大衆的な通俗性がしばしば先行していた。このことは、アメリカがヨーロッパの「植民地」としてまずあったこと、その文化形成を移民たちのネットワークのなかで成し遂げてきたことと関係しており、「アメリカ」が一面で、「西洋／近代」の枠組を越境する要素を最初から内包していたことを示している。

アメリカニズムを構成するこれらの三つの次元は、相互に複雑に絡まりあっており、それら全体が今日のグローバル化の構成次元でもある。もっというなら、「アメリカ」は、それ自体がそもそもグローバル化の派生物なのであって、その歴史的軌跡を通じ、「帝国」であると同時に「植民地」でもあるという二重性を有し、この二重性が、グローバリズムの特権的な空間としての地位を支えてきた。実際、アメリカニズムの大衆性は、資本主義の大量生産方式と結びつくだけでなく、ディアスポラ的な移動の経験とも結びついている。この移動性を自らの存立の基盤としている点で、アメリカには最初からグローバル性が内包されてもいたのである。

そしてこのように根底から移動的で異質的なアメリカ社会の構成から、そのような社会を結びつける規約的な次元が発展させられてきた。二〇世紀を通じて世界各地に広がっていったアメリカニズムの威力は、それが文化の内容にかかわるものというよりも、文化の形式にかかわるものであることに由来している。人々は「アメリカ」を彩っている一つひとつのシンボルを読み換え、反転、奪用していくことはできたとしても、そうしたシンボルを成り立たせている関係の形式や規約的なコードまでを拒否することはできないのである。

マイケル・ハートとアントニオ・ネグリの最近の著作［Hardt & Negri 2000＝ハート＋ネグリ 2003］に従うならば、このようなアメリカが内包してきた国民国家システムを超えてしまう権力の次元は、「帝国」として捉え返されるかもしれない。ハートらが何度も強調しているように、「帝国」の体制は、いわゆる一九世紀的な帝国主義とは決定的に異なる。帝国主義が、植民地をその支配－従属関係に組み込みながらも宗主国の国民国家体制からは絶えず排除していくという二重性を含んでいたのに対し、もともと植民地であったアメリカを基盤に発達してきた「帝国」は、そもそも開かれたシステムのなかで一定のルールを強制していくことによって拡張してきた。その起源は合州国憲法やウィルソン主義にまで遡れるが、とりわけニューディール以降、二〇世紀世界を枠づけるものとして様々な国際機関が国民国家を超えて次々に設立されてきた点が重要である。

古矢旬が示したように、ヨーロッパから見て「辺境」でありなお「聖地」であるという二重性を通じて形成されてきた一九世紀的アメリカニズムは、世紀末から第一次大戦までの転換期に、もはや孤立主義が不可能になり、「辺境」の可能性が失われ、「ヨーロッパ化」の危機を乗り越えていくなかで、関与的で教化的、形式的で積極的な二〇世紀のアメリカニズムに変容してきたのである〔古矢 1998〕。その典型がフォーディズムにあることはいうまでもないが、すでに述べたモノの民主主義やグローバル・パワー、ポストコロニアルな異種混交性は、いずれもこうしたアメリカニズムの二〇世紀的転態のなか大胆に拡張されたものである。

アメリカ化と二〇世紀空間

ところで、日本や東アジアのなかで「アメリカ」という審級の絡まりあった構成を捉えていくには、アメリカ化の期間を戦後に限定するのではなく、戦前、少なくとも第一次大戦以降まで遡っておく必要がある。ところが、戦前期の日本での「アメリカ」の存在を論じる一つのパターンは、日米の政治的・軍事的な国際関係の変化の投影として日本のなかの親米・反米感情を描くというものである。たとえば加藤秀俊と亀井俊介が編集した『日本とアメリカ』〔加藤・亀井 1977〕では、日米双方から相手国のイメージが文学作品や評論を素材に検討されている。あるいは澤田次郎は、『近代日本人のアメリカ観』〔澤田 1999〕で、『少年倶楽部』に描かれたアメリカ像を分析しつつ、ワシントン会議が開催され、アメリカから米英日三国の主力艦比率を五・五・三にすることが提案されると、翌年には宮崎一雨の「日米未来戦」の連載が開始されることや、二四年の排日移民法の成立に衝撃を受け、同誌には「アメリカへの復讐心」に燃え上がった多くの反米的な投書や日米戦争を予感するような読み物の連載が掲載され始めたという。

こうした分析では、「日本」と「米国」という、二つの国民国家の単位での他者イメージに視点が限定され、しばしば政治・軍事的なレベルと文化・社会意識のレベルが連動するものとして捉えられる。だが、すでに戦前ですら、「アメリカ」は、国民国家の枠組からは溢れ出てしまう、グローバルな表象の政治を内包していた。

たとえば、「アメリカ」は昭和のはじめから、単に小説や評論のなかで語られる「相手国」というだけではなく、われわれの日常生活の一部となりつつあった。だからこそ、一九二九年に出版された『アメリカ』のなかで室伏高信は、今や「アメリカ的でない日本がどこにあるか。アメリカを離れて日本が存在するか。アメリカ的でない生活がわれわれのどこに残っているか。私は断言する、アメリカが世界であるばかりではない。今日は日本もまたアメリカのほかの何ものでもなくなった」と語ったのである［室伏 1929：4］。新居格も、同年、今や世界が「国々の色と匂いとひびきとが国際的溶解を迅速にする世紀」に入り、こうした「カクテル時代」の世界をアメリカニズムが席巻していると述べた。日本でもジャズが若い世代の心を捉え、ハリウッド映画が流入し、若者たちは髪形から化粧、服装に至るまで映画の世界を模倣し始めた。アメリカ風のビルに通勤して、日曜の昼は野球見物かドライブをし、夜はダンスホールか映画館ですごすのがこの時代の最も都会的なライフスタイルとなった。新居は、このようなアメリカニズムの風俗における流行が、思想におけるロシアニズムの流行と並行していると指摘した［新居 1929］。「アメリカ」についてのこうした論調や大衆意識は、一九三〇年代はもちろん、一九四〇年代、つまり日米開戦後になっても完全に消えたわけではなかった。たとえば、一九四二年に『文学界』誌上で催された「近代の超克」論議でも、アメリカニズムをどう捉えるかは座談会の後半の中心的なテーマの一つとなっている。このなかで津村秀夫は、フィリピン、マレイ、ジャワ、ビルマの諸地方においてアメリカ映画の輸入が全体の七割五分前後を占め、第一次大戦以降のアジアを風靡してきたのが英国の影響というよりもむしろアメリカニズムであったことを強調した。日本でも戦前、戦中を通じ、さまざまな立場の論者によってアメリカ論が書かれ、月刊誌は何度も特集を組み、「アメリカ」は都会的ライフスタイルの前面を飾り続けてきたのである。

このような戦前期のアメリカニズムにおいても、軍事的・経済的ヘゲモニーと消費生活のスタイル、そして異種混交的な大衆文化が、大東京や大大阪といった大都会の社会的環境のなかで絡まりあっていた。消費のスタイルという点で、とりわけ重要なのは森本厚吉らの生活改善運動のなかでアメリカニズムが果たした役割だが、ここでは触れない。むしろここでは、戦前期の日本では比較的注目されることの少ない第三の次元についてのみ言及しておこう。

たとえば、大正期の東京では浅草オペラが大流行するが、こうした興行への熱狂は「ミュージカルを受け入れる素地」が庶民の間にすでに存在していたからこそ生じた現象だった。実際、浅草オペラの先駆をなしたのは松旭斎天勝一座のヴァラエティショーの成功だが、これは一座がアメリカ各地を巡業し、そのときアメリカ式の演出を大胆に取り入れて、テンポの速いショー仕立ての舞台を身につけたことによっていた。浅草オペラもまた、ヨーロッパのオペラの翻案というよりは、むしろ日本の芸人たちがアメリカから取り入れたヴォードビルの変形として大衆化していく。実際、浅草オペラ最初のスターとなった高木徳子は、ヴォードビル全盛時代のアメリカで歌とダンス、マイムを習ってショーダンサーとしての天賦の素質を磨いた人物であり、彼女が伊庭孝と組んで興そうとした「歌舞劇」は、ヨーロッパ流のグランドオペラではなく、むしろアメリカ流のミュージカルに近いものだった。浅草オペラの本質がこうした異種混交性にあったからこそ、大衆はこれを歓呼で迎えたわけで、この嗜好は震災後にエノケンが活躍したカジノ・フォリーまで繋がっていく。大笹吉雄の指摘するように、「浅草オペラにしろレヴュー式喜劇にしろ、これらはともに都市型の文化であり、その後ろに「アメリカ」があった。日本の文化のアメリカナイズは、舞台に即して見る限りまず浅草からおこるのである」［大笹 1986：98］。

この時代の東アジアにおいて、アメリカニズムが浸透していたのは日本だけではなかった。とりわけ上海やソウルなどの都市では、東京や大阪のモダニズムと同時代的な「アメリカ」が日常の文化風景のなかに入り込み始めていた。たとえばソウルは、植民地下の朝鮮にあって、唯一、モダニズムと直結する空間をかたちづくっていた。このソウルのモダニズムが東京経由のものであることは少なくなかったが、日本との関係に還元できない要素もあった。実際、映画ではハリウッド製は一九二〇年代に輸入された映画の約九〇％、一九三〇年代でも六〇―八〇％を占め、ダイレクトに「アメリカ」のイメージを伝えていた。それらはソウルの若者たちにとって単なる娯楽のためのものというだけでなく、「モダニティの教科書」として受容されていた。その影響で、ソウルの若い女性たちの間では歩き方が大きく変化し、モダンガールは銀幕のヒロインの髪形や化粧、服装、話し方、ポーズまでを真似していったという。同時にキリスト教伝道師の影響もあって、朝鮮のモダニストたちにとって「アメリカ」は、帝国日本の偽りの近代とは異なる「豊か」で「自由な」近代の表象とも受け止められていた［Yoo 2000］。

こうして戦間期に広がり、人々の意識を捉え始めた「アメリカ」は、現実のアメリカ文化の直輸入ではなく、東アジアの文脈のなかでリメイドされた想像上の準拠点であった。実際、本国のアメリカニズムは、アメリカ人の生活や文化を貫いている精神を指し、享楽や消費の面だけに限定されないのに対し、日本のアメリカニズムは享楽や消費の面だけが著しく突出していた。本国のアメリカニズムがある種の公共精神の表現であるのに対し、日本のアメリカニズムは個人や家庭と深く関係し、私的領域の潮流として理解されていたのである［清水 1943］。

とりわけジェンダー論的な観点からいうならば、一九二〇年代後半からのアメリカニズムを集約的に表象していったのは、「モダンガール」の言葉で示されるフェミニンな身体性のイメージであった。当時、「モダンガール」は時代の象徴として雑誌や小説、広告、映画、流行歌などで盛んに語られていくが、ここには女性の身体をめぐる商品化されたイメージがつきまとった。谷崎潤一郎が「メリー・ピクフォードに似ている」ナオミ像に巧みにまとめあげたように、一九二〇年代の「アメリカ」において浮上する「近代」の商品性は、モダンガールの娼婦的なイメージのなかに自画像を見出していくのである。

「占領軍」と東京空間

そこで問題は、一九四五年の日本の敗戦と植民地の解放、米軍による極東支配を通じ、このような戦前からのアメリカニズムがどのような構造転換を遂げていったのかという点である。たとえば、米軍基地と戦後の若者文化の結びつきについて考えてみよう。私は必ずしもここで、戦後まもなく米軍基地から日本の若者たちのなかに溢れ出ていったジャズをはじめとする文化だけについて語りたいのではない。ポピュラー音楽であれ、スポーツであれ、ファッションであれ、そうした基地からの直接的な文化的影響は明らかに存在したし、これについてはこれまでにも様々な仕方で議論されてきた。しかし、むしろここで注目したいのは、そうした直接的な米軍からの影響とは逆立するように構成されていく「アメリカ」についてである。すなわち、戦後日本のポピュラー文化の歴史をふりかえってみた場合、米軍基地の直接的圧力が薄れたところで、つまり基地のあからさまな暴力性が見えにくくなったところで、逆にそうした基地文化とも捩れた仕方で結びつくアメリカニズムを熱望していく若者たちの文化が広がってきたのである。

このことは、戦後のジャズやブルース、ロカビリーの流行から歌謡曲への大衆音楽の展開を通じても考えられるだろうし、マンガやアニメの文化についても考えていくことができよう。しかし、ここではむしろ、その同じ問題を都市空間のレベルで考えてみたい。すなわち、一方の極には沖縄や立川、横須賀のような直接的な基地の暴力との遭遇があり、他方の極には東京の六本木や原宿、あるいは銀座といった街と「アメリカ」との密かな関係があった。後者の風俗は、通常、米軍基地の影響と必ずしも結びつけて考えられないのだが、しかし実は、同じ地域にかつて存在していた米軍施設との関係を視野に入れておかないと、なぜそこが戦後から、東京の若者たちにとって特異な場所になっていったのかを理解することができないように思うのである。

たとえば、戦前まで六本木界隈は、麻布歩兵三連隊、歩兵一連隊、麻布連隊区司令部、第一師団司令部、赤坂憲兵隊本部、近衛歩兵三連隊、陸軍大学校などが集中する「兵隊の街」だった。街には軍関係のものを売る店も多く、朝夕には兵営からラッパの音が響き渡っていたという。東京大空襲によって街は壊滅的な打撃を受けて戦後を迎える。これら旧日本軍の施設の多くは米軍に引き継がれ、この界隈には米軍のヘッドクォーターやハーディーバラックス、軍関係者の住宅ができ、将校たちの「オンリー」と呼ばれる女性たちも住みだしていった。こうした施設は一九六〇年ごろまで返還されなかったから、一九五〇年代までの六本木には米軍の影がはっきり残っていた。このような場所に一九五〇年代から「六本木族」と呼ばれる若者たちが集まってくるのである。六本木にはテレビ関係者やロカビリー歌手とその取り巻きも集まるようになり、徐々に現在につながるファッショナブルでグローバルなイメージが出来上がっていく。

原宿の場合もまた、戦後のこの街の「若者の街」への発展は、ワシントンハイツとの関係を抜きにしては考えられない。ハイツの建設が始まったのは終戦直後。まだ周囲は焼け野原とバラック、闇市の風景が広がるなかに、蜃気楼のように忽然と下士官家族用の住宅団地と病院、学校、消防署、教会、デパート、劇場、テニスコート、ゴルフ場などが完備された「豊かなアメリカ」

が出現したのである。実際、敷地面積二七万七〇〇〇坪という広大なハイツの存在は、この一帯の「代々木練兵場」の街というイメージを塗り替えていった。そして一九五〇年代になると、キディランド（一九五〇年）やオリエンタルバザー（一九五四年）などの将校家族用の店が並ぶようになり、こうした街の雰囲気を象徴する建物としてセントラルアパートが建設されていく。小林信彦は、一九六〇年代初頭の原宿に住んでいたときの経験を振り返り、「マンションという和製英語が一般に普及する以前、セントラル・アパートは東京でもっとも豪華なアパートであった」という。その住人の多くをなす「貿易商、米軍関係の業者は、〈一般ジャップ〉にとって雲の上の人々であった」［小林 1984：41］。当時、原宿はどこかまだ「オフ・リミッツ」の雰囲気を残した基地の街であった。やがて駐留軍が縮小し、アパートの住人は米軍関係者からカメラマン、デザイナー、コピーライターといった流行の先端を行くカタカナ商売の人々に変化していった。

他方、占領期の銀座は、「主要なビルが進駐軍施設として接収されており、阪急ビル、和光、黒沢ビル、松屋などがPX、酒保、宿舎などとなり、一帯には各所に星条旗が翻り、さながらアメリカの街のような印象を与えたものであった。銀座松屋のPXには陸軍、空軍、海軍またマリーンと呼ばれる海兵隊、その他連合軍将兵が来るので賑わいはものすごく、入口には戦災孤児などがたむろして物を売ったり、靴磨きのシューシャイン・ボーイが客引きをしていた」［原田 1994：167］。たしかに銀座は、戦前から「今日の銀座に君臨しているものはアメリカニズムである。まずそこのペーヴメントを踏む男女を見るがいい。彼らの扮装は、彼らの姿態は、いずれもアメリカ映画からの模倣以外に何があるか」といわれる状態になっていたが［安藤 1931；1977：

29］、しかし占領期の銀座の「アメリカ化」は、はるかに直接的なアメリカそのものへの置換、いわば文字通りのアメリカ租界化であった。実際、占領下の銀廃の街路には、「ニューブロードウェイ」「Xアヴェニュー」「Yアヴェニュー」「Zアヴェニュー」「エンバシー・ストリート」などの名前がつけられ、地名から新植民地主義的な風景のなかに移し換えられていた。

一九四〇年代後半、米軍の諸施設は、東京のなかでいかなる文化的トポグラフィーをかたちづくっていたのだろうか。この頃、東京と神奈川、埼玉、千葉の首都圏だけでも一五万人近い米兵がおり、基地の数も六〇を超え、そのそれぞれに将校クラブ、下士官クラブ、兵隊クラブ、家族クラブなどの階級別の慰安施設があった。一九四八年にＧＨＱによって刊行された「ＧＨＱ東京占領地図（City Map Central Tokyo）」を見ると、当時の東京での米軍施設の配置を大まかなところで把握することができる。すでに述べたように、ＧＨＱ中枢部の主要施設が集中していたのは丸の内から銀座、日比谷にかけての一帯である。その周辺では、築地明石町一帯、神谷町や六本木周辺などにも施設群が点在し、浜松町にも倉庫やＰＸ関係の施設があった。他方、住宅では原宿のワシントンハイツ一帯にかなりが集中し、その他に麻布、白金台、上大崎、郊外では田園調布、それにグランドハイツのあった練馬田柄町付近に集まっていた。

明らかなのは、米軍施設はけっして東京全域に均等に分散していたわけではなく、銀座・日比谷周辺を中心として、神谷町から六本木、広尾にかけての一帯と、原宿、代々木周辺に固まっていたことである。米兵住宅の分布がある程度、高級住宅地の分布と重なるのは当然だが、それでも目白や小石川、四谷・市ヶ谷方面など、東京の西や北での分布がほとんど見られず、もっぱら港区と渋谷区の方面に偏っていることは、これらが比較的戦災に焼け残った地区であったことなど、いくつかの要因が考えられよう。そしてこれらの地区は、やがて一九七〇年代以降に東京の若者たちが演じていくファッショナブルな消費文化の拠点になってもいくのである。

注目しておきたいのは、かつては米軍施設のあった地域に若者たちの文化が浮上してくるとき、両者の間にある種の記憶の断層が差し挟まれていくことである。一九五〇年代末以降の六本木における「六本木族」の登場や、「銀座」を題材にした流行歌の歌詞の微妙な変化についてはすでに言及した通りだが、小説でも、石原慎太郎の『太陽の季節』では、主人公の竜哉と英子が知り合うのが銀座であるにもかかわらず、文中では「銀座」という言葉は慎重に避けられ、むしろ二丁目、五丁目、並木通りなどの街の断片が、部分として切り取られる仕方で描かれている。

そして他方、実際の銀座では、一九五八年、前述のアニーパイルとともに東宝系の日劇でウェスタン・カーニバルが開かれ、山下敬二郎、平尾昌章、ミッキー・カーチスなどが出演する。この催しは熱狂的な人気を呼び、エルビス・プレスリーのイメージとも結びつきながらロカビリー・ブームに火がついていくことになった。とはいえ、このブームと占領軍との関係はもはや明白ではない。一九五〇年代前半までのジャズが、まずは米兵相手に成立していたのに対し、このロカビリー以降、一九六〇年代のグループサウンズに繋がっていく流れは、むしろ日本人の若者たちを聴衆として成立していた。そして、このロカビリー・ブームをきっかけに、ナベプロや平尾昌章に象徴されるように、一九六〇年代以降のテレビと芸能界の関係がかたちづくられていくのだが、ここでは「アメリカ」という媒介項が、もはや間接的なものになっていた。

分裂する二つの「アメリカ」

だがここで、太陽族から六本木族、原宿族などが誕生し、日劇でのウェスタン・カーニバルやロカビリーのブームに沸いた一九五〇年代後半が、同時に激しい基地闘争の時代でもあったことを思い起こしてみることにしよう。一九五三年、石川県内灘村で米軍砲弾試射場に反対する闘争が急速な広がりを見せていったのに呼応するように、東京では世田谷基地反対区民大会で都内最初の基地反対デモが行われていく。そして五五年、立川基地飛行場拡張に反対して立ち上がった東京・砂川町住民たちのいわゆる「砂川闘争」が盛り上がり、翌年一〇月には強制測量を阻止しようとして座り込んだ農民、支援労組員、学生と警官隊が衝突し、およそ千人の負傷者を出す事件にまで至る。同じ頃、沖縄では度重なる住民女性への米兵の暴力、殺人と住民意思を無視した占領方針に人々の怒りが爆発し、いわゆる「島ぐるみ闘争」が大規模に展開されていた。

つまり、この一九五〇年代後半の日本には、二つの「アメリカ」が出現し始めていたようにも見える。一方は、もともと米軍基地や慰安施設のなかで育まれてきたにせよ、次第にその暴力的な関係を後景化し、むしろイメージとして熱心に消費され始めた「アメリカ」である。他方は、文字通りの「暴力」として反米闘争の標的となる基地の「アメリカ」である。これらはしかし、実のところこの同じ一つの「アメリカ」の異なる側面であった。というのも、RAAの慰安施設が並び、一時は「アメリカ租界」と化した銀座はもちろん、六本木族の徘徊した六本木も、ワシントンハイツを背景にした原宿も、戦後のファッショナブルな街としてのイメージ形成の根底に米軍基地との関係を伏在させており、この次元ではたしかに銀座や六本木、原宿と福生（横田）や横須賀、そしてコザとの間に連続的な文化地政学的地平を見出すことができるのである。

しかしながら、日本が高度成長へと向かう一九五〇年代半ばあたりを境にして、銀座や六本木、原宿の「アメリカ」と福生や横須賀、コザの「アメリカ」の間の断層が広がっていき、二つの「アメリカ」は、そもそも別種のものであるかのようなリアリティが成立していく。前者の「アメリカ」は、最初から文化消費のレベルで完結しているかのように理解され、後者の「アメリカ」では、もっぱら基地公害や米兵の性暴力、売春の問題が、文化的次元を捨象するような仕方でクローズアップされていく。いわば、「湘南ボーイ」と「ヨコスカの女」との内密の関係を、歴史的重層性のなかで理解することを困難にする、忘却の楔が打ち込まれていくのである。

しかも、この二つの「アメリカ」の分離と自明化は、日米安保体制のもとでの「本土」と「沖縄」の分離と役割分業に対応していた。すなわち、冷戦体制が顕著になる一九四八年頃から、アメリカは対日占領政策を根本的に変更し、日本を東アジアにおける西側陣営の中核勢力とする政策を推し進めていく。このときアメリカには、社会主義の侵攻をくい止める軍事的な防波堤を東アジアに築くことと、戦後日本の経済を安定させ、アジアにおける市場経済システムを支えるセンターにしていくことという、二つの要件を充たす必要が生じてくる。その際日本に軍事的な負担を重く負わせすぎることは、この国の経済的な復興の速度を鈍らせる危険性があった。このリスクを避けるため、前者の軍事的な役割は沖縄、それに韓国や台湾に集中的に担わせ、日本本土は経済的な復興に専心させるという分割がなされていったのである。

したがって、一九五〇年代以降の日本におけるこの二つの「アメリカ」の屈折は、同時代の韓国における「アメリカ」の屈折と結びつけることで、さらにはっきりした輪郭を帯びてくる。李鍾元は、アイゼンハワー政権期の韓米日の軍事政策と経済政策の国際的なねじれを捉えた研究で、一九五〇年代、日本と韓国がアメリカのアジア政策のなかで分業体制に組み込まれていったことを説得的に示している。すなわち、財政赤字の大幅な削減とグローバルな軍事的覇権の維持という、トレードオフの関係にある二つの要件を同時に充たそうとしたアイゼンハワー政権は、アジアにおいては経済重視と軍事優先という二つの要請を、日本（本土）と韓国や台湾、フィリピンなどの国々の役割を分割していくことで両立させようとした。こうして一九五〇年代、「アジア政策が全般的に軍事優先の傾向を強めるなか、対日政策が経済重視へと方向転換したのと並行して、部分的にはそれも影響する形で、韓国など他のアジアの「前哨国家」に対しては軍事優先の政策が一層強化され、経済発展への制約要因として働いた」のである［李 1996：8］。

このような経済と軍事の分業体制は、最初から一貫した見通しをもって進められていたわけではない。初期のアイゼンハワー政権は、日本に経済的のみならず軍事的にも極東地域の中心国としての役割を期待していた。李が明らかにしている一九五四年の統合参謀本部の覚書では、日本がアジアの地域的安全保障で中心的な役割を果たすべく、「日本の軍事力の復活は「極東における反共的な力の立場の構築に基本的な重要性を有する」要素」とされていた［同：25］。実際、これに先立つ一九五三年には、統合参謀本部を中心として米軍部の主流は、極東情勢の悪化を背景に、大規模な日本の再軍備を求めていた。

しかし、こうした日本の軍事センター化の構想は、一方では日本国内の反基地平和運動の盛り上がりによって、他方では「帝国日本」の復活を怖れるアジア諸国の反発によって阻まれていく。結果的に、日本では軍事的な要素を背景化させ、経済優先の中枢化が後押しされていく。そして、いわばそのしわ寄せを受けて、また中国や北朝鮮に対抗する軍事力を軸に独裁的権力を維持しようとする蔣介石や李承晩の政治戦略とも結びつき、韓国や台湾は自国の経済力をはるかに超える兵力を負わされていったのである。

このようにして、一九五〇年代半ば以降、共産圏に対する軍事的な防壁の役割を韓国と台湾、そして沖縄が負い、日本本土はもっぱら経済発展の中枢の役割を担っていくことになった。一九五五年はいわゆる五五年体制と高度経済成長が始まった年であり、やがて本土の日本人は、皇太子成婚と家電ブーム、神武景気やいざなぎ景気、東京オリンピックから大阪万博へと向かう高度成長の夢に沸いていくことになる。つまり、この五〇年代後半以降、日本のなかの「アメリカ」は、ある変質と隠蔽の構造を含んでいった。直接的に「アメリカ」をモデルにするアメリカニズムから、ナショナルな消費生活のイメージを前面に出して日常意識に深く浸透していくアメリカニズムへの転換である。冒頭にも挙げた「コカコーラ」や「ディズニー」から「家電」や「マクドナルド」までの「アメリカ」が、軍事的な覇権構造とは切り離されて純粋に経済的、文化的なものであるかのようなリアリティが、この頃から確立されていく。

同時に、一九五〇年代後半以降、インドシナ半島の情勢が悪化するなかでますます基地の存在が大きなものになっていた沖縄とは対照的に、本土の首都圏や都市部では、次第に米軍基地の存在が見えにくいものになっていった。一九五三年の時点では、日本国内には飛行場が四四、演習場が七九、港湾施設が三〇、兵舎が一三〇、集団住宅施設が五一など、米軍の施設数は七三三、その総面積が三億三七一万坪と、あらゆる方面にわたって膨大な米軍施設が置かれていた。この基地の総面積はほぼ大阪府の面積に等しく、基地は誰の目にも見える日常的な現実だった。

しかし、日本における米軍基地は一九五〇年代後半から六〇年代にかけて量的には減少し、一九六八年までに飛行場は七、演習場は一六、港湾施設は九、兵舎は四、住宅施設は一七という数になっている。兵数では、一九五二年の二六万人から一九五五年には一五万人、一九五七年には七万七〇〇〇人、一九六〇年には四万六〇〇〇人というよう減少してきた。この過程で在日米軍の主力は空海軍になり、陸軍の比重は大幅に軽くなっていた。一九六〇年代末になっても、首都圏では横田や立川、横須賀、座間、朝霞などに基地が残っていたが、もはや至るところに米軍施設がある状態ではなくなっていた。横田、厚木、立川の三つの主要飛行場と朝霞、座間のキャンプ、横須賀の海軍基地などの主要施設に、「基地の文化」はむしろ限定され、金網の向こうに閉じ込められていったのである。

このようにして一九五〇年代末以降、日本本土における「アメリカ」は、基地や暴力との直接的遭遇の経験や記憶から分離され、沖縄や韓国、台湾などの極東アジア諸国における「アメリカ」のリアリティとはきわめて異なる道を歩むようになる。それはむしろ、消費されるイメージとして純化され、そのことによって大多数の人々に同じように誘惑的な力を発揮していくのである。一九四〇年代後半から五〇年代初頭まで、「アメリカ」はそれぞれの日本人にとってきわめて異なる意味を帯びていた。ある者にとっては「解放者」であり、またある者にとっては「征服者」であり、欲望の対象であると同時に怖れの理由であり、豊かさであり、退廃であった。異なる階級と世代、ジェンダー、地域、個人的な偶然によって、無数の異なる「アメリカ」が存在した。なぜならば、「アメリカ」は単なるイメージというよりも、人々が日常的に遭遇した現実であり、具体的な米軍兵士や事件の直接的な経験としてそこにあったからである。

しかし、一九五〇年代半ば以降、「暴力としてのアメリカ」が日本本土では多くの人々の直接的な日常の風景から少しずつ遠ざかり、「一部の地域」の問題とされていくにしたがい、むしろ逆に「アメリカ」は、単一のイメージに純化されてそれまで以上に強烈に人々の心を同じように捉え始める。実際、この頃の広告のなかでの「アメリカ」の描かれ方を見ると、一九五〇年代初頭まで、何よりも直接的に「アメリカ」という言葉が目指されるべきものとして連呼されていくだけだったのが、一九五〇年代半ばを境に、アメリカ的なライフスタイルのなかで日本人の家族、とりわけそのなかの「主婦」が演じるべき役割が明示されていくようになる。

「アメリカ」が単なる「理想」の言葉として呈示されている限り、そこに人々が付与する意味はまったく多様であり得る。しかし、一九五〇年代半ば以降の「アメリカ」のイメージは、日常的現実のなかでの直接的遭遇が具体性を失っていくのと反比例するかのように、最初からそのなかに日本人自身の役割やアイデンティティが書き込まれたものになっていった。戦後日本のなかで「アメリカ」は、間接化され、メディア化され、イメージ化されることで、逆に日常意識とアイデンティティを内側から強力に再編していく超越的な審級となっていったのである。

この点で、ここにはジョン・ダワーが指摘した「天皇制民主主義」の、おそらくはダワーが説明しきれていないもう一つの文化的次元が露出していると考えることができる。すでによく知られてきたように、ダワーの『敗北を抱きしめて』［Dower 1999＝ダワー 2001］は、近代天皇制とアメリカ占領軍支配という二つの権力システムの連続的な転態に関し、非常に説得力ある論証をしている。とりわけ天皇裕仁の戦争責任の追及が日米の「談合」によっていかに回避されたのか、マッカーサーらがどのような理論的前提に基づき、早い段階から天皇を帝国の中心から日本の「民主化」の道具に転換させようと目論んでいたのか、また日本の支配層がいかに巧妙にこうした占領軍の目論見に「抱きついて」いったのかなど、教えられる点が多い。しかし、「アメリカ」に対する民衆の日常意識の力学に関しては、この大著が多くのページを使っているにもかかわらず、必ずしも明晰な批判的視座が導き出されてはいないように思われる。たしかにダワーは、「占領」に対する人々の反応の多様性を強調した。しかし、人々のそうした多様な欲望と嫌悪の全体が、占領政策及び冷戦期のアメリカの軍事的・経済的ヘゲモニーとどう重層的に節合されていたのかが、問いとして残されている。つまり、占領前期の多様な反応が、やがて一定のアメリカニズム／ナショナリズムへと旋回していく具体的な過程を詳細に検証していく必要があるのである。

しかしながら、これまでの議論を踏まえるならば、一九五〇年代以降、一般の日本人の日常的なアイデンティティ感覚そのものにおいても、もう一つの「日常意識の天皇制」（栗原彬）が芽生えていったと考えるべきではないだろうか。天皇裕仁が、大元帥の服を脱ぎ捨て、急ごしらえのスーツを着込んで平和と民主主義のシンボルを演じていったのと同じように、この国の膨大な大衆もまた、やがてアメリカ的生活様式の基本アイテムを自分たちの「三種の神器」とみなし、皇太子一家の「恋愛」と「育児」を自分たちの未来に重ね、東京オリンピックで掲揚された「日の丸」に歓呼しながら「戦後」を過去の出来事にしていくことで、（正確な表現ではないが）「下からの」天皇制民主主義を作り上げていったのだ。そして、このような「アメリカ」に媒介されたポピュラーな欲望とナショナルな幻想の節合が可能になったのも、一九五〇年代における二つの「アメリカ」の分割が、次第に自明視されていったからでもあった。

やがて、こうした隔離の行き着く先は、一九七〇年代末までには明らかになる。加藤典洋は『アメリカの影』［加藤 1985］で、村上龍が一九七五年に書いた『限りなく透明に近いブルー』と田中康夫が一九八〇年に書いた『なんとなく、クリスタル』の二つの話題作に、江藤淳がまったく異なる評価をしていることに注目した。加藤によれば、多くの批評家が前者よりも後者に反発するなかで、江藤がむしろ前者を全否定し、後者を高く評価したのは、この両者が「アメリカ」に対して示している微妙な態度の差に由来する。すなわち、村上の小説に江藤が苛立つのは、村上がアメリカと日本の関係を占領者と被占領者の関係として提示しながら、むきだしの反米意識をのぞかせているからである。それに対して江藤が田中の小説を評価するのは、アメリカという茫たる存在をすでに受け入れて、「まるで空気のように気づかれずにぼく達をつつみこんでいる」その圧倒的な弱さ、そのなかでそれを日々呼吸して生きていく生活感覚」を、描いているからである［加藤1985：15］。戦後日本で「アメリカ」はあらゆる言説の可能性を枠づけており、ナショナリズムすらアメリカへの依存を通じてしか存在できないというのが江藤の基本認識だった。

とはいえここでの観点からするならば、村上と田中の小説は、同じ構造の表裏の関係にあったと見るべきであろう。『なんとなく、クリスタル』の茫洋とした消費の世界が示したように、「アメリカの暴力」から切断され、同時に「アメリカの影」に媒介されて再構築されてきた「日本」は、やがてそうしたシンボルとしての「アメリカ」の存在すら限りなく希薄化させながら、様々な差異の政治を組み込んで広がる消費の世界を築き上げていくのである。

しかし、この同じ時代、沖縄や韓国、台湾などの近隣地域は、日本本土が視界の外に押しやっていったもう一つの「アメリカ」と日常的に遭遇し続けていた。とりわけ沖縄の場合、本土の兵力や米軍基地が一九五〇年代半ばを境に整理・縮小の方向にむかったのとは反対に、むしろ米軍のアジア戦略全体を支える「太平洋の要石」として位置づけられ、海兵隊をはじめ、多くの在日米軍が移動してきて軍用地は強引に拡張された。当然のことながら、一九五六年の島ぐるみ闘争をはじめ、米軍基地への反対運動が盛り上がり、土地収用と米兵の暴力、軍によるオフ・リミッツなどが日常的な紛争の現場となっていった。そして、このような状況を背景に、沖縄の都市や音楽文化も、同時代の本土とはきわめて異なる道を歩んでいくことになる。

たとえば一九六〇年代半ば以降、ベトナム戦争の拡大に伴って極東最大の基地である嘉手納基地の兵力が増強され、その前に広がるコザの街は殺気立った活況を呈していく。「米兵の札束をいかにして使わせるかでどのAサインバーも必死になるため、先を争うように米兵に酒を勧め、売春をし、フロアーショーを行い、ロックバンドを採用」していった。このブームに乗り、それまで「公民館でエレキ大会を開いて楽しむ程度であった素人バンドも含めて多くのロックバンドがにわかに脚光を浴び」ていった［沖縄国際大学文学部社会学科石原ゼミナール 1994：295-296］。

やがて一九七〇年代には、紫、コンディショングリーンといったグループが華々しい活躍をしていくが、その基層には、基地から流れ出るドルを目指して北は奄美から南はフィリピンに及ぶ地域から雑多な人々が集まっていたコザという街があった。平井玄は、多くが「占領直後の沖縄に生まれたハーフとしてのクレオールやムラートたちであり、さらに先島諸島や奄美からコザに移住してきた人々の第二世代」だった沖縄のロッカーたちに、当時はまだ「ヤマトのグループがほとんど意識されていなかったこと」を指摘している。彼らの音楽は、「同時代のヤマトのロッカーたちの音がその「様々なる意匠」にも拘らず日本社会の内面的な表象体系へ向っていくのに対して、タフな外へのベクトル」に満ちていた。彼らが相手にしていたのはまず何よりも基地の米兵たちであったから、アメリカ本国の音楽シーンやフィリピン・バンドを意識することはあっても、日本国内の音楽状況とは別の世界を生きていたのである［平井 1998：34-35］。

（『現代思想』二〇〇一年七月臨時増刊号、青土社）

Ⅱ－3　東アジアにおける「アメリカ」という日常意識

日常意識としての「アメリカ」

第二次世界大戦後の世界のなかで、東アジアの人々の日常意識にとって「アメリカ」とはいかなる存在だったのか。また今も、いかなる存在であり続けているのか。とりわけ冷戦体制のなかで形成された「アメリカ」との関係を、人々の日常意識や文化のレベルから、軍事的ないしは政治経済的な関係までを射程に入れ、日本、韓国、台湾からフィリピン、ベトナム、インドネシアまでを越境する横断的な地平で考察していくことはできないのだろうか。冷戦期を通じ、これらのアジア太平洋岸では、超越的で支配的な審級としての「アメリカ」が、他の諸地域とは異なる独特の位相において強力に作用してきた。これらの地域は、かつてその多くが日本に長期的、短期的に軍事侵略・支配され、戦後は多くが米軍基地と多国籍企業を基盤にアメリカの影響圏に組み込まれていった。冷戦期、アメリカの世界戦略の視点から見るならば、日本からインドネシアまでの太平洋岸地域は、アジアにおけるヘゲモニーの基盤をなす連続的な空間だったに違いない。それならば、これらのアジア地域に住む人々の日常意識や文化的実践において、「アメリカ」はいかなる異なる、また共通の位相において受けとめられてきたのであろうか。

このような横断的で複合的な研究が重要であるのは明らかなのにもかかわらず、第二次大戦後のアジアにおける「アメリカ」を、日本、韓国、台湾、フィリピンなどの広がりにおいて、人々の日常意識や文化の次元から横断的に捉える研究は、これまでほとんどなされてこなかった。たしかに国際政治に関しては、東アジア全域を射程に入れた知的作業がなされてきた。しかし、こうした狭義の政治学的な問いを超えて、より広い意味での政治学、つまり日常的な文化の政治学についても国境を越えた研究地平からの分析作業は、いまだなされていないのである。

こうした文化史分析は、けっして日本本土だけに閉じられるべきではなく、沖縄はもちろん、韓国、台湾、フィリピンなどの同時代の状況と切り結んで考察されていく必要がある。たとえば占領期の米軍基地を拠点とした音楽文化や後年の沖縄の音楽に、同時代のフィリピン・バンドがもたらした影響は小さくなかった。音楽や性、基地のネットワークのなかでの人の流れも含め、一九五〇年代までの日本とフィリピンの文化的関係を捉えてみることもできるであろう。また韓国では、どのようにそれまでの「日本」が否定されながら、「アメリカ」が人々の意識のなかに入り込んでいったのかを検証してみる必要もあろう。朝鮮戦争やベトナム戦争を、東アジアにおける「アメリカ」という視点から、文化史的に捉え返してみることも重要なテーマである。もちろん、高度経済成長以降の日本企業のアジアへの進出のなかでの東南アジアにおける「反日」ないし「親日」の社会意識を、こうした文脈との連続性において考える必要も出てこよう。

このようなアプローチは、近年、東アジア地域でも急速に研究が進んでいるポストコロニアリズムの研究に、戦後の冷戦体制に照準した視点から介入していこうとするものである。戦後東アジアにおけるアメリカの覇権は、ある意味で、戦中期までのアジアにおける日本の帝国的秩序を再編していったものであった。ジョージ・ケナン以降の中国封じ込め政策は、日本の工業力を東南アジアの原材料資源や市場と結びつけ、韓国、台湾、沖縄を共産圏に対する軍事要塞と位置づけていった。このようなグローバルな戦略のなかで、アジアの諸地域における脱植民地化の運動は、最終的には冷戦体制とアメリカの覇権構造のなかに回収されていったように思われる。近年では多くの論者が、沖縄、韓国、台湾、満州、そして南方の日本による植民地化に照準し、大衆文化や身体、メディア、都市、様々な知的実践を含めてコロニアルな意識や実践の連続性を問い返す作業を進めている。しかし、東アジアのコロニアルな意識や実践の行く末を、戦後の冷戦体制のなかで問うていくには、「アメリカ」という媒介変数を含み込んで考察を進めていくことが不可欠であるように思われる。陳光興も強調するように、冷戦体制とアメリカニズムの分析を、同時代の脱植民地化の地平とつないで深めていく必要があるのである［Chen 2002］。

フィリピンにおける「アメリカ」という自己

このように「アメリカ」を戦後の東アジア全域に及ぶ問題として考えていく上で、戦後日本のケースとの対照が興味深いのは、フィリピンにおける「アメリカ」の受容という問題である。たとえば、『ちぐはぐな歴史』［Rafael 1995］と題された現代フィリピン文化史についての論集のなかで、人類学者のフェネラ・キャネルは、ルソン島東南部のビコル地方で、貧しい若者たちがどのように「アメリカ」を内面化しているかを、日常会話から素人のど自慢大会、美人コンテストなどまでの文化パフォーマンスのエスノグラフィを通して考察している［Cannell 1995］。キャネルがここで取り上げているのは、アメリカに出稼ぎのため出国することも、アメリカの商品を買い揃えることもできない貧しい農民の若者たちである。彼女は、それぞれの若者が参加しているのは異なるジャンルのパフォーマンスだが、そのいずれにおいても「キレイ」であることへの願望が、他者として想像された「アメリカ」を模倣することと結びつけられているという。だが、この「模倣」は単にアメリカ文化の諸要素を従属的に導入しようとしているのではない。むしろ農村の貧しい若者たちにとって、「アメリカ」を模倣することは自己変身の手段なのであり、この「変身」という文化実践は、すでにこの地方の文化のなかに深く根ざしていた。

ビコル地方では、今でも都市景観のなかで威容を誇っているのはスペインによって建設された教会の建物である。しかし、現代フィリピン人の日常的な意識や生活において、最も影響力を揮っているのは「西欧」という以上に想像された「アメリカ」である。フィリピンの他の地方と同様、この地方においても、ぜいたく品や公共建築、都市で消費されていく衣服や料理、映画などは、たとえそれらが実際には「台湾製」である場合でも、「アメリカもの」として受けとめられている。「アメリカ」はこの場合、権力と富、清潔さや美しさ、楽しみと魅力のすべてが詰め込まれた他者の場所として想像され、フィリピン人は、自己の文化的アイデンティティを、常にこの想像上の他者を介して思考するのである。たとえば映画では、ハリウッド映画は高級品で、ビコル地方の中心都市ナガの目抜き通りの冷房のよくきいた映画館で上映される。これに対してより劣位にあるタガログ語のフィリピン映画も、多くの場合、「アメリカ」のイメージと最もよく結びついたマニラを舞台にしている。

たしかに、ナガ市の表通りに連なる「アメリカン」な諸施設に、この地方の貧しい農民たちが近づくことはない。たとえば村の女性たちは、ナガまでかご一杯に魚を入れて売りに出かけ、マーケットの建物の屋上を不法占拠して商売をするのだが、彼女たちが街の表通りにならぶデパートやレストラン、ファーストフード店に目を留めることはない。もし、彼女たちがこの市内で食事をしなければならないのなら、横丁の小さな店で食べ物を買うのがせいぜいで、街の表通りに軒を連ねる店々は、村から来た彼女たちには縁のない世界なのである。

それにもかかわらず、「アメリカ」という想像上の外部と結びつくことは、貧しい村の人々にとってもエンパワーメントのための欠かせぬ回路として認識されている。実際、日々の生活ではアメリカ製の商品とは縁のない農民たちも、祭りのときなどには外国製の缶詰を出す。そしてアメリカで外国人労働力として働くことは、フィリピン人が現在の貧しい状態から抜け出すほとんど唯一の道と考えられている。人々の運命は、フィリピンという国家との関係によってではなく、その外部、アメリカとの関係において決まるのだ。

しかしキャネルは、フィリピン文化の多様な場面で人々が「アメリカ」を模倣しながらしていることは、単なるアメリカ文化への従属なのではなく、むしろ自己を変身させることで想像された「アメリカ」の力を獲得しようとする試みなのだと主張する。彼女の観察によれば、ビコルの女たちは、近隣の結婚式の宴会などで酔っぱらうと、たとえ本人がこの地方の歌に詳しくても、素面ではめったに歌わない英語のポップソングを好んで歌う。女たちは酔った勢いで大胆な身ぶりをつけ、言葉の意味や実際の場面がよくわからなくても、繰り返しで覚えた「英語の歌」を歌うのである。彼女たちにとってはハイカルチャーに属するこれらの歌を歌いこなすことは、自分たちの力量で「アメリカ」を象徴的に身につけることである。つまり、アメリカに出稼ぎすることも、アメリカの消費財を買うこともできない彼女たちは、このような象徴的な行為を通じて文化資本としての「アメリカ」に接近しているのである。

もちろん、アメリカン・ソングを歌っている本人も、周囲の人々も、彼女はアメリカ人でもフィリピン人歌手でもなく、貧しい身なりの村の女にすぎないことを知っている。しかし、女たちは想像力で現実の生活状態とイメージとしての「アメリカ」のギャップを超えるのだ。この想像力は戯画的なまでに拡張されることがあり、キャネルの出会った「お金持ちのマリー」というあだ名の女性は、自分の家にはラジオや冷蔵庫、扇風機が溢れ、それらがちょっとでも古くなると、「アメリカ人と同じように」捨ててしまうと言いふらしている。実際には、彼女の家は村でも最も貧しい部類に属し、土間と雨漏りのする屋根しかないにもかかわらず、である。同じように、台風の被害で家の壁に穴が開いてしまうと、人々はこの穴を皮肉をこめて「エアー・コンディショニング」と呼ぶ。田んぼの農作業で足が泥だらけになると、これは「わたしのマニキュア」と表現される。誰かの家での祝いの席の料理がすばらしかったときなどは、アメリカン・スタイルのレストランの料理になぞらえられる。

とりわけこうした「アメリカ」の想像的な取り込みが巧みに演じられるのは、素人のど自慢大会や美人コンテスト、パレードなどの文化イベントの場においてである。こうした文化イベントは、かつてクリフォード・ギアーツがバリの闘鶏や劇場的権力について示したような、東南アジア全域で権力が象徴的に上演される場に通底している。ただ、ギアーツのバリ島とフィリピンの違いは、後者においては文化的洗練を意味づけていく超越的な審級が、もっぱら「アメリカ」によって代補されている点である。

キャネルはこれらの文化イベントを取り上げながら、同性愛者たちが美人コンテストで文化的他者への変身をいかに巧みに遂げていくかについて観察している。「バクラ（bakla）」と呼ばれる彼＝彼女らは、西欧的な範疇の「ゲイ」とは異なる独特の位置を占めてきた。その多くは貧しい農家の生まれなのだが、バクラはビコル地方の文化的伝統のなかで受け入れられており、彼らの両親も、息子がバクラになることに拒絶反応を示さない。農作業を忌避し、都会的なライフスタイルを求める傾向を持つバクラの多くは、フィリピンではどんなに小さい町でも一軒はある美容院（beauty shop）に仕事を見つけている。ビコル社会のなかで模倣や変身の専門家と見なされている彼らは、ゲイ専門の美人コンテストにおいて、派手な女装で男から女への変身を演じていく。しかしこの変身はまた、フィリピン人でありながらフィリピン人以上の存在への、たとえば「アメリカ人のスター」への変身でもあるのである。異なる性の越境は、異なる文化の、つまりリビコルの地方的な文化からアメリカ的な文化への想像上の越境を伴う。

キャネルがここで、ビコル地方の日常的な文化実践のなかから提起しているのは、カルチュラル・スタディーズが一貫して問題にしてきた文化受容におけるヘゲモニー抗争と主体化の力動的な過程の問題である。彼女はフィリピンにおける「アメリカという自己」の再生産を、「アメリカ」という他者への従属としてだけでなく、むしろフィリピン人自身による変身の実践、従属的な構造のもとでの弱者のエンパワーメントにかかわる問題として捉えている。だが逆に言えば、フィリピン人は、それだけ深く「アメリカ」に媒介されて自己を構築していると言えなくもない。アルジュン・アパデュライが著名なグローバリゼーション論の冒頭で書いたように、「フィリピン流に解釈されたアメリカのポピュラー音楽は、どういうわけか、元の楽曲が今日のアメリカで普及している以上に、フィリピン諸島で普及している上に、オリジナルへの忠実ぶりではアメリカをはるかに凌いでいる」[Appadurai 1996＝2004 : 62]。フィリピンでは、アメリカ本国よりもはるかに多くの人々が、アメリカの音楽を完全な演奏で歌うことができる。これらの音楽によって、フィリピンの人々は、一度も彼らが喪失したことのない世界をノスタルジックに歌い上げるのだ。だが、まさにこのような「アメリカ」への自己同一化こそが、フィリピンの貧しい大衆にとっては、たとえ一時的で幻想的なものであれ、文化資本を獲得していく数少ない方法なのである。

だが、フィリピン人の自己意識が根底から「アメリカ」に媒介されて構成されるようになったのは、キャネルやアパデュライが示す比較的最近の現象にとどまるわけではない。すでに第一次大戦後、フィリピンがアメリカの植民地支配のなかに安定的に組み込まれ、また排日・排中的な空気のなかで日本人や中国人の移民が制限されて、その労働力不足分を補うかたちで「外国」ではないとみなされたフィリピンからの大量の労働者が渡米するようになった頃から、こうした意識の構造が芽生えていたと考えられる。フィリピン人のアメリカへの移民が最初に増加するのはハワイで、ちょうど日本人移民に取って代わるように、第一次大戦後までにタガログ地方はもちろん、ルソン島以外の地方にまで広がっていた。やがてカリフォルニアでも同様のことが起き、フィリピン人は中国人、日本人に続く「東洋人低賃金移民の第三波」となっていく。

このようななかで、たとえばカルロス・ブロンサンの自伝『我が心のアメリカ』［Bulosan 1943＝ブロサン1984］は、第一次大戦から日本占領に至る時代、数々の苦難を経ながらフィリピン人が「アメリカ」をどのように内面化していったのかを雄弁に証言している。ブロンサンは、二〇世紀初頭、フィリピン独立運動が挫折し、親米的な特権支配層に政府が牛耳られ、「ゆっくりだが確実に、フィリピンは経済的な破局に追い込まれて」いく時代、イロカノ地方の農民の子として生まれ育った。この時代、「アメリカかぶれの若い世代は、大人達にとって全く理解できないものとなった。貧しい百姓が地主の為に身を粉にして働いている田舎でも、若者達は時代の風潮に流されて、伝統《しきたり》に反抗するようになった」［ブロサン1984：4］。そして著者自身も、英語を学び、貧しい少年「アブラハム・リンカーン」に自己を重ねるなかで、渡米を本気で考えていく。

だが、「自由」を求めて渡ったアメリカで彼が直面したのは、露骨で暴力的な人種差別と搾取、腐敗、フィリピンでは決して出会うことのないような残酷で野蛮な行為の数々であり、そうしたなかで自分を見失い、犯罪と暴力の世界に浸っていく同国人たちであった。ブロンサンにとって

「アメリカ」とは、「無名の異邦人、家のない亡命者、仕事を求める飢えた少年、リンチにあって木にぶら下る黒人の死体」であった〔同：210〕。そして彼自身、次第に残酷さや冷酷さに対して無感覚になり、「アメリカの腐敗した片隅に閉じこめられて、暴力と憎悪しか目に入らなくなる。それでも彼は、「自由の国アメリカ」への信頼を完全に失ってしまうことはない。賭博場を渡り歩く日々を経て、主人公はやがて文章を書くことによって自分を取り戻す方法を発見し、フィリピン人農業労働者のための新聞の編集に従事していく。彼は文学を通して「アメリカ」を再発見し、現実のアメリカがどれほど腐敗に満ちたものでも、なお「この地で生れた者であろうと異邦人であろうと、教育があろうと無学であろうと、我々そのものが、アメリカなのだ」と考えるようになる〔同：210〕。そしてやがて、日本軍がフィリピンに侵攻、コレヒドールを陥落させると、在米のフィリピン人は、米軍に次々と志願し、同国人としての連帯と独立への集団意識を、まさに「アメリカ」に自己を同一化させることで獲得していくのである。このような屈折した「アメリカ」への信頼と同一化を、著者は自伝の最後で次のように表現している。

最後に発見したことは、アメリカの大地は、温かく開いた大きな心のように私を受け入れてくれるということだった。その確信は、私の全存在を通して広がり、具体的に私を元気づけてくれた。私は「善なるアメリカ」を信ずるようになった。この信念は敗北と成功から生れ育って来たものであった。それは悪戦苦闘の毎日、この広い土地に落ち着く場所を求め、豊かな土をあちこちで堀り、貨物列車に乗って北へ南へと飛び歩き、汚い賭博場で食物を恵んでもらい、読書をして英雄の思想の世界に目を開いた、あの日々の中から形づくられたものであった。それはまた、アメリカにいる友達や兄達、それにフィリピンにいる家族の、犠牲と孤独から生まれたものであった。……我々の希望と抱負から生れ出た「善なるアメリカ」に対する信念は、何がどうあろうとも、もはやゆらぐことはないだろう。［同：368］

そして、日本軍のフィリピン占領は、フィリピンの人々が「アメリカ」という超越的な審級に同一化することで自己を獲得するという屈折した回路を強化した。すでに「自由」と「文明」のアメリカを受容していた彼らにとって、やがて侵攻してきた日本軍は、「野蛮」以外の何者でもあり得なかった。津野海太郎が紹介した逸話によれば、日本軍の侵攻に先立って、すでにフィリピンではヴォードヴィルが大衆娯楽として広く普及していた［津野 1985］。芸人たちは、アメリカのオリジナルを競って真似たので、「フィリピンのブレッド・アステア」や「フィリピンのクラーク・ゲーブル」、「フィリピンのチャーリー・チャップリン」が誕生した。日本の占領後、多数の映画館が閉鎖され、やがてその閉鎖は解かれるものの、検閲で上映可能な映画が極端に不足したので、その穴埋めに映画俳優たちによるステージ・ショーが始まった。そうしたなかで、占領者日本人を揶揄する寸劇が演じられていく。そのひとつは、軍装の日本兵が両腕に腕時計をいくつもはめて登場し、どこかにもっと没収する時計はないかとキョロキョロしているところを演じたものだった。腕時計がある種の近代性を象徴するとするならば、日本人は、フィリピンにすでに存在した「近代」を略奪する蛮族である。

　このように、フィリピン人は、極東の「帝国」に対して何ら幻想を抱きはしなかった。むしろ日本人が野蛮で残虐、しかもまったく貧乏くさい連中でしかないことが明らかになればなるほど、フィリピン人の「アメリカ」への幻想が強化されていった。池端雪浦は、日本のフィリピン占領についての優れた共同研究の序章で次のように述べる。

　日本占領がフィリピンにもたらした最大の逆説は、米国の植民地支配からフィリピンを解放するという日本の大義名分とは裏腹に、フィリピンの対米依存を従来にもまして強化したことである。それには、フィリピン国民の米国に対する期待感さらには忠誠心が、日本占領期にいっそう高まったことも関連している。フィリピン国民は残虐な日本軍を追放するために、米軍の再占領を待ち望んだ。……戦後、政治・経済・軍事の諸側面で進行したフィリピンの対米依存を底辺で支持した国民感情のなかに、日本占領期に培われた親米感情があることを無視することはできない［池端 1996：18-19］。

　日本によるフィリピン占領の歴然たる失敗は、古いタイプの植民地支配が、決してアメリカの民主主義的な要素を取り込んだ支配戦略を凌駕できないことを証明している。実際、フィリピン人が、おそらくはインドネシア人がオランダに、ベトナム人がフランスに、マレー半島の人々がイギリスに対して抱いていた以上に「アメリカ」に対して依存的な感情を抱いたとするならば、この感情はアメリカの植民地政策のある特殊性に由来していた。ウィルソン主義の強い影響下にあった二〇世紀初頭のアメリカは、本国人による強力な植民地行政組織を創出することに熱心ではなかった［Anderson 1995］。他方、一九〇九年のペイン＝オルドリッチ関税法により、フィリピン経済は完全にアメリカの消費経済圏のなかに組み入れられ、砂糖・ココナッツなどの農産物を中心に対米依存型の産業構造が育成されていった。アメリカの支配は、主として軍事的経済的なものにとどまり、また、豊かなアメリカを目指す移民が大量に流出していったから、植民地政府と独立運動の深刻な対立は、目に見えるかたちになりにくかったのである。政治・行政的な植民地化ではなく、経済支配と軍事基地の確保に関心を集中させる点で、戦前のアメリカのフィリピン支配は、戦後のアジア支配の原型をなすものであった。

韓国・台湾と「アメリカ」への欲望

東アジアのなかで、フィリピンのようにスペイン帝国に植民地化されていった地域は少なく、この点ではフィリピンはむしろメキシコや中南米諸国に近い。日本が一九世紀中葉、天皇制国民国家を形成し、周辺のアジア諸国を植民地化して帝国に成り上がっていったような歴史をフィリピンは持たない。こうした数々の違いにもかかわらず、戦後日本人の自己意識の構築のされ方に絞った場合、単に強力な他者としての「アメリカ」と対峙するのではなく、むしろ「アメリカ」を、自己を成り立たせる構成の支点として深く取り込んでいた点で、日本とフィリピンには共通性がある。しかも、この両国はいずれもマッカーサー将軍の家父長的な支配から戦後史を出発させている点でも共通していた。もちろん、このように述べるならば、冷戦期の韓国や台湾はどうだったのかという反論が生じてこよう。しかし、韓国や台湾の場合、軍事独裁政権に対する抵抗運動と反米意識がかなり重なっていくから、日本やフィリピンとは異なる対米意識が浸透していた。しかも、これらの国々では帝国日本への抵抗の歴史が、現在に至るまで人々の自己意識にとって大きな位置を占めている。したがって、戦後の韓国や台湾における「アメリカ」という問題には、さらに複雑な文脈を考えなければならないのだ。

そして、戦後東アジアにおける韓国や台湾の人々の自己意識と「アメリカ」との関係では、冷戦期のアメリカによる東アジア政策のなかでの役割分業も考慮する必要がある。たしかに一方で、米軍基地の直接的な文化的作用については、日本と沖縄、韓国、台湾などの間で共通の傾向が見られた。たとえば姜信子は、朝鮮戦争後の韓国で、米軍基地との結びつきのなかから韓国ロックの文化が形成されてきたことを描き出している。朝鮮戦争で両親と兄弟を失った青年は、「南大門市場で米軍の通信用無線機を買ってAFKN（駐在韓米軍放送）を聴き、ミドパ百貨店の近くで買ったギター教則本を見ながら、ひとりで勉強し」て過ごしていた［姜 1998：151］。やがて彼は、ギターを抱えて路上をねぐらにソウルの街を彷徨し、ギター学院の教師を経て、米八軍のショーのミュージシャンになっていく。韓国ロック界の大スター申重鉉の誕生である。一九五〇年代の韓国で、「音楽で食べていくことのできる唯一の場所が八軍ショーだった。最盛期には二六四ものショーの舞台があり、韓国の年間総輸出額が一〇〇万ドル前後だったこの時期に、八軍ショー出演者たちが稼ぎ出した年間のギャランティ総額は約一二〇万ドルに達した」［同：

153]。

しかし、このような基地文化としての「アメリカ」の受容は、韓国や台湾においても、そのまま人々が「アメリカ」を自己構成の主要な支点としていったことを意味しない。冷戦期の韓国の場合、人々の意味世界のなかで「アメリカ」の位置を決定していたのは、何よりも「北」との関係である。日本の敗戦後、「アメリカ」は憎き「日本」をやっつけてくれた力強い他者として受容された。この段階では、「反日＝親米」という結びつきが最も強力であった。

だが、朝鮮戦争が起き、南北分断が圧倒的な現実として立ち現れてくると、「反共＝親米」という結びつきが、日常意識においても枢軸的な役割を果たすようになる。アメリカのアジア政策が、帝国日本の旧勢力を解体して民主主義を広めることよりも、日本の保守的な勢力を復権させ、それに連なる軍事的・政治的機構を生かしていくことで、東アジアに「反共」の砦を作ることを重視するようになって以来、韓国人のアイデンティティは、分断された自己としての「北＝敵」の脅威から自分たちを守ることを最も重要なモメントとするようになり、これが人々の「アメリカ」への心理的依存を強めてきた。

こうして文富軾は、韓国では「朝鮮戦争を経て、親米主義と反共主義は、単純な理念の次元から〈市民宗教〉の次元まで深化し」たという。実際、文らが一九八二年、光州事件とアメリカによる軍事独裁政権の承認に抗議して釜山のアメリカ文化学院に放火した翌日、街の新聞売りの少年は、この事件を「間諜《スパイ》」の仕業として伝えた［文 2001：105-107］。「反米」はすなわち「北」のスパイであるというこの思考構造のなかでは、そもそも「アメリカ」を他者としてまなざすということすら不可能である。この時代の韓国では、「アメリカ」とは何かを語ること自体、すでに不穏で、あり得ない行為なのだった。ここには、世界のすべての出来事を伝染性の強い「悪＝共産主義」から守るという観点で解釈するコードが、より単純化されて複製されているのである。

こうした韓国での「敵＝北」の強迫的なイメージを媒介にした「アメリカ」の受容は、光州事件後、大きく変化する。文も、「光州抗争に対する軍部の流血の鎮圧をアメリカ政府が黙認（さらには支援）したという事実に対する衝撃は、韓国人から一九五〇年の朝鮮戦争以降長い間消えていたアメリカに対する批判的な認識を復活させたのである。このように光州抗争の経験を通じて、アメリカに対する幻想がくだけた瞬間から生じた、特に一九八〇年代中盤以降の学生運動で広まった〈反米意識〉は、全く驚くほど」だったと書いている［同：94］。

同じように権赫範も、朴正熙殺害や光州事件を経て、一九八〇年代の韓国は「反米主義の突風地帯に変貌」していったという。それまで朴政権のもとでの経済発展は、「アメリカのように豊かに暮らす先進国になりたいという集団的意志」の表現であり、戦後日本に根づいた「アメリカ」が、タイムラグを含みながら韓国にも浸透したものであった。しかし一九八〇年代、「民主化と統一のための社会運動において、長いあいだのタブーを破って、「ヤンキー・ゴー・ホーム」あるいは「米国帝国主義」ということばは日常化した。朝鮮戦争以来はじめて、アメリカ大使館および施設は占拠籠城の標的となり、星条旗を燃やす儀式が頻繁に挙行された」［権 2001：31］。韓国では、一九八〇年前後を境にして、「親米＝近代化」／「反米＝容共」という構図が、「親米＝独裁＝反統一」／「反米＝民主化＝統一」という図式に代わられていったのである。

しかしながら、文は鋭く「これまで私たちのアメリカに対する理解には、抑圧的な権力を支援するアメリカだけがあり、意識と無意識のなかのアメリカ的価値を内面化した〈欲望する民衆〉はいなかった」のではないかと問い返す。実際のところ、「これまでの韓国社会における親米と反米、崇米と排米は、まず他律的な対米意識という面において、根元的に同一なものだ。極端な憧憬や極端な嫌悪は、いずれも対象に対する自我の従属性から到来するものだからである。韓国において、親米的な考え方はもちろんだが、反米民族主義の場合にもそれが標榜する主体的な姿勢や熱情にもかかわらず、アメリカだけを倒せばあらゆる問題が解決されると考える限り、実際において〈アメリカ中心主義〉から大きく抜け出すものではなかった」［文 2001：96-97］。

こうして文は、光州事件や冷戦体制下での諸事件を、「アメリカ対韓国民衆」という構図によってではなく、韓国の人々の欲望の問題として捉え直す必要を強調する。明らかにすべきなのは、事件にアメリカがいかに不当な介入をしたかではなく、アメリカを支点とした植民地的構造が、韓国人の身体のなかに自己を実現してきた仕方である。実際、文によれば、「アメリカ」は今日、韓国人の日常において、光州事件のときより以上に大きな巨人として経験されている。冷戦体制崩壊後、アメリカは世界を覆う超越的な権力として、経済危機のどん底を経験した韓国に唯一の救いの手を差し伸べてくれていると考えられている。韓国人の日常的な生は、「アメリカ」という巨大な存在の壁に今も閉じ込められているのだ。

以上のような一瞥だけからでも、韓国における「アメリカ」が、きわめて複雑な様相を帯びていることがわかる。冷戦期の韓国における「アメリカ」は、日本の植民地支配と南北分断という二つの歴史的現実に深く媒介されてきた。韓国人の日常意識における「アメリカ」への欲望や依存は、一方では「日本」に対する、他方では「北」に対する複雑な感情と連動している。だが、それだけではない。韓国人の成長への夢と達成、開発経済から消費社会の実現に至る道程のなかに、「アメリカ」への欲望は深く織り込まれてもいる。「日本」や「北」、諸々の審級の複雑な分節のなかで、「アメリカ」は韓国人の日常意識に根を広げてきたのである。

そして、このような複雑さは、やはり長きにわたる日本の植民地支配を経験した台湾にも当てはまる。韓国でも、台湾でも、戦中期までの日本の植民地支配が、戦後のアメリカの軍事的・経済的ヘゲモニーにどのように移行したのかがポイントとなる。「アメリカ」は、はじめての他者としてこれらの地域に介入してきたのではない。むしろこれらの地域では、アメリカ以前に他者としての「日本」がおり、この帝国日本と東アジアとの関係を、冷戦初期においてアメリカが、その表向きのレトリックがどうであれ巧みに引き継いできたのである。

台湾の場合、この複雑な連続と非連続の構造に、さらに「中国」という要素が深く関わることはいうまでもない。だが、台湾における「中国」の位置は、韓国における「北」の位置とはかなり異なる。この隣り合わせの「他者」との関係や日本の植民地支配の経験の違いによって、台湾における「アメリカ」は、日本、フィリピン、韓国のいずれとも異なる様相を呈したように思われる。たしかに鄭秀娟が指摘するように、植民地時代に「日本」が占有した近代化のモデルは、戦後はむしろ「アメリカ」によって担われていく。英語と映画、テレビ、広告などが、新しい生活についての基本的なシナリオであった［鄭 2002：274-275］。

だが、この「アメリカ」は、台湾にかつて存在した米軍基地や米日からの経済援助、そして国民党の支配体制とどのような関係を結んでいたのであろうか。丸川哲史や冨山一郎らは、沖縄、台湾、北朝鮮の代表者を招いて一九六二年、東アジアにおけるアメリカの覇権と民族分断をテーマに行われた座談会を取り上げ、台湾の代表者だけが、アメリカに従属してでも独立したいと、沖縄や北朝鮮の論者とは異なる立場をとったことを話題にしている。同じ南北分断といっても、「北」と「南」が緩衝地帯をはさんで厳しく対峙する朝鮮半島と、すでに資本の提携関係がかなり進んでいる中台関係では、「アメリカ」の位置づけが異なるのだ。

あるいはまた、陳光興は、台湾が今日のグローバルな新植民地主義的体制のなかで、よりマイナーな地域に進出して市場を獲得する「準帝国」となりつつあるという。この「新しい」準帝国は、「軍事力で他国の領土を取得し、その国の政権を直接コントロールして経済利益を奪い取るということはもはやなく、政治・経済の優勢さで間接的に他国に介入し、政策の方向性に影響を与え、市場を操作する」システムである［陳 1996：168］。台湾は、オランダや明清王朝の侵略を経て、近代には日本の帝国主義の餌食となり、やがて国民党によって再度植民地化され、アメリカの反共政策から軍事援助や経済援助を受けてきた。このように幾重にも被支配の経験をしてきた台湾が、今日、より周縁的な地域を経済・政治・文化的に従属させる「準帝国」の位置を占めつつあるとするならば、そのような準帝国における主体の立ち上げは、日本や韓国と比較しても、どのように異なる仕方で「アメリカ」という審級に媒介されていたのであろうか。有り体にいえば、そのような主体の立ち上げにおいて、台湾人のアメリカ留学やアメリカと結んだビジネス、そして文化産業における「アメリカ的なもの」の取り込みと解釈が、どのような媒介的な役割を果たしているのかを、細かく具体的に検討していかなければならない。

これらの複雑な問いに、ここで答えることはできそうにない。明らかなのは、韓国や台湾の戦後史における「アメリカ」という問題を考えるには、「日本」や「北朝鮮」「中国」を含んだ東アジアの文化地政学的な配置のなかで、それぞれ自己意識や主体の軌跡を相互に結びつけていかなければならないことである。したがって、冷戦期の日常意識や文化における「アメリカ」という問題を、東アジア全域の視座から捉え返すという本論の目論見は、まだそのスタートラインに立ったばかりである。この考察をさらに深めていくには、いくつかの未開拓の作業に手をつけていく必要がある。たとえば、戦後の日本や沖縄、フィリピンにおける「アメリカ」という問題は、それなりに調査や研究が蓄積されているものの、韓国や台湾におけるアメリカ文化の問題は、まだきわめてわずかな先行研究しかない。これらの地域も含め、日本の旧帝国の諸地域が、どのように戦後、アメリカの軍事的覇権を受け入れ、主体の位置を変容させていったのかについて、文化や日常意識の視点から分析を進めていく必要がある。しかも、アメリカ化は、単なる文化的影響の問題ではなく、戦後世界における主体と意味の布置の構造的な変化の問題であると考えるならば、ポストコロニアル理論とアメリカ化研究との接合は不可避である。

（青木保ほか編『アジア新世紀5　市場』岩波書店、二〇〇三年）

Ⅱ－4　誰が「沖縄」を消費するのか

カルチュラル・タイフーン２００３の大会でたたかわされた数々の議論のなかでも、最も印象的だったひとつは、学部生セッション「消費される「沖縄」」におけるものだった。『ちゅらさん』『ナヴィの恋』「MONGOL800」などの語りと受容についてのＩＣＵ学生たちの報告に、セッションに参加していた琉球大生が一斉に異議の声を挙げたのだ。すでに記憶はぼやけかけているが、報告への琉大生の批判は、それらが『ちゅらさん』や『ナヴィの恋』における「沖縄」の他者化を批判しつつも、実は報告自体が自分たちを状況の外に置き、「沖縄」を他者化しているのではないかという疑義であったように思う。そして、あのセッションでとりわけ印象の残ったのは、琉大生からの厳しい批判をＩＣＵの報告者の一人ひとりが真剣に受け止め、つらさをこらえながら必死で批判に答えようとしていた姿であった。この対話には、たしかにカルチュラル・スタディーズの語りにとっての中核的なテーマが表出していた。

ＩＣＵの学生たちの報告は、近年の批判的なメディア文化研究の方法論に忠実に従っており、

「模範的」なほど真面目に研究対象に取り組んだ成果に見えた。そしておそらく、琉大生たちが本能的に違和感を表明したのも、まさにこれらが規範的なメディア研究の方法論と明瞭な分析枠組みを前面に出したものであったがゆえに、「沖縄」が語られるときの語りの位置の問題性をあからさまに露呈させていたからであるように思われる。したがってここには、カルチュラル・ターン以降のメディア研究がどのように語りの位置の問題を自覚していけるのか、とりわけ現代日本において、「沖縄」という現実的かつ想像的な存在との関係をどのように記述できるのかという問いが提起されていたのである。これが、セッションの仕掛け人たちの意図であり、メディア研究者が問い返さねばならないポイントでもあった。

　報告された『ちゅらさん』や『ナヴィの恋』の分析は、いずれも作品に作り手の側の語りとテクストの意味解釈、そしてオーディエンスへのヒアリングの三次元から立体的にアプローチするというメディア研究の基本ともいえる分析法をとっていた。どのような作り手が、いかなる視座や意図を背景に作品を作り出していったのか、テクストとしての作品が、どのような文法やレトリック、イメージやシンボルの配置とナラティブによって構成されているのか、そしてオーディエンスはこうした作品の何に注目し、どのような二次的な語りを作品から生み出しているのか。いわゆるエンコーディング／デコーディングにかかわる一連の考察は、メディア文化を扱う学生や研究者にとって共通の出発点である。私自身、指導する大学院生に対し、まずはこうした仕方でテクストの置かれている磁場を明らかにするよう勧めることも多い。また、これらの報告では、テクストの解釈が決して作り手の意図通りのものでも、一義的なものでもなく、せめぎあう意味の諸相において重層的になされていることにも十分な配慮が払われている。

しかし、カルチュラル・スタディーズにとってメディア文化を考えることは、エンコーディング／デコーディングのモデルを対象に適用することや、オーディエンスの読みの重層性や非決定性を強調することにとどまるわけではない。これらのモデルは一九七〇年代にカルチュラル・スタディーズが、当時はまだ支配的だった経験的なマス・コミュニケーション研究に対し、あたかもそのパラダイムに乗るように見せかけながら理論の根底をひっくり返すという芸当をやってのけたときに有効な武器であった。だが、オーディエンスがメディアのテクストに接し、それらを彼らなりに解釈したり、それらについて何かを語ったりするとき、彼らは単にテクストから様々な解釈を紡ぎ出しているのではない。むしろ、そのような語りや解釈を通じ、彼ら自身のまなざす主体や語る自己が立ち上げられているのである。メディアのイメージを消費し、何かを語る行為は、そのような行為をする主体を構築していく実践でもある。したがって、テレビドラマや映画、音楽、さらには広告や雑誌のグラビアまでを含め、われわれが「沖縄」についての語りを消費していくプロセスについて明らかにされねばならない最も重要なポイントは、そのような消費を通じ、いったい誰が、いかなる主体を立ち上げているのかという点であるように思われる。

このような問いは、いうまでもなく分析をしているわれわれ自身にも返ってくる。東京の学生としてであれ、沖縄の学生としてであれ、あるいはアジアのどこかに住む研究者としてであれ、われわれがテクストを分析していくとき、われわれはわれわれ自身を何らかの語りの主体として構築している。分析者の言説行為はテクストをめぐって形成される様々な解釈や語りの場のなかにあるのであって、決してその外部に足場をもった特権的なものではあり得ない。そこでは分析的に語ることを通じ、一定のまなざしの主体が構築されている。

このことは、単にテクストの分析においてだけ当てはまるのではない。メディアのテクストが語られたものであるだけでなく、作り手の語りやオーディエンスの語りもまた聞き手の問いかけに応じて発話される二次的なテクストである。少なくとも経験的なマス・コミュニケーション理論が依拠してきた客観性の基準から離れるなら、われわれの研究は多かれ少なかれ参与観察的なものとならざるを得ないのである。われわれにできることは、様々な位相をもった語りの場に分け入り、同時にその一部のエージェントとして、必ずしも支配的／折衝的／対抗的といった常套的な位相には収まりきらない新しい認識の地平を開くよう試みることであろう。

このような前提のなかで考えるとき、「沖縄」というイメージの消費を通じて立ち上がっているのは、本当に「沖縄」を他者として都合よくまなざす「本土」の主体なのであろうか。「本土」と「沖縄」という二項対立は、一九九〇年代以降のイメージ消費においてもこれまでの時代と同じような仕方で機能しているのであろうか。この二項対立の作動の仕方に、何らかの構造的な変化はなかったのだろうか。今日では、「他者としての沖縄」を消費しているのは本土の人々だけではない。沖縄県民自身もまた、そうしたイメージの消費を通じて自己のまなざしをかたちづくっている。地理的な「本土」と「沖縄」の境界線と、イメージ消費の上での「沖縄」のポジションが、必ずしも一義的に対応しなくなっているのである。

田仲康博は「メディアに表象される沖縄文化」で、この問いを次のように整理している。

沖縄文化を賛美する内外の言説の多くに通底するある興味深い特徴がある。沖縄文化の〈異質性〉が強調される一方でその〈普遍性〉も称揚される語りが一般的だが、その種の語りには当然比較される〈他者〉が必要となる。沖縄文化の〈周縁性〉に対置され、その差異を際立たせるものとして〈中央〉の文化が措定される理由はそこにあるが、均質なものとしてまなざされるという点において、周縁の文化も中央の文化も実は想像上の産物だと言える。重要なことはしかし、沖縄の他者性とは言ってもそれが〈外部の他者〉として境界の外に表象されているわけではないことだ。……例えば沖縄文化に影響を与えた「アジア」を紹介する番組で食物や音楽などが話題になったとしても、それらアジアの文化が沖縄で咀嚼され境界の内側に取り込まれたという語りの中で沖縄は日本文化の周縁部に位置づけられ、〈外部の他者〉であるアジアに対する日本／沖縄という遠近法的世界の内に回収されてしまう。［田中 2002：180-181］

田中はここで、今日のイメージ消費のなかでの「沖縄」の位置について二つの重要な指摘をしている。第一は、問題としている〈沖縄／周縁〉も〈日本／中央〉も、メディアを通じて構築される想像上の産物であり、そのような構築において作動している構造的な力学を明らかにしていかなければならないという点。第二は、そのような想像力のなかでの「沖縄」の位置が、単に本土との関係において「外部」に位置づけられるようなものではなく、むしろ「アジア」なり「グローバル」なりといった「第三の項」を入れて考えることによってはじめて理解できる両義的なものであるという点である。これらの指摘は、われわれが「沖縄」の語りと受容をめぐる分析を、常套的な「本土／沖縄」の二項対立図式に回収させないための重要なヒントである。

第一の論点をめぐっては、イメージとしての「沖縄」のハイパーリアルな性格、「本土／沖縄」という二項対立を超えてシミュラークルとしての「沖縄」が語られ、内面化されていくプロセスが問題となろう。再び田仲を引用するなら、ここにあるのは、「他者の眼を通して表象され、現実に対して閉ざされたテクストとして登場する「沖縄」は、いつしか地元の人々によっても内在化され、島の風景が常に／既にそこに在った〈自然な〉風景として眼に映るようになる。こうして観光客と同じくカメラマンの位置に立って風景をまなざす沖縄の人たちは、自らが暮らす土地のエキゾチックな美しさを「発見」する」という、イメージの消費を通じたまなざしの自己植民地化の回路である［同：178］。おそらくそれは、近代を通じ、様々なレベルで位相と文法を変えながら文化的アイデンティティの生産において繰り返されてきた回路にほかならず、とりわけ戦後日本そのものが、消費社会化のなかで経験してきたプロセスであったといえる。沖縄では、一九八〇、九〇年代以降、本土との関係というだけでなく、沖縄の社会そのものの変容を通じ、このような「他者」のまなざしが内在化され、自己の記憶やエキゾチックなアイデンティティが昔からある「自然」なものとしてあたかも「発見」されていったのではないか。

だが、この「他者」とは誰か。たしかに実体的には、この他者のまなざしは、しばしば本土の文化産業、たとえばテレビ局や映画産業、出版資本と重ならないわけではないが、それらのまなざしの水準は、単純に「本土／沖縄」という枠内に収まるものではない。むしろ、そのような論理の水準がなし崩し的に乗り超えられながら、あらためて「沖縄」にエキゾチックな主体を想像していく力が強力に作動しているのだ。このことが、田仲がすでに指摘している「アジア」なりの文脈で、今日の「沖縄」の消費を考えることと結びついてくる。

実際、一九九〇年代以降の沖縄ブームは、それに先行するアジア・ブームや文化的グローバリゼーションのプロセスを抜きにしては考えにくい。一九九〇年代以降、琉球文化の国際性やハイブリディティを称揚している人々が志向しているのとは異なる意味で、「沖縄」は、グローバルなイメージ消費の文化地政学のなかに巻き込まれていった。したがって、今日の沖縄イメージの消費をめぐる議論の地平を、「沖縄／本土」という二項的な構図から、「沖縄／日本／アジア／グローバル」といった多重的な構図に開くことは、どうしても必要な作業なのである。

今日、沖縄ブームは様々に姿を変えて続いており、ラディカルなものからコマーシャルなもの、リゾート感覚のものまで、多様な位相をもってメディアを通じて演じられ続けている。たとえば、ごく最近も『エスクァイア日本版』二〇〇四年二月号は、「沖縄時間。」を特集している。サブタイトルは、「オルタナティブであることの豊かさ、自由」。冒頭のグラビアは、二〇〇三年に那覇空港－首里間で開業したモノレールに沿って、自衛隊基地や那覇市街の風景がアップになり、続いて竹富島、美ら海水族館、そして那覇の歓楽街桜坂などの風景が並ぶ。都市開発とエキゾチックなもの、日常と基地、そして占領の痕跡が一緒に並び、現在の沖縄を「オルタナティブな時間」として呈示している。特集の目玉は「沖縄クリエイト！」と題され、ファッションや工芸、パフォーマンス、音楽などで活躍中のアーティストたちを紹介、あるいは「移住者たちのオキナワン・ライフ」と題して「年々増加する沖縄移住者」に焦点を当て、「旅行するだけでは見えてこない沖縄の今」を描き出そうとしている。雑誌はコマーシャリズムとアートを結びつけたものであり、このような方向での「沖縄」の呈示は、きわめて現代的である。

おそらく今、現代のメディア文化における「沖縄」の消費を考えようとするならば、われわれはこの問題を、一九八〇年代以降のグローバル化とイメージのフローという文脈のなかで洞察していかなければならない。近代を通じた植民地化と戦争、アメリカによる暴力の作動と「開発」という名でなされた本土資本による自然の蹂躙などの積層的な軌跡を視野から取り逃がすことなく、しかしなおわれわれは、一九九〇年代以降の「沖縄」の消費を、国民国家の枠組みに収まりきらないトランスナショナルな意識の地政学として考えることが必要である。このことは、おそらく戦後日本の文化消費をそのような越境的な地平から捉え直していくことにもなろうし、東アジアの大衆文化とアメリカとの関係を、日本本土、沖縄、台湾、韓国、フィリピンといった地理的広がりのなかで考え直す作業にもつながろう。そうしたときに、今回のセッションで問題になった、分析する者自身の語りのポジションが、そうした越境的な歴史の地平において改めて問題化されていかなければならないことは言うまでもないことである。

（岩渕功一、多田治、田仲康博編『沖縄に立ちすくむ』せりか書房、二〇〇四年）

II－5　アメリカニズムとは何か――古矢旬『アメリカニズム』を読む

二〇〇一年九月一一日、ニューヨークとワシントンで起きた事件以来、アメリカはそのむきだしの報復攻撃への意志によって、仕掛けられたドラマのなかに自ら進んではまり込んでいった。パキスタンやロシアまでを含む近隣諸国の協力を強引にとりつけ、「テロに対する戦争」というひどく単純化された構図で新しい世界秩序とそこでの自らの優越を確認しようとしたアフガニスタン攻撃。それはまるで、自らに巣食う病魔を撲滅し、完璧に健康な体を取り戻さなければならないという強迫観念に取り憑かれてもがく患者のようであった。だが、アフガニスタンでタリバン政権を倒し、自らの息のかかった政権を構築するだけでは強迫観念は取り除かれなかったらしい。世界の多数の国々の反対、一部の国の不承不承の追従、無数の市民の反戦運動などお構いなしに、アメリカは大量破壊兵器を口実としたイラクに対する一方的な「戦争」に突入した。

史上空前の超大国の傲慢と暴虐。そのなかで、今、改めて「アメリカ」という存在が「問題」として浮上している。おそらく現在、全世界の人々の意識は、いまだかつてなかった度合いで

「反米」へと傾いている。アメリカの調査機関が二〇〇二年秋、四四ヶ国の三万八〇〇〇人を対象に実施した世論調査では、アメリカを「好き」と答える人の割合が、二年ほど前に同じ質問をした時に比べ、ドイツでは七八％から六一％へ、トルコでは五二％から三〇％へ、日本でも七七％から七二％へ、韓国は五八％から五二％へというように程度の差はあれ減少していることが明らかになった。少なくとも文化的には、歴史は大きく「親米」の世紀から「反米」の世紀へと旋回しつつあるかのようだ。そうしたなか、日本においてもアメリカを、「帝国」であれ「帝国主義」であれ「ネオコン」であれ、問い返されるべき問題として語る議論が広がっている。

たしかにアメリカが問題なのである。しかし、「アメリカ」とは何か。われわれは「アメリカ」を現在、どのような場所から、いかなる歴史の地平で語ろうとしているのか。急激に増殖する言説のなかで、狭義の合州国政府のレベルを超えて、「アメリカ」という存在に深く切り込んでいる例はそう多くはない。今日の日本におけるアメリカ研究の最高の成果のひとつである本書［古矢 2002］は、ややインフレ気味なアメリカ論議のなかで、「アメリカ」を語ろうとする者がまず、何を見据えるところから出発しなければならないのかを明晰に示している。

焦点に据えられているのは、アメリカニズムである。本書によれば、アメリカニズムとは、「アメリカ人一般の国民生活を根本的に規定し、結果としてアメリカの国民社会全体を方向づけてきた特異な価値観やものの見方」を指す［古矢 2002：ii-iii］。つまり、アメリカのネーションとしての統合のイデオロギー的、心情的基盤をなす価値体系がアメリカニズムである。著者がこれを「アメリカン・ナショナリズム」と呼ばないのは、「アメリカ合衆国の社会と歴史には、ナショナリズムということばに通常ふくまれるニュアンスとは根本的にそぐわない特質がひそんでいる」と考えるからである〔同：三〕。「アメリカニズム」という言葉が最初に用いられたのは、一七八一年、ニュージャージー大学総長のジョン・ウィザースプーンが、アメリカ大陸における英語の方言を指すためにこの言葉を造語したときであった。やがてこの言葉は、「合衆国にたいする愛着や政治的共感」の意味でも用いられるようになるのだが、こうした言葉が登場してきた背景には、「アメリカ」は西欧的な世界観から見たときに特異な存在であるという外と内からの意識が横たわっていた。

一九世紀におけるアメリカのこの例外性は、「辺境」と「聖地」という二つの観念に基づいていた。一方でアメリカは、西欧という世界の中心からみた「辺境」であり、西欧世界が「未開の世界」に向かって拡張される「前哨基地」であった。他方でアメリカは、神に選ばれた「聖地」であり、「疲弊し腐敗しきった西欧」とは断絶していた。もともとニューイングランドの植民地において、ピューリタンは、「キリスト教文化の優越性」や「西欧近代の進歩性」によって征服を正当化するのではなく、「自分たちを、神によってその意味を実現するよう、とくに命ぜられた人間集団とみなすことによって、侵略という事実そのものを否定」（サックヴァン・バーコヴィチ）していた。アメリカは、歴史の桎梏を超越した「新世界のエルサレム」であり、その「進歩はヨーロッパの延長としてつづくのではなく、まさにいまこの地にはじまる」と彼らは信じていた。このような「辺境」と「聖地」の二重性を最初から内包していたがゆえに、アメリカは、自らが「野蛮」に対する「進歩」の先端にあることを自負しつつ、同時にそうした「進歩」を発祥させた西欧から及んでくるかもしれぬ「腐敗」に極度に警戒的だった。

世紀転換期の現実のアメリカに生じたことは、このような一九世紀的なアメリカニズムの全面的な危機であった。経済の工業化、巨大企業と労働組合の成長、大量の移民流入、都市化に伴う社会問題の噴出、社会内部の亀裂や矛盾、相克の先鋭化、国家的行政システムの発達など状況が進行するなかで、前述のようなアメリカニズムの基盤をなしていた対外的孤立主義や「聖地／辺境」としての自己意識、ヨーロッパに対する排外主義はほとんど不可能になっていった。このような全面的危機のなかで、世界におけるアメリカの役割を再定義し、国内において目指すべき基本的な価値観を再構成し、膨大な移民たちの流入に伴う「ヨーロッパ化」に対抗して、意識的な「アメリカ化」を推進するという、二〇世紀的なアメリカニズムが組織されていったのである。この転換の帰結として、一九二〇年代までには、ウィルソン主義に代表される、「アメリカこそが「人類社会の進歩」の先頭を切りつつあるという強烈な自負心」が登場してくる［同：23］。

一九二〇年代以降、アメリカは、その「例外性」からではなく「先駆性」によって、現代世界のなかで特異な存在となっていく。なかでもこの新しいアメリカニズムの特徴を余すところなく示したのは、「部品の交換可能性」を基礎にした大量生産システムの発展、すなわちフォーディズムの全面開花とそれに応じた大衆消費社会の誕生であった。フォードが考え出したシステムの最大の革新性は、この部品の交換可能性の原則を、生産材料にだけでなく労働者たちについても徹底させ、多様な民族的文化的背景を持つ労働者の徹底したアメリカ化、ないしは工業的規格化の戦略を作動させていった点にあった。その意味で、フォーディズムは近代を通じて遂行されてきた合理的な主体化、規律訓練化のプロセスのインダストリアルな極点であった。一九世紀のアメリカニズムが消極的、例外的、自己閉塞的であったのに対し、これに代わった二〇世紀のアメリカニズムは積極的、例示的、他者介入的である。それは、「聖地」としてのアメリカを防衛すること以上に、「普遍」としてのアメリカを輸出することに熱心になっていった。

もしも、ここまでの結論で本書が終わるなら、著者の議論はたしかに明快で有益ではあるにしても比較的単純な段階論にとどまることになろう。しかし、本書の最も重要な問いは、むしろここから始まるのである。一九世紀的アメリカニズムから二〇世紀的アメリカニズムへの転回という基本構図を基礎としつつ、著者は、「しかし」と問う。――「しかし、二〇世紀アメリカニズムは、真にコスモポリタンであっただろうか。むしろ、それは一九世紀アメリカの「理念国家」の伝統の上でのみ開花可能な、「近代化」のスキームではなかったろうか」［同：43］。

アメリカ人は、自分を他の誰とも入れ替え可能な存在とし、自分の思想を普遍的にしようとしながら、同時に個人主義を徹底させ、自由を追求する。著者が示すのは、アメリカ的「普遍」の特殊性、歴史的性格である。すなわちそれは、二〇世紀アメリカニズムが一九世紀アメリカニズムの単なる断絶ではなく、むしろ再編であり、展開であり、後者の歴史的文脈のなかでこそ、その「普遍性」を通用させることができたことを示すのである。「ポピュリズム」「移民国家」「多文化主義」「反共主義」という四つのキーワードを軸とした第二章以降の本書の議論は、まさにこのような二つのアメリカニズムの非連続な速続性を明らかにする。

たとえば第二章では、一九世紀の農本主義的なポピュリズムから二〇世紀の大衆社会のポピュリズムへの展開が、巨大な権力の下での一般の人々の無力感と反動的な反応、同時に草の根的な変革運動という両面性を有していたことが示される。第三章では、根本的に「移民国家」という性格を持つアメリカが、一九世紀的な排外主義への回帰を指向して東・南欧やアジアからの移民を厳しく制限した一九二四年の移民法と、世界国家としてのアメリカの理念を指向して原国籍による差別を可能な限り撤廃しようとした一九六五年の移民法改正の両極の間を揺れ動いてきたことが論じられている。そして多文化の統合と分裂を扱った第四章では、多様な民族出自の人々を「より普遍的でより自由な空間」へ導くアメリカニズムの理念が、それ自体、自己転覆的な逆説を内包していたことが示される。一九六〇年代、それまで暗黙のうちに差別され、排除されてきた特定の人種、エスニック集団が、より平等な仕方でアメリカ的空間のなかに取り込まれていく。しかしこの拡張の結果として、堰を切ったように多様な集団においてアイデンティティの政治が追求されるなかで、アメリカ的普遍そのものが脅かされ、問い返されていくのである。

こうして第五章では、反共主義の問題が論じられていく。著者によれば、アメリカで「反共主義」として括られてきたものには、「じつは共産主義とはまったく異質の政治的主張や社会的主体への攻撃をもふくんでいる場合が少なくなかった」［同：226］。たとえばＦＢＩは、一九六〇年代に「共産主義者対策」と称して公民権活動家や反戦活動家に対する秘密情報活動を展開し、右翼政治家たちは福祉国家を「共産主義的」と攻撃し、宗教右翼は「家族の崩壊」を無神論的共産主義の蔓延によるものと非難した。その根底にあるのは、つまるところ「アメリカの道義的な優越性や、いかなる他者よりもまずアメリカ人の生活の擁護を重視すべきことや、軍事力をもって国際秩序を維持する必要性などといったいくつかの信念からなる「パッケージ」に他ならなかった〔同：226-227〕。その意味で反共主義は、「非アメリカ的」なものは理念国家の国民精神を冒すウィルスであり、その侵入を放置し続けたなら、遠からずアメリカの建国理念を腐食させてしまうという一九世紀以来の不安と通底していたのである。

しかしもちろん、初期から伏在していた排外主義が、「反共主義」のイデオロギーとして国家機構のなかに制度化されるのは、冷戦期を通してのことである。一九四〇年代末、国家安全保障会議（ＮＳＣ）や国防総省、統合参謀本部、そして中央情報局（ＣＩＡ）などの国家的な軍事機構が次々に設立され、軍事予算の持続的な膨張を背景に組織の拡大を続けていくことになる。

ここで重要なのは、このような冷戦期を通じたアメリカの軍事機構の急激な拡大が、第二次大戦後のアメリカの自由資本主義にとって決して付随的なものではなく、むしろその中核的な構成契機であったことである。著者が的確に指摘するように、「自由資本主義のもとで未曾有の豊かな社会を生みだしたこの国の戦後が、同時にいわば準戦時体制下にありつづけてきた」〔同：232〕。第二次大戦は、必ずしも一九四五年で終了したわけではない。朝鮮戦争からベトナム戦争、冷戦期を通じ、福祉国家を生み出したケインズ主義は、軍事のケインズ主義を影のように伴っていたのである。冷戦は、文字通り低温状態で継続された世界戦争の時代であり、この準戦時体制を正当化する根拠とされたのが、「共産主義の脅威」という繰り返される標語にほかならなかった。「一方で「豊かな社会」の実現が、戦後アメリカ国家の求心的でポジティヴな目標であったとすれば、反共主義は、国家的一体性の弛緩、拡散を牽制するネガティヴな統合原理」として機能し続けた［同：232-233］。

以上のような一連の考察を通じて浮かび上がってくるのは、二〇世紀アメリカニズムの一九世紀アメリカニズムからのある種の連続性である。一九世紀以来、次々にやって来る移民たちを強制的に「アメリカ化」しつつ、そのなかでアメリカの「世界化」、つまりアメリカというネーションが世界を内部に取り込みながらその価値体系を再編し、「世界性」を生み出していくプロセスが生じていた。二〇世紀における世界の〈アメリカ化〉の前提をなす「普遍的な価値観や倫理や美的基準が、とくに国際的な消費社会むけに意図してつくられたわけではなく、なによりもまず国内消費社会のうちからおのずと形成されてき」ていたのである［同：294］。

当然ながら、ここからは二〇世紀の世界を覆うアメリカ化を、第一次大戦以降の地政学的秩序の変容のなかで突然生じたものとしてではなく、一九世紀以来、アメリカ自体のなかに醸成され、再編されてきた可能性として捉える視点が伏在している。著者はこのプロセスを、「包摂－濾過－統合」の循環過程として捉えるが、ポイントはむしろ世界の〈アメリカ化〉にはアメリカの「世界化」が先行していたこと、そのようなアメリカの世界性は、一九世紀アメリカニズムからの展開として捉えられねばならないこと、したがってこの世界性にはある歴史的特殊性が伏在しているのだが、「世界」と化したアメリカからは、そうした自らの限界は見えにくい構造になっていること、これであろう。

これらのことは、「アメリカの世紀」としての二〇世紀を総体として捉え返すのに不可欠な認識である。本書はそうした考察に実り豊かな糸口を与えているが、そこで最後に提起しておきたいのは、アメリカ化がアメリカ国内と地球規模という二重構造をもった過程であるように、本書の主題であるアメリカニズムにも、アメリカ国内で形成されてきたものと、外部から「アメリカ」に向けられるまなざしとして構成されるものの二重性があるはずだという点である。前者の「アメリカニズム」が、アメリカというネーションに内在する価値体系であるとするならば、後者の〈アメリカニズム〉はむしろ、サイードにとっての〈オリエンタリズム〉や他の論者にとっての〈オクシデンタリズム〉がそうであるように、「他者としてのアメリカ」に向けられるまなざしの構造である。本書の成果を踏まえつつ、アメリカニズムそのものについてもアメリカという国の内側と外側で起きてきたことの両面から捉えていくならば、アメリカの世界化と世界のアメリカ化の連動と分裂の構造的な過程をより包括的に捉えていく可能性が開かれるであろう。

（『思想』二〇〇三年七月号、岩波書店）

Ⅱ－6　アメリカの終わりと日本の末路——二一世紀はどんな時代か

トランプ大統領のポスト真実政治

　その男トランプは、対立候補が理路整然とアメリカの未来を語るのに対し、ヒステリックな声で彼女に噛みつき、毒づき続けた。彼が繰り返したのは、アメリカは中国やメキシコに仕事を盗まれている、不法移民を排除し壁を築かなければ危ない、クリントン夫妻とオバマはアメリカに「大災害」をもたらした、自分は空前の大減税を行うから豊かになるとの主張だった。彼が約束したのは、一種の「悪魔祓い」である。第一の悪魔はアメリカから仕事を奪う外国勢力。第二の悪魔は長くそれらの勢力を防いでこなかったワシントンの指導者。さらに国内の黒人やイスラム教徒に潜む「悪い人々」が第三の悪魔。これらはアメリカに「大災害」をもたらしてきたが、「大減税」という自分の魔術が悪魔を追い払い、この国に幸福をもたらすだろう。

　彼は、三回のテレビ討論会で一貫して司会者の質問には答えず、都合が悪いことは露骨に話を逸らした。彼は過去の誤りを認めず、相手の弱点は徹底的に攻撃した。オバマ大統領がアメリカ生まれでないと主張したのは自分の「よい仕事」だった。ヒラリー・クリントンのメール問題は重大事件で、自分が政権を得たら「あなたは刑務所行き」になると、まるで独裁者のような脅しをかけた。この人物に民主主義の感覚はない。

『トランプ自伝』のゴーストライターをしていた人物は、一年半もの間、彼と行動を共にするなかから見えてきたトランプの実像を、後に『ニューヨーカー』で生々しく告白している。それによれば、トランプの最大の特徴は、「集中力というものがない」ことだ。彼は、「教室でじっとしていられない幼稚園児」のような存在で、自己顕示欲がすべてである。彼は本を読み通したことがない。集中力が続かないのだ。だから彼の情報源は全部テレビやインターネット。そして何よりも、トランプは「口を開けば嘘をつく」。彼の嘘は「計算づく。人をだますことに何の良心の呵責も感じていない」。そもそも彼は「事実かどうかということをまったく気にしない」。

実際、二〇一六年の大統領選挙の四年前にも、彼は「(オバマ大統領の)市民権は本物かどうか疑惑がある」とテレビで発言し、司会者が「ハワイ生まれで問題ない」と否定すると、「あなたは取り込まれている」と噛みついた。そして大統領就任後は、お得意の「嘘八百主義」を貫き続けてきた。全米二〇社の新聞が作った「ポリティファクト」の検証では、トランプ大統領の発言で真実と言えるのは四%、多めに見積もっても一六%に過ぎず、約七〇%は事実に反する。この人は性懲りもなく口から出まかせを言い続けるので、発言の大部分が嘘となる。日本に対しても、日米安保が片務的で、アメリカが「攻撃を受けても、日本は何もする必要がない」と批判していた。事実無根でも悪びれる風もない。大統領就任後、米企業経営者との会合で、「日本は我々が車を売るのを難しくしている」と、今も日本に自動車輸入関税があるかのように語り、「日本の安全基準が厳しく、輸出の妨げだ」とも発言した。どちらも嘘だが平気である。

こうした「嘘八百主義」はトランプ政権に蔓延しており、大統領報道官は就任式の規模がオバマ前大統領の就任式を上回り、「史上最大」だったとまるで事実に反する発表をした。政権幹部はこの点をメディアに衝かれると、発表は嘘ではなく「オルタナティブな事実なのだ」と主張した。トランプ氏はかつて、「大事なのはハッタリ。私はそれを真実の誇張と呼ぶ。ハッタリは効果的な宣伝だ」と語っていた。語る内容が事実かどうかを全然気にしない、相手に影響を与えればいいという発想である。さらにこの米大統領は、気に入らないメディアと平気で敵対する。記者会見では自分の意に沿わない報道をした記者を露骨に攻撃し、記者が質問しようとすると、「あなたには質問はさせない。あなた方は偽ニュースだ」と返答を拒否、政権寄りのメディアだけに質問を許した。大統領は公共的な存在であるという観念が、著しく弱いのである。

こうした嘘を嘘とも思わない政治状況は、「ポスト真実」の政治と呼ばれる。ネット情報の氾濫で、語られることが事実かどうかを人々が気にしなくなり、重要なのは人々の感情だけとの発想から断言を繰り返す政治が力を得ていった。ポスト真実の政治は権威への反感というポピュリズム感情と共振し、大統領選末期にはトランプ支持者向けの偽ニュースサイトが乱立していった。トランプ氏が敵対するメディアを「偽ニュース」と盛んに非難するのは、そうしたサイトが当たり前だと思っている彼の認識を露呈させている。

これが、二〇一六年の選挙でアメリカ国民が大統領に選んだ人物である。集中力がなく、平気で嘘をつき続ける人物が、世界の運命を決める核のボタンを握った。選挙中、アメリカの主要メディアは彼が詐欺師だと指摘し、知識人たちは彼が「道化師で扇動者で人種差別主義者」だと論じてきた。それにもかかわらず、また米大統領選挙の仕組みがいかに欠陥を多く含んだ仕組みであったとしても、アメリカ国民が大統領に選んだのがこの男であるのは事実なのだ。現代という時代の異様さはまさにここにある。ドナルド・トランプを大統領に選ぶアメリカとは何か？ それが単なる誤りという以上のことだとすると、そうした事態を生んだアメリカ社会は、より大きな歴史のなかで今、いかなる変容局面に存在しているのか？

もちろん直接の要因は明らかだ。トランプの場合、支持の核は低賃金で学歴の低い白人男性とされる。彼は、「自分は見捨てられる」と不安を感じる膨大な層の気分を代弁する言葉を攻撃的に発してきた。その要点は、「移民」と「年金」。彼は、移民やマイノリティに徹底的に非寛容な政策を掲げ、同時に低賃金白人層の生活保障を強調する。他者への非寛容さは他の共和党候補と同類だが、共和党の既存候補は高学歴富裕層の立場に立ちがちなのに対し、トランプはエリートを攻撃し、非富裕層の立場に立つ素振りを見せる。

そして、その媒体としてトランプはテレビとネット、ローカルラジオをフルに利用してきた。彼は投機性の強い不動産業で成功しただけでなく、人気テレビ番組の司会者をつとめ、出演者に「お前はクビだ」の決めゼリフを繰り返してきた。短い言葉と大げさな身振りで問題を単純化し、対立を演出する。その際、彼は暴言を繰り返し、それが生む効果も計算している。視聴者からすれば、「暴言」は、ルールに縛られずに本音を語る人物との印象を生む。難しいことはわからないが、実は俺もそう思っていたとの、酒場の政治談議と同じである。当然、「暴言」は物議を醸し、批判が続出する。しかし彼は悪びれずに批判し返す。米メディアは面白がって論争を連日追いかけることになり、彼への注目度は上がる。たしかに計算された狡猾な戦略である。

インターネットも、この人物への支持を拡大させてきた。ネットの世界では、ユーザーの傾向に応じた情報回路の分断が進んでいる。保守系は保守系、革新系は革新系のサイトにばかりにアクセスし、それぞれが自分こそ「普通」だと思い込む。実際、ひどい暴言もトランプのツイッターでの呟きは、瞬く間に全米に広がり、支持者は増えてきた。これにさらに地方ラジオ局の保守系トーク番組が加わる。全国メディアが中道に傾くのに対し、アメリカ社会に深く根を張る地方ラジオ局にはエスタブリッシュメントへの不満が渦巻いた。トランプの殊更に既成の権威に刃向う態度は、それら地方局の保守系リスナーの鬱積した感情を刺激してきた。要するに、一九九〇年代までは新しい草の根的な解放の道具と思われてきた多くのメディアが、トランプ大統領を誕生させる最大の基盤となったのである。

リスクとしてのアメリカ

おそらく、今日に至るアメリカ社会の異様さは、すでにこの国の人々が二〇〇〇年にジョージ・ブッシュを大統領に選んだときから露わになっていた。二〇〇一年九月一一日、ニューヨークとワシントンで起きた事件の衝撃から、アメリカは噴出した怯えとむき出しの報復への意志によって仕掛けられた筋書きのなかに自ら嵌り込んだ。彼らは近隣諸国の協力を強引に取りつけ、「テロに対する戦争」という短絡的な図式で自らの優越を再確認するためにアフガニスタン攻撃へと一気に進む。それはまるで、自身に巣食う病魔を撲滅し、完璧に健康な体を取り戻さなければ不安で仕方がないともがく患者のようであった。

しかも、アフガニスタンでタリバーン政権を倒しただけでは、この患者の強迫観念は取り除かれなかった。世界の多数の国々の強い反対、一部の国の不承不承の追従、そして無数の市民の反戦運動などお構いなしに、やがてアメリカは大量破壊兵器を口実としたイラクに対する一方的な「戦争」に突入した。報道によれば、この国の大統領は、アフガニスタンでタリバーン崩壊の目処が立つと、「そうだ、イラクをやろう」と、「まるで電球が頭の中で急に明滅したように」考えたらしい。「自由」と「理性」の国アメリカは、「ならず者国家」を叩きのめすという説得力の薄い悪魔祓いのシナリオに夢中になっていった。

ブッシュ大統領が始めた愚かな戦争が、中東をひどい混乱に陥れるばかりかアメリカの国際的影響力を低下させるものでしかないことは、保守派の論客であったフランシス・フクヤマですらはっきり指摘していた［Fukuyama 2006＝フクヤマ 2006］。フクヤマは、イラク戦争がアメリカにとって大義のない、無益な戦争だったと明言する。彼は、ブッシュが「大量破壊兵器で武装した、抑止力の利かないテロリスト」と「ならず者国家」や「大量破壊兵器拡散問題」とを混同したのは取り返しのつかない外交上の誤りで、この大統領の誤りが、アメリカの国際的立場をどれほど苦境に追いやったかと批判している。なかでもブッシュ政権が無知だったのは、彼らが「善意による覇権」を実行すれば、それに対して世界中でどれほど憎悪に満ちた否定的反応が起こるかについての冷徹な予測であった。ソビエト連邦という明白な他者がいた冷戦期と異なり、冷戦後の一極的な世界において、「アメリカの覇権」はすでにそれ自体が大いに問題含みのものとなっていたのだが、ブッシュ政権の中枢はそのことに気づいてすらいなかった。

こうして二〇〇〇年代初頭、アメリカ内とそれ以外の世界の意識ギャップは極端に拡大していった。アメリカの調査機関が二〇〇二年秋、四四ヶ国で実施した世論調査では、イラクへの武力行使に賛成する人は、アメリカでは六二%と、反対の二六%を大きく上回ったのに対し、フランスでは賛成三三%、反対六四%、ドイツでは賛成二六%、反対七一%、ロシアでは賛成一二%、反対七九%と、どの国でも反対が賛成を大きく上回った。その後、二〇〇三年二、三月、ニューヨークタイムズ紙の調査でアメリカ人の七四%が「ブッシュの戦争」を支持したのに対し、フランス国営テレビの調査では八七%がイラク攻撃に反対し、ドイツのシュテルン誌の調査では八四%がイラク戦争は「正当化できない」と答えていた。イラク攻撃が石油利権確保という不純な目的を持つと考える人は、アメリカでは二二%だったが、ドイツでは五四%、フランスでは七五%、イギリスですら四四%に達した。要するに、アメリカ国内では「正義」の戦争に見えたものも、外側からはまったく「利己的」な戦争としか見えなかったのである。

やがてフセイン政権は崩壊し、アメリカの強力なてこ入れで新政権が発足したものの、イラクはますますひどい内戦が泥沼化に向かった。そして、隣国シリアを巻き込んでのイスラム国の誕生である。ブッシュ政権の身勝手な対外政策は、アメリカ国内を一時的な自己満足に浸らせた反面、中東を開戦前よりもはるかに悲惨な状態に陥れ、世界各地に数々の混乱をもたらした。一九八九年のベルリンの壁崩壊で始まったポスト冷戦時代の世界は、二〇〇一年九月一一日以降、数々の最悪のシナリオを選択してきたのであり、アメリカは一貫してこの最悪の選択の中心にいた。今やアメリカは世界のリーダーであるよりもリスクであることが多くなった。

アメリカへのブローバック

九・一一は、アメリカの一般大衆にとっては青天の霹靂でも、一部の専門家にとって予測不能だったわけではない。惨事から二日後、スーザン・ソンタグが正当に主張したように、テロは「自由」に対する「臆病な」攻撃などではまったくなく、世界の超大国を自称するアメリカがとってきた行動に起因する命がけの反撃だった［ソンタグ 2002］。だからこそ事件の数年前から、アメリカ本体に対する死に物狂いのテロが起きる可能性も指摘されていた。

たとえばチャルマーズ・ジョンソンは、一九九九年の時点で、「アメリカ帝国へのブローバック」が拡大している状況に注目していた。もともと「ブローバック」とは、秘密情報部員が外国で流したデマが本国に逆流して意図せざる効果を及ぼすことを指していたが、やがて国際関係一般に用いられるようになる。ジョンソンによれば、一九九〇年代、「「テロリスト」や「麻薬王」や「ならず者国家」や「不法な武器商人」などの有害な行為が毎日のように報道されているが、それらはかつてのアメリカの活動の「ブローバック」であることが多い［Johnson 2000＝ジョンソン2000：25］。米軍による空爆への報復として民間航空機や大使館が爆破されていくような場合、「ある者から見ればテロリストであっても、別の者から見ると当然ながら自由の闘士であり、いわれのないテロ行為が罪のない市民を犠牲にしたとアメリカ政府当局者が非難しても、それはアメリカがかつて帝国主義的な行動をとったことへの報復」であったりする［同：26］。テロリストが無防備なアメリカ市民を標的にするのは、彼らが、海上から巡航ミサイルを発射し高性能の爆撃機に乗るアメリカ軍兵士を狙うのは不可能なことを知っているからだ。

他方、ニコラス・ガイアットは、二〇〇〇年に出版された著書［Guyatt 2000＝ガイアット2002］で、一九九〇年代のアメリカ政府の対外的な経済政策や軍事政策を通じ、世界各地に「アメリカに対する敵意に満ちた危険で広大な孤立地帯」が増殖していることを指摘していた。一九七一年、固定為替相場制が崩壊すると、西側経済秩序を支えてきた規制枠組に大きな風穴が開けられていく。一九七〇年代半ば、それまでの資金移動規制の多くが撤廃され、数年のうちに各国政府の管理が及ばないところで巨額の資金が世界中を流動し始めた。この波に乗って、海外での融資や投機、新規事業を拡大させたのがアメリカ金融資本であった。やがて、先進国の金融機関は高インフレが続く途上国でビジネス・チャンスを探るようになり、途上国への高金利の融資が膨張した。当然、このグローバルなバブル経済は、やがて破綻を余儀なくされる。一九八二年に起きたメキシコ危機が最初の現れであったが、その後も経済発展を急ぐ国々が多額の債務を抱えて立ち往生する事態が続いた。アメリカ政府はこれらの危機に直面し、「多くの途上国が破産しているという基本的事実を否定」させる策略を編み出す。すなわち、債務国に支払い能力があると思わせておく期間を長引かせるために、ＩＭＦが介入して債務国から債権者へのマネー・フローを確保し、途上国経済の「構造調整」を監視していくのである。このアメリカ政府とＩＭＦを中心とする国際的な構造調整は、世界大手の銀行や企業がグローバル市場で利益を獲得する基盤を確立し、途上国の上層部をシステムに組み入れることで国内の貧富の格差を拡大させた。

こうして一九九〇年代、アメリカに主導されたグローバリゼーションが世界各地でもたらした格差と矛盾拡大のなかで、「アメリカへの憎悪」が広がっていたのである。ところがアメリカ政府は、不満の拡大の根源を改善するのではなく、かつてソ連を「悪の帝国」と呼んだのと同様のレトリックで、意に従わない国を「ならず者国家」と呼び、力で封じ込めようとしていった。この政策は、かえって「共通の敵」としてのアメリカの姿を明瞭にし、圧倒的に優勢な勢力に対抗する唯一の手段はテロリズムしかないとの考えを助長する。根底にあるのは、「力の不均衡に対する認識と、変化をもたらす政治的手段の欠如に対する深い挫折感」である［ガイアット 2002：219］。だから、この挫折感に脱出口を見いだす世界的な努力がなされないなら、多くの者が「恐るべき方法で不満の意を表そうと考えるだろう」［同：222］。

アメリカの終わり？

冷戦終結後のこうしたアメリカの苦境は明白だ。だが、アメリカ国内にいる人々には、自分たちが世界からどう見られているのかは意識されにくい。だからこそ二〇〇〇年のブッシュに続き二〇一六年のトランプと、アメリカ国民は愚かな選択を繰り返した。これは、果たして歴史からの逸脱なのか、それとも歴史的変化のなかで必然的に生じていることなのか。過ちが繰り返されている以上、これが単なる歴史からの一時的な逸脱とは言い難いように思われる。むしろ、ここには何らかの歴史的必然が作用しているのではないか。それは、果たしてポスト冷戦がもたらした結果なのか、あるいは二〇世紀末以降のネット社会化が作用しているのか？

ここで提起しておきたい仮説は、アメリカの時代が終わりつつあるというものだ。アメリカは第一次世界大戦前後から、それまで覇権を握っていた大英帝国に代わり、世界の覇権国となった。この傾向は第二次大戦後にいっそう強まり、冷戦期は「アメリカの時代」だった。もちろん、ソビエト連邦というライバルがいたが、東西冷戦体制の主軸をなしていたのはアメリカであり、その覇権を脅かす最大の勢力としてソ連を中心とする共産主義圏があったにすぎない。「アメリカの時代」は、ベトナム戦争の泥沼化と日本やドイツの製造業の躍進といった動きのなかで一九七〇年代には翳り始めるが、一九九〇年代になるとＩＣＴブームのなかで盛り返す。

しかし、アメリカは一九九〇年代、本当に復活したのか。たとえばエマニュエル・トッドは人口学的変化と識字率の変化を歴史の大きな変化に結びつけ、二一世紀にはアメリカが確実に世界システムのなかでの覇権を失っていくと論じた［Todd 2002＝トッド 2003］。その結果、二一世紀の世界はグローバル化よりもリージョナル化、北米は北米、東アジアは東アジア、ヨーロッパはヨーロッパというように地域的に閉じる方向に向かい、さらに各々の内部でも内向していく。欧米や日本などの先進資本主義国では、すでにいかに消費社会的レトリックで需要を喚起しようとも、実質賃金の減少や将来への不安からもう需要はそれほど伸びず、経済成長が難しくなっている。

この世界経済の臨界状況のなかで、「アメリカ社会の「帝国的」変形」が進む。一九九〇年代以降、アメリカは貿易赤字を拡大させ続け、海外から流入する資金フローに依存していく。これは、「アメリカ社会の上層階層を一国の枠組みを越えた帝国的社会の上層階層に次第に変貌させて行く」過程だった〔トッド2003：109-110〕。国民国家としてのアメリカと帝国としてのアメリカが分裂し、帝国アメリカが繁栄すればするほど国民国家アメリカは劣化し、空洞化し、内部分裂を深刻化させていく。その結果、アメリカ国内では「成熟した民主主義の危機」がますます目につくようになった。

このアメリカの劣化は、一九九〇年代以降、かつて第三世界とされていた国々で経済成長と民主主義の進展が顕著になっていったのと好対照だった。トッドによれば、一九九〇年代以降のアメリカで進展したのは「災禍をもたらす前進、〔民主制から〕寡頭制への前進」だった。「民主主義がユーラシアに定着し始めたまさにその時に、それはその誕生の地で衰弱しつつある。アメリカ社会は、基本的に不平等な支配システムに変貌しつつある」〔同：40-41〕。

この分裂と劣化は、全体としてアメリカのグローバルな覇権を弱める。いかに軍事力で圧倒的優位を誇っていても、アメリカが徐々に世界の中心から退いていく日が近づいているのだ。「つい最近まで国際秩序の要因であったアメリカ合衆国は、ますます明瞭に秩序破壊の要因となりつつある」とトッドは論じた［同：11］。一九九〇年代から一貫して、グローバル化を推進する帝国としてのアメリカが前に進もうとすると、必ずそれに反発する孤立主義的アメリカが頭をもたげ、その前進を引き戻してきた。その結果、アメリカは一九九七年に対人地雷禁止のオタワ条約を、一九九八年に国際刑事裁判所設立を、二〇二〇年にはCO_2排出規制に関する京都議定書への調印を拒否した。アメリカがグローバルな合意形成でリーダーシップを握ってきたとは、少なくとも一九九〇年代以降に関する限り決して言えない。

覇権から徐々に後退し、国内の民主主義を後退させるアメリカ――それは、アントニオ・ネグリとマイケル・ハートが論じた「帝国」の裏面である。つまり、アメリカはグローバルな帝国的秩序の中心にありながら、しかしアメリカ社会はこの秩序の中心から乖離し、むしろその裏面になってきている。巨大な多国籍企業がネットワーク状に結ばれたグローバル資本主義は、アメリカから世界に広がっていったものであり、アメリカのトップ・ユニバーシティが創り出すエリート文化と相互浸透している。しかし国民国家としてのアメリカは今日、ますますこのグローバルな秩序を混乱に陥れるような動きをする。アメリカは、今日の帝国的なグローバル資本主義を支えるのに最も適切な主体ではなくなりつつあるのだ。それにもかかわらず、この国は世界最強の軍事力を保持し、自分たちの卓越した地位についての認識を変えていない。

二一世紀初頭、アメリカの覇権が後退し、日本の経済力も急速に衰えてきたことは何を意味するのか。今日、アメリカでは社会の経済的基盤が劣化し、覇権が弱まるのと反比例して国としての行動は単独主義的なリスクを孕んだものになってきた。同様の傾向は日本にも見られるが、日本人には日米抱擁以外の道を模索する意識が弱いので、私たちが選択するのは単独行動主義ではなく追従行動主義である。親米意識は、戦後を通じて日本人一人ひとりの思考枠組に深く根を張っており、人々はこの呪縛から自由になれない。そしてこの呪縛から自由になれない限り、日本は覇権を失いつつあるアメリカと運命を共にするのである。逆に言えば、日本はアジアのなかで孤立し続け、日韓も日中も、ヨーロッパが辿ったような和解に向かうことができない。覇権を後退させるなかで逆に不安定にもがくアメリカと、そのアメリカに追従し続ける日本――。

暗澹たる未来像だが、日本が長年の呪縛から逃れる必要性は明らかだ。トランプ以後の世界は、グローバルに市場が開かれる流れに若干のブレーキがかかり、様々な閉じた関係の強化に向かっていく。アメリカは、日米同盟を前提にあらゆる要求をしてくるだろうが、そうした圧力が強まるほど、日本ではもう一つの回路、すなわち中国や韓国、東南アジアとの関係を強化する必要性が自覚されてくる。日本は日米抱擁のまま心中するのではなく、中国やインドが影響力を拡大するアジアの中に再び自らを位置づけ直さなければならなくなる。この方向転換に日本が向かうのは、おそらく二〇二〇年代から四〇年代までのどこかである。中国経済の爆発的な成長が頭打ちになり、東アジアの多くの国が、長期的な不況と本格的な少子高齢化に悩んでいくなかで、新しい社会のかたちを創造する持続的な取り組みが始まるだろう。その姿はまだはっきりとは見えていないが、二一世紀中葉までにはそれがおぼろげに見え始めているに違いない。

（『年報カルチュラル・スタディーズ』第五巻、カルチュラル・スタディーズ学会、二〇一七年）

III

共振する文化

Ⅲ－1　皇居前から国会前へ――戦後日本と〈街頭の政治〉の転回

国会の内と外

歴史は繰り返される。安倍晋三首相が数の力で押し通そうとする安保関連法案に反対し、国会前に集まる人々の数が急増している。現在、どの新聞社の調査でも、国民の約六割が法案に反対しており、賛成は約二割強にとどまる。こうした世論の大勢を無視し、採決を強行しようとしている安倍政権への不信感は高まっており、その分、〈街頭の政治〉が盛り上がっている。衆院特別委での強行採決直後には約十万人が集まったとされ、学生グループ「ＳＥＡＬＤｓ（自由と民主主義のための学生緊急行動）」のフォロワー数も膨らみ続けている。今や人々は、狭義の安全保障問題を超えて、安倍政権の民主主義に対する姿勢そのものを問い始めている。

この状況は、半世紀前の六〇年安保の国会前に酷似しているかに見える。安倍首相の頑なさは、自ら望んで演じているのではないかと疑われるくらい、祖父・岸信介首相をなぞっている。あの時も、自民党は二年前の衆院選で大勝し、衆院の六割以上を押さえていた。国会内だけで考えるなら、政府は数で押し切れる状態にあり、それが岸首相の強硬姿勢につながった。そしてこの強硬さが、岸首相からの国民の決定的離反を招いた。特に一九六〇年五月一九日の強行採決以降、国民は岸の政治家としての資質を根本から疑問視し、それが「戦犯容疑者」としての彼のイメージと重なることで、「安保反対」の声は雪だるま式に膨れあがった。こうして岸は、数ヵ月前には予想もしなかった辞任に追い込まれていったのであった。今回も衆院での安保法案強行採決以降、首相の支持率は急落し、すでに三〇%台。だから同じことが、再び起こるのではないかというのがマスコミのもっぱらの関心事である。

だが、首相の政治姿勢以上に半世紀を隔てて共通するのは、〈政治〉の場が国会の内と外で反転しつつあることだ。半世紀前、三〇万人とも言われるデモ隊が国会を何度も取り囲んだ。〈街頭の政治〉が〈議場の政治〉と対峙し、政治が国会内だけで動いているのではないことを証明した。今回も、類似の反転が生じる気配である。半世紀を隔て、人々は、なぜ国会前に再び集まるのだろうか。〈街頭の政治〉が向かう舞台は、なぜ上野公園や日比谷公園、皇居前広場ではなく、国会前でなければならないのか。ここには都市論的に、現在起きていることを六〇年安保と結びつけて考えてみる理由がある。

実は、占領期の東京における〈街頭の政治〉の舞台は国会前ではなく皇居前だった。占領期の皇居前広場は、一方では占領軍の様々な軍事式典に、他方ではメーデーなどの労働大衆の集会に頻繁に使われていた。たとえば一九四六年五月一日のメーデーでは、約五〇万人が皇居前に集まり、共産党や社会党、労働組合のリーダーたちの饒舌な演説に耳を傾け、徳田球一らの「天皇制打倒！」の叫びに歓呼したという。それは、「天皇制を支える最大の政治空間だったはずの広場が、反対に天皇制打倒を叫ぶ最大の政治空間となった瞬間だった」〔原 2003：2007：129〕。

以来、皇居前は「労働運動の一大拠点となり、毎年のメーデーをはじめとする集会は、この広場で行われることが恒例」となった。一九四六年一二月の「生活権確保吉田内閣打倒国民大会」では約五〇万人が、翌一九四七年一月の「吉田内閣打倒危機突破国民大会」では約四〇万人が集まったというからすさまじい。共産党は、広場が天皇や占領軍ではなく、人民のための広場なのだという意味で「人民広場」という言葉を使っていく。

こうした〈街頭の政治〉は、一九五二年の血のメーデー事件を境に皇居前から徹底的に排除されていく。すでに一九五〇年五月三〇日、皇居前広場で共産党系集会と米軍が衝突していた。共産党の集会での演説内容をメモしていた私服警官が参加者に取り囲まれ、制止に入った米兵に対し、周囲の群集が「襲いかかって石を投げ、ふんだり、けったりの暴行」をしたとされる（『読売新聞』一九五〇年五月三一日朝刊）。米兵が公然と日本人に暴行されたことを重く見た占領軍は、以後、皇居前広場での日本人の政治集会のすべてを禁止した。こうして翌年のメーデーは、皇居前広場で開催できずに地区単位での開催となった。

そして講和後、一九五二年のメーデーが神宮外苑で開催されたのだが、集まった群衆からは、「人民広場（皇居前広場）に行こう」という声が上がっていった。「占領軍がいなくなった以上、皇居前広場は正真正銘の「人民広場」になった」はずという思いからである〔同：180〕。デモ隊約六〇〇〇人は、日比谷公園を経由して使用が禁止されていた皇居前広場に向かい、広場を警備していた警視庁予備隊約五〇〇〇人と正面衝突したのだ。この衝突で、デモ隊は死者二人、負傷者約一五〇〇人、警視庁予備隊は負傷者約八〇〇人を出した。警視庁はデモ隊に騒擾罪を適用し、約一二〇〇人が検挙された。

皇居前から国会前へ

このいわゆる血のメーデー事件以降、皇居前広場から〈街頭の政治〉は完全に排除された。そしてこれが、首都での街頭の政治空間を「皇居前」から「国会前」へ移動させることになる。それまで皇居前に向かっていたデモ隊は、一九五〇年代半ばから国会前に向かうようになるのである。この〈街頭の政治〉の舞台の移動は、半ば必然的にそこで演じられる政治的ドラマの在り方にも影響を及ぼしていった。というのも、皇居前広場の場合、いうまでもなく皇居との間は壕と城壁で隔てられ、いくら共産党幹部が「天皇制打倒！」を叫んでも、群衆の皇居突入は不可能である。城は堅固で、群衆の手には負えない。したがって、皇居前での〈街頭の政治〉は、おのずと象徴的・示威的なものとなる。それに対し、国会はいくつも通用門があり、警戒線を突破すれば国会内にデモ隊が突入し、〈議場の政治〉を占拠することは不可能ではなかった。

こうして実際、一九五三年七月一一日、総評大会を終えた代議員と官公労の組合員約六百人が国会内に直接陳情に入ろうとして警官隊と衝突、警戒線を突破して院内に突入、スクラムを組んでメーデー歌を高唱するという事件が起きている。この国会突入事件は、数時間後に左右社会、労農、共産各党のとりなしで散開するが、国会突入は六〇年安保が最初ではなく、一九五〇年代半ばからその条件が整いつつあったわけだ。

果たして警戒線を突破し、デモ隊が国会内へ突入すること自体にどれほどの政治的意味があったのか――。後から考えるならこの点に多くの疑問が生じるが、実際には一九六〇年の安保闘争に際し、ブント－全学連主流派はこの国会突入に関心を集中させていた。彼らの最初の衝撃的な「突入」となるのは、一九五九年一一月二七日の国会デモだが、それに先立ちブント書記長の島成郎は、学生細胞の代表者たちに「一九五〇年レッドパージ闘争のように大衆ストライキのもと学校を占拠し、ここを拠点にして警職法闘争の如く国会を労働者とともに包囲し、一日のスト・デモで終ることなく砂川闘争のように権力と対置」するとアジっていた［島 1999：2010：93］。ここに描かれる闘争のイメージは、「占拠」「包囲」「対置」といった言葉に要約されている。

しかし、仮にデモ隊が突破に成功し、国会を占拠したとしても、それで国家が転覆されるはずもなく、「占拠」は象徴的なものにとどまる。それでも暴力的な政治行為に全学連が固執したことについて、西部邁は後に「いったいブントはなにを信じていたのか。ほとんどなにものをも信じていないという点で、ブントほど愚かしくも傲慢な組織は他に例がない。……彼らがかろうじて信じることができたのは、戦後思潮のなかに、つまり先にのべた様々の魔語によって操られる言語空間のなかに偽装や欺瞞が充満しているという感覚であった。……様々の魔語は戦前世代にとってはようやくにしてありついた恩恵であったのであろうが、戦後世代にとっては懐疑すべき、さらには打破すべき空語と映った」と書いている［西部 1986：20-21］。それならば全学連の国会突入は、白々しく欺瞞だらけの政治ドラマを演じる〈議場の政治〉に対し、直接の暴力的介入をすることで、議場が自明視してきた前提に決定的裂け目を入れることだったということになる。

しかし、その結末はどうであったか。一九六〇年六月一五日の夕、国会に突入したデモ隊に起きたことを、まだ読売新聞社会部の若手記者だった本田靖春はこう書いている。

警察がバリケードがわりにおいたトラックを、学生たちがロープとクサリでひきずり出し、突破口を開いたのがちょうど十五日午後七時だった。これより前五時すぎから始まった学生たちの〝攻撃〟に警官隊は終始押され気味だった。……学生たちの投石による攻撃は目の前に向かいあっている方警隊ではなく、トラックのかげになってみえない四機動にばかり向けられた。ここが微妙なところ、学生たちはデモのたびに顔を合わせて〝痛い目〟にあっているデモ専門の機動隊に〝憎しみ〟を持ってはいるが、臨時に狩り出されてきた混成部隊の〝方警察〟には敵対感情はあまりない。裏をかえせばそのまま、学生に対する機動隊の憎しみもまた強いということになる。ともかく四機動はひっきりなしに飛んでくる石で負傷者が続出、後退を余儀なくされた。そうしたとき若い隊員が左目にコブシほどの石を受け、バッタリ倒れた。これをみて〝チキショウ〟と歯をくいしばる隊員、デモのたびに同じ年ごろの若い学生からあびせかけられる「税金ドロボウ」「ポリ公」などのバ声に憎しみがムクムクと頭をもたげたのだろう。それははっきりわかった。……このときだった。四機動の三、四人が「さがるヤツがあるか」「突っこめ、突っこめ」「方警のバカヤロウ」と口々にどなりながら突進した。……これがダイナマイトの導火線となった。「わあーっ」と喚声をあげて〝突撃〟に移ったこの数人に、つられたようにほかの隊員が、そして方警隊が続いた。あとは警棒の雨。「やっちまえ」。キチガイじみた、こんな怒声まで飛んで警棒の雨はまたたく間に血の雨となった。(『読売新聞』一九六〇年六月一六日朝刊一一面)

樺美智子の死

全学連の活動家の一人であった東大生・樺美智子の死は、こうした機動隊側の「暴発」により起きた。樺は、ひどく興奮した警察官の何人かに扼殺されたと考えられる。死体解剖の結果からも、彼女は咽喉を絞めつけられ、下腹部を警棒等で強く殴打されて窒息死したとされる。大学進学率が約一七%にすぎなかった時代、機動隊員とデモ隊学生の間には明白な出身階層差があった。本田の描写は、その階層的なねじれが機動隊員の感情に影を落としていたことを示唆する。こうして血気と焦りで突出した全学連学生の冒険的行動は、警察組織のなかの治安暴力の専門家たちに制圧されていった。

しかし、樺美智子の死は、その翌日から特別な意味を帯びていった。彼女の死は、大衆運動のなかで「国民的悲劇」に編み上げられていく。まず、六月一八日には東京大学で「合同慰霊祭」

が行われた。八〇〇〇人が参列する大規模なもので、さらに会場に入りきれない学生や教職員約五〇〇〇人が安田講堂前で参列した。慰霊祭の司会は西洋史の堀米庸三、茅誠司総長らの弔辞が次々に読み上げられ、死体解剖に立ち会った坂本昭は、地検当局の発表した死因には疑問があり、扼殺の疑いがあることを発表した。式後、遺影を先頭に約六〇〇〇人が国会に向けて行進し、国会前にはすでに約六万人が詰めかけ、慰霊の行列を迎えた。そして六月二三日には、日比谷公会堂で全学連主催の慰霊祭も行われ、さらに二四日には、日比谷公会堂で国民葬実行委員会による「国民葬」が行われた。この「国民葬」は、葬儀委員に上原専禄、浅沼稲次郎、末川博、青野季吉、千田是也、大田薫などが並ぶ大規模なものだった。

江刺昭子は、東大での慰霊祭から「国民葬」まで一週間で、樺美智子の「悲劇のヒロイン」としての国民的イメージが構築されていったのを確認している。東大葬で読み上げられたメッセージで、秋田雨雀は美智子を「永遠の処女」と詠い、国民葬をプロデュースした松山善三は美智子のことを「可憐な少女のつぶらなひとみ」と形容した。全学連葬で深尾須磨子が朗読した詩では、美智子は「正義のばら、抵抗のばら」に擬えられた。さらに国民葬で、かの宮崎（柳原）白蓮は美智子のことを日本の「ジャンヌ・ダルク」に擬え、日本女性同盟は美智子が「日本のキリストとなられた」とまで讃えたのである。こうして樺美智子は、「非情な国家に抵抗して、民衆の先頭に立ち、敢然と闘った少女、国の救世主というイメージに仕立てあげられ、限りなく無垢の光を放ちながら増幅していく」ことになった。さすがにジャンヌ・ダルクやキリストは大げさだが、その後も「清潔な女学生というイメージは、確実に定着し」ていった［江刺 2010：257］。

これは、本来ならばブントが拒否すべきだったもう一つの国民的ドラマ化だったのではないだろうか。六月一五日の出来事について、新聞各紙は当初、全学連の実力突破を厳しく非難していたが、やがて樺美智子の死への国民的同情に歩調を合わせていく。そうして毎年六月一五日になると、彼女を追悼する記事が現れるようになっていった。そしてこれが、樺の死を一九六〇年代の学生運動のなかでシンボル化もさせていったのである。

一連の過程を振り返るならば、欺瞞に満ちた〈議場の政治〉に直接的暴力で介入しようとした若者たちの「突入」は、一人の女性活動家の死が「女子学生の死」として象徴化されることを通じ、結局、マスコミにより媒介される「国民的感情のドラマ」のなかに埋め込まれていったことがわかる。そしてこのメディアと一体化した国民劇は、一九六〇年代末から七〇年代にかけて、今度は国会前ではなく安田講堂やあさま山荘を舞台にした政治的紛争をも呑み込んでいった。一九六〇年の安保闘争は、表面的には国会前という政治の舞台で、膨大な数の国民が悪役の岸首相と闘ったドラマである。だが、そこで突出する異分子だった若者たちは、「国会突入」という暴力行為によって〈議場の政治〉をひっくり返そうとした。しかし、彼らのパフォーマンスが実際に帰結したのは、新しいメディア社会が演出する「国民的感情」というもう一つのドラマに呑み込まれていくことだったのではないだろうか。

さて現在、国会前には再び若者たちが集まりつつある。すでにソーシャル・メディアを駆使する彼らにとって、スマホで自分たちの姿を撮影し、ネット中継するのは当たり前である。〈議場の政治〉と〈街頭の政治〉に、今では〈ネットの政治〉が加わることで、三重の政治が時に対峙し、時に重なる。一見、半世紀前の国会前にも類似した風景のなかで、しかし六〇年安保とは決定的に異なる〈新しい政治〉が浮上してきている。

そもそも今日、若者たちは国会内に暴力的に「突入」することに何ら政治的な価値を見出さないだろう。かつて皇居前が政治空間化していたとき、その先には「天皇」が中心として幻視されていた。一九六〇年の請願デモは、政治の中心としての「国会」に向けられたものであったし、全学連の国会突入も、まさにそこに「政治の中心」があるという確信に基づいていた。しかし現在、国会前のデモにそうした求心的な指向はありそうにない。むしろ国会はパフォーマンスの背景で、決定的な変化はネットを通じて、つまり彼らの語りが世界中で増殖し、政権をも動かす力になることに向けられているのではないか。単純化していえば、〈街頭の政治〉は〈議場の政治〉に求心化しているのではなく、むしろ〈ネットの政治〉に遠心化しているのである。そしてこの遠心的な力が行きつく先はグローバルな情報世界であり、そこでは単なる議場の占拠とは異なる、政治的意思決定のありかたの変化が予感されている。その意味では、今、国会前で起きていることは、過去に起きたことの反復ではなく、未来に起きることの兆候なのだ。

（『現代思想』二〇一五年一〇月臨時増刊号、青土社）

Ⅲ－2 「セゾン文化」とは何だったのか

堤清二が率いたセゾン・グループは、その最盛期、〈文化〉を〈経済〉にほとんど優先させるという顕著な特徴を持っていた。この、「ほとんど」というところが重要で、セゾンの経営において〈文化〉が企業の営利活動に優先されるべきだとされたのではないし、実際に優先されていたのでもないが、しかしセゾンは、ほとんど〈文化〉が〈経済〉に優先するかのようなふるまいを積極的にすることで、企業としての社会的威信を築き、挑戦的な人材を集め、一九七〇年代末から八〇年代まで日本の文化シーンをリードした。

この点で、かつてセゾンの一員でもあった永江朗が当時のセゾン指導陣にした聞き取りは、いくつかの貴重な反応を引き出している［永江 2010］。たとえば一九七〇、八〇年代、セゾンの文化事業部を仕切った紀国憲一は、セゾン文化と一九六〇年代の文化革命の関係に触れつつも、「〈事業〉はビジネスの問題で、〈文化〉というのは事業とは離れたところにある。〈文化事業〉なんていっしょにした途端、それは〈文化〉じゃなくなる。じゃあ〈文化〉と言ったら、こんどはそんなものはビジネスにならない」〔永江 2010：167〕と、両者の矛盾に自覚的だった。しかし、だからこそ堤の軸足は〈事業〉以上に〈文化〉にあったのではないかと問う永江に、紀国は言下に反論している。彼によれば、「あくまでイメージアップがひとつの柱で、それは架空の絵空事ではなく、実体が伴ったものでなければならなかった」〔同：174〕と明快である。

そして堤自身も、永江の問いには「文化は事業になるが、芸術は事業にならない」。だから、「ビジネスマンとしては文化事業部なんていうのをつくってやっていても、私のなかのアーティストとしてのネイティブワークは別に取っておきたい」〔同：246-247〕と、〈文化＝事業〉と〈芸術＝文化〉を分離させる捻じれた答え方をしている。しかしその発言の直後、そのように〈文化〉を企業の戦略として位置づけることが、社員たちを納得させるための「戦略」だったのだと も語っているから、話はややこしい。〈文化〉が「戦略」であるというのが社内説得のための方便だったのなら、それは単なる〈事業〉を超えるものとして構想されていたのではないか。そのような答えを引き出したい永江に、堤はけっして言質を与えていない。経営者として、〈文化〉のために〈事業〉があるのだと言い切ることを、堤は決してしなかった。

そして、このセゾンによる〈文化〉の中核をなしたのは、決してベートーベンや印象派に代表される日本の中間大衆好みの「西洋」文化ではなかったし、ましてや伝統的な「日本」文化でもなかった。さらにそれは、一九九〇年代以降に秋葉原を「聖地」としながらネットに繁茂していくサブカルチャーとも異なっていた。セゾンがその文化戦略の枢軸に据えていたのは、あくまで二〇世紀、とりわけ第一次大戦前後からグローバルに広がっていったアヴァンギャルドな同時代文化であった。「西洋」も「日本」も、近代日本が東アジアの国民国家として発展する過程でいわば捏造してきた他者／自己の像である。そのようなナショナルなものへの強い違和感を堤はずっと持ち続けたように思うし、この違和感は、彼の異母弟、堤義明とコクド・西武鉄道グループへの違和感とも対応していた。

たしかにコンテンポラリーな文化に関心を集中させるスタイルでは、「セゾン」後の時代でいえば福武總一郎の「ベネッセ」が最も近く、堤も福武もナショナリズムに対する違和感、ポスト・ナショナルなものへの嗜好を共有している。その限りにおいて、堤のセゾン現代美術館は、福武による直島のベネッセ・アートサイトに通じている。しかし、共通点はここまでで、福武が「東京的」なものへの反発を繰り返し表明してきたのに対し、堤＝セゾン文化は徹底して「東京的」であったし、福武が〈経済〉は〈文化〉のしもべであると繰り返し公言してきたのに対し、堤はそのような発言をしないまま、実態としてあたかも〈文化〉が〈経済〉にほとんど優越するかのような状況を作り出していた。

つまり、堤清二は決して革命家ではなかったが、文化革命をスポンサードしたようなところがあった。そしてその堤が率いたセゾンの渦には、実に多くの才能がいつのまにか集まっていった。糸井重里や石岡瑛子だけではない。当時は無名だった実に多くの作家、クリエーター、研究者が、セゾンをいわば培養器として、現在では最前線の仕事をしている。これらの才能の多彩さたるや実に驚くべき広がりをもっており、「なんでセゾンは瓦解したの」という問いに、堤自身が「あれだけ文化人が出たらつぶれるよね」と明るく語ってしまう、そんな包容力が、セゾンの強みでも弱みでもあったということだろう。

一つの仮説として考えられるのは、こうした人材面でのセゾンの創造性は、自らの企業体を〈閉じられた集団〉としてではなく、〈開かれた場〉として組織していたことに起因していたことである。堤自身からすれば、セゾンにとっての最大の反面教師は、彼の父から異母弟へ引き継がれたコクド・西武鉄道だった。その社風はまるで軍隊で、「幹部が現場に来るときは、二十人が最敬礼で迎えないとぶん殴られた」という。その軍国的体質と、セゾンのポストモダンなカルチャーは、「経営思想が水と油くらい違」っていた［同：221］。だいたいフランス語の「四季」を音読みしたセゾンと、「国土」を片仮名にしたコクドでは、名前から根本の発想が違う。セゾンの新しい部門の売り場では、服装は何でもオーケーで、若い社員が高齢の客に俄勉強の現代美術の知識を平気で解説していたのだから、水と油どころかアンシャンレジームと革命期の違いである。コクドのような日本的家父長制、タテ型の集団原理がまかり通る企業組織（いまだに、大多数の日本企業がこのタイプだろう）を、堤清二は嫌悪していた。だから経営者としての堤の行動は、ほとんど本能的にコクド的なものと正反対の方向に強い意志をもって振れていた。

この閉じられた組織やタテ型原理への嫌悪は、セゾンの文化戦略、とりわけ都市空間の劇場化を仕掛ける諸戦略とも結びついていた。前述の永江朗は、一九七〇、八〇年代には、「演劇的振舞い」「演じる」という意識が、（アート部門の）「ニューアート西武だけでなく、あのころの西武流通グループ全体に共有されていた」と述べている［同：54］。そして一九七〇年代の渋谷・パルコの空間戦略は、こうした西武のパフォーマティブな場への指向を自覚的に実践した典型例となる。そこでは各空間が、単に並べられる商品が一定のテイスト＝記号的なコードによってまとめられているだけでなく、そこを訪れた人々が自らそうしたコードに沿って役柄を演じる舞台として演出されていかなければならなかった。

このため、たとえば各テナントビルは、かつての百貨店のように売り場全体を俯瞰できるような空間構造ではなく、様々なテーマに従った箱型空開を重層的に繫ぎ、また界隈の通りには「なんでもない街が名前をつけることによって意味ありげになり、〈劇場〉に組み込まれていくのだ。だからまず通りに名前をつけろ」という増田通二の号令に従って、外国風の響きをもった名前がつけられてもいった。さらに、この都市空間のステージ化を貫徹させるべく、街路にはストリートファニチュアを「少しずつ、しかし常に何かしら変化しているという状況を来街者に見せる」ように設置していった。書割的な舞台装置を絶えず変化させることにより、次々に新しいドラマをステージに乗せていくことが可能になる。このようにして、個々の商業空間が「見る場／見せる場」という状況を作り出すためにセッティングされ、街全体がひとつの巨大な劇場として演出されていった［吉見 1987］。

これらの戦略がもたらしたのは、都市のメディア化であった。ここでいうメディア化とは、地域が育んできた記憶や日常的習慣の積層から街区を切断し、空間を自己完結的な論理によって構成し直していくことを意味している。しかも、このメディアは映画館のような群衆のメディアでも、テレビのような家庭的に消費されるメディアでもなかった。むしろ渋谷でパルコが目指したのは、女性誌のような個人的に消費されるメディアに相似的な構造を、仕切られた都市空間に持たせていくことだった。同じ頃、女性誌ではプロのモデルではなく、街角の「あなた」が主人公となっていた。一九七〇年代以降、雑誌メディアと都市空間は、ともにセグメント化された読者＝来街者が「わたし」を「見る」と同時に「見られる」視線の装置として配置され直していたのである。ここでのメディアとしての都市の読者＝来街者は、一人ひとりの若者たちだった。

より大きな時代の流れのなかでは、こうしたパルコの空間戦略は、難波功士が指摘した「メガ広告フレイム」の増殖、すなわち広告の環境化の先駆的な動きであった。難波によれば、一九八〇年代前半に広告の世界で目立ったのは、それまでの「広告然とした広告」に対して距離をとるような「メタ広告フレイム」の突出である。ほとんど商品には言及せず、強烈にメッセージを投げかけるものや既存の広告的な価値を異化してみせるものなど、「広告らしくない広告」が広告ブームの主流をかたちづくっていった。その一方で、一九八〇年代後半に目立ってくるのは、近隣空間や企業イメージなど、それまでは広告に含めて考えられていなかったような環境世界総体の広告化である。難波によれば、この広告のメタ化とメガ化は、段階的なものではなく、一九八〇年代を通じて「相即的に進行し、いわば「鶏と卵」の関係」にあった［難波 2000：58］。

しかし一九九〇年代以降、一九八〇年代にはあれほど強力に作動していた消費文化的な主体生産のシステムが、グローバルな金融経済の凄まじいスピードの前で粉砕されていく。今日、渋谷の風景は急速に希薄化され、もはや一九八〇年代的な意味で「渋谷的」と呼んでいた文化的特徴は失われている。この変化は、東京の際限なき拡張というよりも、東京のとりとめない流動化によってもたらされた。内田隆三が指摘したように、「東京の新しい郊外空間や湾岸部への拡張は東京とその外部との境界の消失や緊張関係というよりも、むしろ東京自身がその内部に生み落とした新しい社会性による過去の東京というオーダーにたいする屈曲と否定の表現であり、また自己差異化の問題であった」［内田 1999 : 2］。

すでに、資本＝情報のスピードは都市の物理的な変化のスピードを追い越しており、バブル期の再開発の爆流ですらこのスピードについていくことができない。都市は、空間化される以前に情報化され、ネットを通じて流通し、グローバルに消費されていくのである。いまやあらゆる生活空間は、それが位置づく社会地理的な文脈から遊離してフローとなる。平たく言えば、私たちは自らを囲む物理的環境よりも、スマートフォンを通じて絶えずサイバーな流動と接触している。この都市は一方で、場所的な奥行きや広がりを失って三次元のスクリーンの集合体と化した東京ディズニーランドやポストモダン的な未来風景が重なる湾岸の人工都市、郊外の巨大ショッピングセンターまでの記号化された平面に広がり、他方でそれは、無数の「東京的なもの」の断片、「アキバ」や「シブヤ」となり東京の地理的限界をはるかに越えて流れ出していった。

こうして急激に進んだ流動化のなかで、セゾンの都市戦略の前線は、「パルコ」から「無印良品」に移っていく。一九八〇年代半ばまで、パルコが基本としていたのは、それぞれの開発地域の社会地理的なコンテクストに対し、異化的な距離を持ち込んで都市空間を非日常化することであり、いわば慣れきった日常の風景では自足しない「思想教育」を施していくことであった。しかし、そのような異化作用や「思想教育」の基盤になる戦後的日常の安定性はやがて崩壊していく。そうしたなかで登場してきた無印良品は、かつてのパルコの非日常志向や「思想教育」とは対極に位置した。それはまったくどこにでもあるもので、ごく日常的で、説教臭さなどどこにもなく、「わたし」がそれなりに美的に満足できる仕方で暮らせる材料を提供することに徹底している。ここに広がるのは、ただ私的な日常性を静かに肯定する文化である。この「無印良品」的な日常のなかで想像されるのは、ディズニーランド的なテーマパークの自己完結性に回収されているのと同じ未来なのか、それとも異なるのか——。いずれにせよ、ここにはすでに「セゾン文化」の延長ではない、もはや根本的に異なる次元の都市が出現していたのだと言わざるを得ない。

（『東京人』二〇一四年三月号、都市出版）

Ⅲ－3　まなざしの檻　見ることの権利——見田社会学と可視性の政治

「まなざしの地獄」からの展望

見田宗介の社会学において、連続射殺事件を起こした永山則夫の実存を透徹した眼で掘り下げた「まなざしの地獄」（一九七三年）は、その初期から中期への転回点を画する傑作である。このN・N論は、近代的な実存とその解放の逆説をめぐる不朽の社会学分析であり、見田の都市論であり、家郷論であり、階級論であり、実存とまなざしに関する演劇的な洞察でもあった。そして見田自身、これを近代の実存に関わる全体化的モノグラフの一部に位置づけ、次のような発展的作業を構想していた［見田 2011：176］。

Ⅰ　家郷論：風化、解体する共同体。〈覗く〉。〈走る〉。〈穿《うが》つ〉。家族、近隣、学校。他者の原像。「性格」の呪縛。

Ⅱ　都市論：〈上京〉。〈就職〉。市民社会。まなざしの地獄。

Ⅲ　階級論：〈進学〉。派手好き。階級の呪縛。貧困の意味。「労働力商品」の意味。

Ⅳ　国家論：〈密航〉。下降。犯罪。秩序の意味。自由の残骸。

Ⅴ　言語論：「学問」。「文学」。認識と表現。「知による解放」の射程と限界。

Ⅵ　革命論：「石になりたい」。テロルの意味。マルクス主義。同胞との関係の意味。

Ⅶ　被害者論：〈N・N－被害者〉。関係の非条理。ガードマン論。被害者の家族。憎悪論。支配の構造。

Ⅷ　「第三者」論：〈〈N・N－被害者〉―「第三者」〉。無関心の構造。関心の構造。「知識人」論。全体化と「穴」。弁証法・対・実存。

Ⅸ　歴史構造論：〈〈N・N－被害者〉―「第三者」〉関係の場。支配の構造。非理性の狡智。歴史の弁証法。および死者たち。

右の作業計画が、三項目ごとにセットのような成り立ちになっていることに注意しよう。家郷論と都市論と階級論は、N・Nの具体的な実践とそれを取り巻く社会的な場についての分析で、このエッセンスは、すでに「まなざしの地獄」に書かれている。しかし、国家論以降については、少なくとも一九七〇年代初頭の論考で明確には展開されてはいない。書かれていないもののなかで、国家論と言語論と革命論は、ひとりの個人の実存そのものというよりも、そのような実存が対峙した国民国家の空間論と言語論、それに時間論となるはずのものであったと言えるだろう。

N・Nの人生に即するなら、国家論以降の照準は、彼が殺人事件を起こして以降にあり、とりわけ言語論と革命論は収監されたN・Nの認識の深化に向けられている。この人物の後半生において、国境とは何だったのか、マルクス主義とテロリズム、革命とは何を意味し得たのか、知と言語、国家をどう考えるのかという問いに、一九七〇年代の見田宗介は向かおうとしていた。

さらに、最後のクラスターとして、見田が被害者論、「第三者」論、歴史構造論という三つの項目を掲げていたことは、彼がN・Nの問題を、現代社会における個人の実存の問題として考えることにとどまらず、彼の行為の意味を被害者＝他者の側から問い返し、その外側に広がる社会のなかに位置づけ直し、さらにはより長く大きい歴史的な構造、とりわけ「死者たち」の地平から語っていこうとしていたことを示している。見田がここで「非理性の狡知」と書きとめていたことは一体何を意味しているのか――少なくとも明瞭なのは、「まなざしの地獄」を現代の都市的疎外のなかだけの出来事と考えるのではなく、文字通りの近代世界の被抑圧者や死者を含めた歴史的広がりにおいて問う視座を、見田はすでに半世紀近く前に提案していたことである

このような、あり得たであろう「まなざしの地獄」の続編を念頭に置きながら、ここではまず「まなざしの地獄」が、透徹して「覗く」「走る」「上る」「進む」「派手好き」「密航」「下降」「犯罪」といった言葉によって指し示されているN・Nのからだの動きについての分析を軸にしていたこと、そしてそれが見田自身の初期の一連の仕事、すなわち日本近代の欲望と心情、精神に関する仕事と表裏をなしていたことを再確認しておこう。見田社会学は日本近代の大きな存在のうねりを見据えていた。そうした巨大なうねりの歴史がまさに終わりつつある今日、その射程の問

い返しは終焉の先にある未来の風景を想像するために必須の作業である。

客席から舞台に上ること

「まなざしの地獄」で洞察の主軸をなしたのは、一方は〈家郷〉と〈都市〉の関係、他方は〈まなざし〉と〈実存〉の関係であり、この二つの軸の交差をN・Nは生きた。ここでいう都市とは、「二つとか五つとかの階級や地域の構成する沈黙の建造物ではない。都市とは、ひとりひとりの「尽きなく存在し」ようとする人間たちの、無数にひしめき合う個別性、行為や関係の還元不可能な絶対性の、密集したある連関の総体性である」［同：1］。注目すべきなのは、〈都市〉がここでは、すでにある地域や建造物、インフラではもちろんないし、社会集団や階級の居住地としてまずあるのでもなく、無数の〈家郷〉からの斥力によって、それらの集中し、ひしめきあう欲望によって想像され、構成される場として考えられていることである。伝統社会においても都市は、幾分か都鄙感覚そのものによって想像＝形成されてきたのだが、近代にあっては農村からの斥力の集積が、無数の欲望の向かう先としての都市＝大都会を創出し、巨大化させていく。だから、「〈東京〉があって上京があるのではなく、まず〈上京〉があって〈東京〉がある」のである［同：4］。

したがってこの〈上京〉は、単なる空間的移動を示すのではない。むしろそれは、客席から舞台に上がる行為、いままで壁の向こうに覗いていた世界に、自ら壁を跨いで入っていくことを意味していた。故郷において、ベニヤ板一枚を隔てた飲み屋の乱痴気騒ぎを、そしてまたスクリーンに投影された向こう側の幻想世界を、N・Nは貧しさのなかで覗き続けた。「覗くこと。夢見ること。魂を遊離させること。それはなるほど、出口のない現実からの「逃避」であるかもしれないけれども、同時にそれは、少なくとも自己を一つの欠如として意識させるもの、現実を一つの欠如として開示するものである」と見田は看破した［同：7］。そしてこの〈覗く〉行為は、〈走る〉行為に続いていた。「少年は覗く。そしてただちに走る。想像力《イマジネーション》による解放から、直接の行動《アクション》による解放を信じて」と、見田はN・Nが「ほとんど無限の可能性をたたえた〈別世界〉」のように映っていた東京へ上京したことの本人にとっての意味を解説した［同：9］。覗き、走った少年は、やがて東京という舞台の上で自己を〈演じる〉ための数々のアイテムを買い揃えるようになる。

　というのも、近代の〈都市〉は、ただ〈家郷〉からの出郷者を引き受ける他者としてあったのではない。都市は、それ自身に対しても他者であった。東京に出郷してきた人々は、家郷にとっての他者となっただけでなく、東京そのものに対しても他者であった。都市の他者でありながら、それでも彼らは、東京が要求する他者＝自己を、東京という舞台の上で演じようとし続けた。彼らは東京で、「ある種の強いられた関係から脱《のが》れようとしながら、ある種の関係を欲求し」続けたのである［同：27］。「都市が人間を表相によって差別する以上、彼もまた次第に表相によって勝負する」［同：34］。ところが、「この〈演技〉こそはまさしく、自由な意思そのものをとおして、都会がひとりの人間を、その好みの型の人間に仕立て上げ、成形してしまうメカニズム」

だった［同：47］。

このように、東京という都市が集約的に具現していたのは、近代都市におけるまなざしと実存の転倒した関係である。巨大な匿名性の空間として広がった近代都市は、他者をその表相性において判断する。現在の自分を欠如としか感じることができず、そこからの脱出のモメントに駆り立てられ続けた少年N・Nにとっては、都市という舞台で、他者のまなざしの前で偽りの自分を演じきることこそが、実存の飢えを必死に満たそうとする唯一可能な戦略となる。見田はこのあたりの事情を、以下のように表現していた。「N・Nは東京拘置所に囚われるずっと以前に、都市の他者たちのまなざしの囚人《とらわれびと》であった。都市のまなざしとは何か？　それは「顔面のキズ」に象徴されるような具象的な表相性にしろ、あるいは「履歴書」に象徴される抽象的な表相性にしろ、いずれにせよある表相性において、ひとりの人間の総体を規定し、予料するまなざしである。……N・Nが、たえずみずからを超出してゆく自由な主体として、〈尽きなく存在し〉ようとするかぎり、この他者たちのまなざしこそ地獄であった」［同：30］。

都市が劇場であるという比喩には、様々な含意がある。一九六〇年代の都市の劇場性は、他者のまなざしと自己の実存との間の著しい落差、ずれの感覚によって突き動かされていた。そこでは多くの若者たちが自分に公式に与えられた役を演じることに満足していない。彼らはむしろ、「まなざしの地獄＝劇場」として生きられる都市で、偽りの自分を演じることに実存的な回路があると感じていた。集団就職の一員として上京してきたN・Nは「金の卵」と呼ばれていたが、この呼称は彼ら地方出身の若者たちが「下積みの安価な労働力として貴重品」であるからだった。

「〈素朴〉で〈仕事熱心〉で〈ネバリ強い〉」地方出身の「勤労青少年」の像、この像に合致するふるまいを当然のこととして期待し要求する暗黙の視線、これこそが「金の卵」という表現の現実的な意味」であった［同：13］。このような配役はしかし、N・Nが東京という舞台に求めていた自分の役柄ではない。故郷の貧しさのなかで、壁の向こうに彼が幻視していた東京は、やがて一九七〇年代以降、消費社会化のなかで実現される虚構の世界に近いものであった。一九六〇年代と七〇年代の間に横たわる目も眩むような裂け目――。その裂け目をおぼろげに予感しながら、N・Nは「金の卵」に予定調和的に与えられてきた階級的役柄からの脱出を試み続けていく。

帝国の大都市とまなざしの〈劇場＝地獄〉

まなざしの地獄のなかで、裏づけのない自己を演じ続ける命がけの戦略、あるいはその持続不可能性の彼方に浮上するのは、このまなざしの「地獄」が、「地獄」であるのと同程度に「劇場」でもあった事実である。ロンドンであれ、シカゴやニューヨークであれ、さらに東京や大阪であれ、一九世紀半ば以降の帝国主義国家の大都市には、周縁の農村、そして植民地からの膨大な人口が流れ込んでいた。これらの人々にとって、ロンドン、ニューヨークやシカゴ、東京や大阪といった近代のメトロポリスは、〈帝国－コロニアル〉という関係を内包させた巨大な〈劇場＝地獄〉だった。一九世紀以降、産業化の進展とともに、そうした人々の大都市への流入は、僻地の農村から植民地へと拡がり、加速し、大量化した。帝国主義は資本主義と両輪をなし、グローバルに植民地主義支配を広げただけでなく、そのような関係構造を帝国の都市内部に増殖させ、結果的に都市におけるまなざしの葛藤と競合、混交性を強めていたのである。

したがって、見田が「まなざしの地獄」で論じた〈まなざし〉と〈実存〉の関係は、高度成長期の東京のみならず、一九世紀以降の帝国の首都、ロンドンやパリ、シカゴやニューヨークなどのメトロポリスで無数に経験されてきたはずである。これらの大都市は、大規模な他者性の場であった。その異種混交的な都市で交わされていたまなざしは、農村から出てきたばかりの若者を魅了し、射抜くと同時に、大人気の大衆的スペクタクルにも充溢していた。無数の出稼ぎ、貧困者、移民、労働者、留学生、芸人が織りなしていく大都市におけるまなざしの重層と拮抗、屈折や混交は、単一の関係形式に要約できるようなものではあり得なかった。

たとえば、この帝国の大都市におけるまなざしの混交と越境を、アン・マクリントックは一九世紀半ばのロンドンにおける弁護士男性と雑役婦女性の間で交わされた性的、階級的侵犯のパフォーマンスを描くことで鮮やかに捉えてみせた。彼らが出会った一八五〇年代は大英帝国拡張の最盛期で、その帝都ロンドンは、「人を選ばぬ雑踏の中では、階級は交じり合い、知らぬ同士がぶつかりあい、男女の肩がすれ合っては離れ去ってい」た［マクリントック 1998：35］。この帝都の路上で出会った弁護士アーサー・マンビーと雑役婦ハンナ・カルウィックは、その後半世紀にわたり、大都市の「群集から養分を得て、社会の境界線――ジェンダーと人種、賃労働と無賃労働、家庭と帝国――が交わるところで奇妙なファンタジーを生きた」［同：35］。

このような帝国の大都市における近代的なまなざしの衝突、拮抗と縫合、さらには帝国の至るところで繰り広げられていたパフォーマティブな境界侵犯のダイナミズムを、それぞれのまなざしが交わされていた出来事の場、とりわけその集中点としての都市のなかで明らかにしていかなければならない。すでにエドワード・サイードは、彼の最も古典的な著書［Said 1978＝サイード 1986］において、オリエンタリズムが近代西洋世界に遍在する一般原理というよりも、グラムシ的な意味でヘゲモニー戦略のなかで力を与えられていたことに注意を促していた。オリエンタリズムとは、いうまでもなく「東洋」と「西洋」の間に設けられた「存在論的・認識論的区別のもとづく思考様式」だが、この思考様式に力を与え、これを増殖させ、持続させてきたのは「文化ヘゲモニーの作用の結果」なのであって、最初から一般原理として「オリエンタリズム」が作動していたわけではない。同じことは、帝国一般のみならずその首都でのまなざしの力学にも当てはまる。

そうであるなら、かつてミッシェル・フーコーが鮮やかに論じたコントラスト、すなわち一八世紀半ばを最後に消え去っていく都市の広場での華々しい身体刑と、一八世紀末に一望監視装置に結実する不可視の原点からの視線によって身体を調教していく光学的権力の対照もまた、けっして都市におけるスペクタクル的権力の消失や、そのような可視性の場に人々が捉えられていくことの衰退を意味するとは限らないわけである。フーコーが論じた規律・訓練の権力、すなわち権力の中心が不可視化することによって発動する権力がどれほど支配的になろうとも、その一方で、君主や権力者が群衆の前に姿を見せなくなっていったわけでも、また人々も都市の盛り場を舞台に演じることを停止したわけでもないのである。

実際、一八世紀末以降の西欧の都市で、世界を表＝タブローに編成し、配置していくまなざしの場が、動植物園や博物館や美術館、数々の博覧会や百貨店、商品カタログから広告に至るまで広がっていった。ロンドンやパリ、ベルリンといった都市においては、〈一望監視装置＝監獄〉という以上に〈タブロー＝博物館〉をモデルとする視覚装置が溢れていった。それらのまなざしの場は、必ずしも一望監視的な仕方で〈まなざしの主体〉を生産していたとは限らない。一望監視型権力による近代的主体の生産は、一九世紀を通じて監獄、学校、工場、軍隊などの諸装置を貫く原理となっていくが、それらの閉鎖された空間の外に広がる都市にあっては、〈タブロー＝博物館〉の空間が、規律・訓練的な権力の増殖と結びつきながら同時的に広がっていた。

留意すべきは、この近代的なまなざしの空間が、二〇世紀初頭以降、位相転換してきたことである。すなわち、一九世紀以降、注視と散漫、規律訓練とスペクタクルが節合的に連動するまなざしの空間が、まずは博覧会や博物館から百貨店までの特定のタイプの公共空間、大量の匿名的な群集の集まる視覚的な場として発現していったのだが、やがてそれは映画館や街頭テレビ、お茶の間のテレビ、それに携帯端末までのメディアに埋め込まれるような仕方で社会全域へと浸透していく。この位相転換は、それまで公共空間で建築的＝三次元的に展開していたまなざしの政治が、映画スクリーンやテレビ画面、巨大な壁面から携帯端末までのディスプレイ装置によって二次元的なまなざしの政治へと重心を転位させていったことを意味している。二〇世紀前半、映画スクリーンによって世界に広がった現実の二次元的再現は、やがてテレビの普及によって家庭化＝日常化されていった。さらに一九八〇年代以降、これらのメディアの範疇を無境界化する仕方で、ビル壁面から携帯端末までのデジタル画面が爆発的に増殖していった。

まなざしの檻　見ることの権利

ニコラス・ミルゾーフは、『見ることの権利』〔Mirzoeff 2011〕と題された著作で、〈まなざし〉に孕まれる対抗的な契機に注目した。彼によれば、可視性（Visuality）は、認知的、社会的、価値的という三つの様相から成る。すなわち、それはまず対象に名前を与え、カテゴライズして認知可能なものとする。次にそれは、対象をいくつかのグループに分類し、社会的に分節化する。最後にそれは、命名され、分類された対象を正当化し、審美的な価値すら与えていく。可視性にはしかし、常に転覆的な契機としての反可視性（countervisuality）が孕まれる。

ミルゾーフは、そうした可視性／反可視性の体制が、①プランテーション期、②帝国主義期、③軍産複合体期という三つの段階を経てきたと考えている。プランテーション期に発達するのは奴隷に対する監視者の可視化システムで、植民地の人々を分類するこのシステムは、大西洋の奴隷貿易を通じて米大陸のプランテーションが収益を上げていくのに必要とされていた。一九世紀にそうした露骨な奴隷制が徐々に消えていった後も、欧米列強は植民地世界にコロニアルなまなざしを向け続けた。ここでのまなざしの特徴は、社会進化論的なイデオロギーに基づいて「未開－文明」の階層秩序のなかに他者を位置づけることであった。こうしたまなざしは一九世紀後半に全盛期を迎え、諸々の文化的表象を貫いていく。最後に第二次世界大戦後、軍産複合体制の時期には、航空機や衛星、それに電子的なネットワークを通じた可視化が支配的となる。

このような可視化の体制に対し、反可視性は、そこに何が見え、誰がまなざす能力を持つのかをめぐり不和を発生させる。その不和は、近代化のなかで地球上の至るところで起こっていたし、それらの同時多発的な不和には連帯の可能性すらあった。だからフランツ・ファノンは、独立戦争で宗主国フランスの軍隊に銃殺されたベトナム人少年の誇り高さを「アジア人的態度」に帰すことに断固反対した。彼らが死を受け入れるのは、過去から引き継いだ文化的資質によるのではまったくなく、徹底して「現在と未来の名において」なのである［Fanon 1952＝ファノン 1970；1998：245］。

同じように、「ほら、ニグロ！」と執拗に名指され、まなざされることで、ゆっくりと構築されてきた自我が粉々になったファノン自身、そのようにまなざされる自分に「慣れてしまう」ことを「全存在を賭して」拒否する。それは彼が、過去の黒人のルーツとのつながりを回復させようとするからではない。「白人／黒人」の二項対立自体が西洋近代の発明品でしかなく、そのような「白人」も「黒人」も実は存在しないのである。ファノンは、自分が「これとかそれとかである義務を持たない」、つまり「私を私自身に投げ返す私の自由」を決然と主張していた［同：247］。

そうして彼は、「白人が私の人間性を否認するなら、私は白人に、私の人間としての重みのすべてを彼の生にのしかからせて、この私は彼がかたくなに信じ続けているような「おいしいバナニアあるよ」ではないことを見せてやる」と述べていた［同：247］。見ることの権利は、単に相手が見えることではなく、そのような相手のまなざしに目を向けて友情や連帯、愛を表明することを含んでいる。まなざしは相互的なものであり、何かによって代理されるものではなく、政治的主体としての自律性を必要としていく。一九世紀までの監視や表象の体制から今日の映像の体制まで、まなざしの体制にはいくつもの死角があり、虚焦点がある。そうしたなかで、見えないものを見ること、そして見えるものにしていくことは政治的な実践である。

結局のところ、まなざしの抗争とは、〈意味〉をめぐる抗争という以上に〈存在すること〉をめぐる抗争である。〈見ること〉と〈見られること〉は必ずしも対応しない。両者の間にはいくつもの亀裂や不和がある。フーコーが定式化した一望監視型の可視性は、そのような不均等が極値的に拡大された形式だが、それは一つの形式に過ぎない。実際には〈見られること〉は〈見ること〉に対応しているとは限らず、まなざしの関係にはいくつものすれ違いや思わぬ遭遇があり、〈存在すること〉はそうしたずれや偶然を伴っている。

だから私たちは、コミュニケーション分野で論じられてきたディスコミュニケーション、あるいはエンコーディングとデコーディングの不対応と抗争の政治学を、〈まなざし＝可視性〉の領域でも展開していく必要がある。近代における可視性のグローバル支配は決して自らを完全に普遍化させることができない。とりわけ大都市では、そんな可視性の論理からすれば危険きわまりない死角が増殖していく。ベンヤミン的な意味での遊歩者には、煽動家ブランキからN・Nのような若者、そして今日のイスラム原理主義のテロリストまでが含まれるのである。

〈ひらける〉こととまなざしの転回

回り道をしたが、私たちはこうして再び見田のN・N論に戻ってくる。一九七〇年代初頭までの見田社会学が照準していたのは、日本の近代化のなかでの社会的実存のうごめきであった。すなわち見田は一九六〇年代、その「社会心理学」で明治維新と文明開化を扱い、やがて村からの出郷と大都市への集中をテーマにした。一方で明治維新や文明開化は、同時代に欧米列強の帝国主義が東アジアまで到達したことへの反応として日本で生じていった政治‐文化的変動だったのであり、他方で離村向都、大量の人々の出郷と東京や大阪への集中は、日清・日露の戦争を経て帝国化した日本で同時代の資本主義体制に適応した産業社会が形成されるなかで生じた社会的変動であった。後者の変動は、第一次大戦前後から戦争を挟んで一九六〇年代まで続いている。このプロセスを通じ、日本列島全体に人々のまなざしと心情の大転換が持続的に生じていった。

初期見田社会学は、この大きな政治社会的変動に対する民衆の対応様式を考察していた。たとえば「明治維新の社会心理学」で、入力は明治維新という政治的変革であり、出力は民衆による対応様式である。この対応様式は、新聞紙面や人気小説、流行り唄、落書き、農民一揆の記録など、様々な書き残された資料から推察できる。これらのテクストは、その作者の意図、すなわち新聞記者や作家、編集者、行政官、匿名の書き手の意図に基づいているが、同時に同時代の読み手の心理や感情を反映させて書かれている場合が少なくないし、時にはそうした大衆自身の発話が残されている場合もある。たとえば新聞記事の場合、「当時において多かれ少なかれ「異常」

であると考えられていたファクトに重点がおかれている……第一に、地方的な落差の大きい維新期の社会においては、他の地方の平常な事実――とくに田舎の人にとっては〈文明開化〉の都における平常的な風俗が、そして都の人にとっては、〈遐邑僻陬〉の田舎における平常的な風俗が、そのまま好奇の対象」となる（「明治維新の社会心理学」［見田 2012：5］）。

「文明開化」とは、明治日本に濁流のように流れ始める「新しさ」の諸言説とそれをめぐる感情を束ねるモードであった。見田によれば、それは何よりも「ひらける」こととして経験された。「「ひらける」というイメージはいうまでもなく、とざされていた状態から明るい所へ解放されるということである。このような解放感の実体的な内容は、第一に鎖国による文化的自閉性からの解放であり、第二に幕藩体制下の地域的閉塞性からの解放であり、第三に蒙昧ないし非合理の因習からの解放であり、そして第四に封建的身分関係による、人生の固定した宿命からの解放であった。それは、西欧文化への新鮮かつ素朴な好奇心を生み、あるいは地方在住のアンビシャスな青年層の上京衝動をそそり、あるいは文明の細片への性急かつ強迫的な模倣への欲望を生み、あるいは社会各層の無限の上昇への幻想をよんだ」（「文明開化の社会心理学」［見田 2012：94］）。つまり、近代を迎えた人々には、①富、権力、社会的威信などの現世的価値への欲望の解放、②キリスト教的価値観の導入による道徳意識の解放、③色彩や表現、西洋的芸術観の導入による美意識の解放、④学制、リテラシーの普及による身分制的秩序からの解放という四重の〈解放〉が経験されていたのである。

これらの〈解放〉は、ある時には地方僻地の伝統的地域秩序からの〈解放〉であり、それはすなわち地方から東京への上京を意味した。別の場面では、それは明治維新のように鎖国による文化的閉鎖性、幕藩制による地域的閉鎖性、伝統的因習、封建的身分関係からの社会全体の〈解放〉であり、その先には西洋近代が幻視されていた。いずれにせよ、一方には閉ざされた過去があり、他方には開かれた未来がある。近代とは、この一方から他方への跳躍であり、そのような跳躍は個々の実存によってなされることも、集団的な実践としてなされることもあった。

そして当然ながら、この跳躍は開かれた未来への「憧れ」の感情を前提としており、もちろん失敗することがあった。跳躍の失敗は、N・Nのケースに典型的に示されたように、「不幸」として経験され、さらなる悲劇を生んでいくこともあった。「憧れ」と「挫折」、あるいは「郷愁」は、多くの流行歌に歌われて近代化の心情の基調音をなしてきた。そして産業化、とりわけ高度経済成長は、この跳躍を多くの大衆が安心して達成できる条件を用意した。このとき〈解放〉は、実存のすべてを賭けた跳躍というよりも、「新しい家郷」の夢として、たとえば「憧れ」のマイホームを長期ローンで購入するといった大衆消費行動として経験されていくことになった。

一九七〇年代初頭までの見田社会学は、近現代日本の無数の主体が、この跳躍をどのように経験したのかを透徹した眼で分析していた。その際、〈解放〉は、個々の実存にとってあくまで具体的なものであった。だからこそ見田のN・N論は、それらの〈解放〉論の白眉をなしたのである。N・Nにとって〈解放〉のイメージは、上京という投企、あるいは「覗く」「走る」「上る」「進む」といった行為と不可分だった。見田は、「社会学という領野を志した時のわたしの最初のモチーフは、一人一人の生きている人間たちの愛や孤独や野望や執念や憧憬やシニシズムや歓喜や絶望のひしめく総体のダイナミズムとして社会を把握し表現してみたいということにあった」と語る［見田 2011：175］。近代日本の大衆による〈解放〉への跳躍は、その一つひとつが具体的な感情や行為のひしめきのなかに存在したのだ。だから見田による〈解放の社会学〉は、抽象的な観念やイデオロギーとして〈解放〉を論じるものではなく、一人ひとりの実存の実践のなかで、〈解放〉への跳躍がいかに生きられたかを論じていったのである。

しかし、「開化」や「解放」の実践は、同時に「新しさ」や「国家」という権威への従属を呼び込んでもいた。「西洋＝文明」という超越的な価値の下で、あらゆる権威が再編成され、そうした権威を独占するものとして近代国家が立ち現れつつあった。「ひらける」ことが旧い権威からの脱出の契機であると同時に、新しい権威への従属の媒介となっていく。国家は「西洋＝文明」という価値を独占することで、学術や芸術からより現世的な価値までに正当性を付与する主体となり、人々も旧来の封建制的秩序から脱出するために国家的権威を利用する。しかしこれは、そもそも両刃の剣であった。「西洋＝文明」という価値には普遍性が内包されていたから、人々には国家的な価値を逆手にとって、文明開化の開放的契機を持続させていく可能性が常に残される。ここにはすでに近代的規範の根本的な二面性、すなわち一方では、国家が政策を正当化するために、「普遍的」な諸理念を奪用していく近代と、他方では、そうして国家に選び取られた普遍的理念が、権力を批判、変革していく自立的基盤となる近代の相克が顔をのぞかせている。

メディアに溶解する現代都市のなかで

　まさにこのような両面性において、〈まなざし〉は近代都市を貫く制度であると同時にそこを生きる人々の実存の様式であった。見田宗介は「まなざしの地獄」で「覗く」「走る」「上京」「就職」「進学」「派手好き」「密航」「下降」「犯罪」と続いてきたN・Nの実存の軌跡を、その続編においては、「石になりたい」「知による解放」「被害者の家族」「無関心」「死者たち」というふうに繋いでいくはずであった。こうした構図のなかで、「自由の残骸」から「テロルの意味」への移行、「無関心」と「関心」の構造的対比、「非理性の狡知」と「死者たち」は、書かれていない続編の主軸をなしたはずだと言っていい。明白なことは、おそらく「石になりたい」という呟きを転回点に、N・Nの生は孤立に向かう営みから共同に向かう営みに方向転換することである。すなわち初期の「覗く」という他者への希求が、結局は「犯罪」に帰結するしかなかった前半生に対し、殺人犯という自己においてであれ、「同胞」「文学」「被害者」から「関係の場」を経て「死者たち」へと至るN・Nの後半生は、共同的な関係性のなかに位置づけられていく。一人の孤独な若者の実存という以上に、彼の犯罪を取り巻く社会が焦点化されようとしていた。

　しかし、このN・N論が執筆されてから四〇年以上が過ぎ、私たちの社会はいくつかの根底的な転換を遂げた。とりわけ工業化と集団就職、高度経済成長に縁どられていた一九六〇年代までと、消費社会やサービス経済、人口増の終わりを経験することになる一九八〇年代以降では、単に表面的というよりもはるかに深い構造的な転換が生じている。見田の「まなざしの地獄」論の続編は、そのような社会の根底的な変化のなかで組み立て直しも迫られることになるだろう。

　私が指摘しているのはしかし、必ずしもグローバリゼーションということではない。たしかに一九八〇年代以降、かつては東北をはじめ国内僻地から東京に流れていた若年労働人口は、むしろ台湾や中国、タイ、ブラジル、バングラデッシュといった海外からの流入人口に代わっていった。したがって、N・N論を一九八〇年代以降の日本で考えるのなら、そのN・Nは日本人ではない可能性が高い。同時に、そうした一九八〇年代以降に急増する海外からの労働力人口の場合、必ずしも彼らの故国の家郷は日本のように風化し、解体してしまったとは言えない面があるので、N・Nほどの絶望的な孤独を経験しないですんだかもしれない。それでも、これら国内の労働人口移動から国際的な労働人口移動への変化や家郷と大都市の関係の異なるパターンは、いわば変数レベルの違いであり、N・N論の骨格を根本から変えてしまうものではない。

　これに対し、一九六〇年代のN・Nの犯罪でも、すでにたしかに存在はしていたけれどもそこまで決定的ではなく、しかし一九八〇年代以降、もはや〈まなざし〉と〈実存〉の関係の根幹を左右するようになったのがメディアの作用である。実際、今からすれば奇妙なことに、見田の執筆構想案には「メディア論」がない。幼少期のN・Nの家庭には、テレビはなかったであろう。しかしN・Nによる連続殺人は、マスコミがセンセーショナルに取り上げ、その後も、メディアはN・Nのことを報じつづけたから、おそらく見田は「第三者」論で、事件をメディアがいかに語ったかを考察したであろう。しかし今日、その後の類似の殺人事件やテロ事件が物語るように、メディアは事後的な報道という以上に、出来事が起きる基盤を変容させている。N・Nの場合、東京＝上京は、彼が自らの存在の価値を見いだせない風化した家郷から脱出し、華やかな舞台に上る行為として受けとめられていた。まなざしは、「家郷→東京」と向いており、その東京でのまなざしの経験は、彼が想像していたのとはすっかり違ったわけである。

しかし一九八〇年代以降の日本では、もはや「東京」の成り立ちそのものがメディア的に変容している。東京は、今ではN・Nのような地方の貧しい若者が夢を実現する場所として欲望する場所というよりも、まずメディアによってまなざされ、フューチャーされ、そこでの人々の行為の意味が備給される存在である。東京どころか、今日では「地方」もまたメディアのまなざしのなかに成立している。つまりそのような外部がどこか周縁に存在しているわけではなく、メディアのまなざしのなかで、まず「外部」が語られるのである。すでに言及した見田の指摘になぞらえるなら、かつては「東京があって上京があるのではなく、まず上京があって東京がある」のであったが、今ではそうではない。むしろ「東京があってメディアのまなざしがあるのではなく、メディアのまなざしがあって東京があるのである」。都市も、そこでの人々の行為も、メディアにまなざされることで初めて存在することができる転倒が全世界規模で生じている。

（『現代思想』二〇一六年一月臨時増刊号、青土社）

Ⅲ－4　鶴見良行とアメリカ――もうひとつのカルチュラル・スタディーズ

鶴見良行とアメリカ

多くの人は、鶴見良行のことを、『マングローブの沼地で』〔鶴見 1984〕や『ナマコの眼』〔鶴見 1990〕の著者として、そして私たちをアジアへと誘ってくれた知的水先案内人として知っている。また多くの人は、彼を鶴見俊輔の従兄弟として、つまり鶴見和子に俊輔、良行と、戦後日本の批判思想の水脈におそらくは最大の知的影響を与えてきた家系の一人としても知っている。しかし、そのようなアジアへの歩みの根底に「アメリカ」という問いが横たわっていること、とりわけ戦後日本のなかでベトナム戦争をどう受けとめ、アジアにおける「アメリカ」をいかに考えていくかという問いなしには、彼のアジア学があり得なかったことは、どこまで深く考えられてきただろうか。またその良行が、鶴見俊輔らの思想の科学研究会の視座に深く影響され、メディア論における先駆的な仕事をしていたことについても、考え直してみる価値がある。

さらに、鶴見良行が戦後史のなかでたどった軌跡は、戦後日本の思想的文脈のなかでカルチュラル・スタディーズの可能性を考えるいくつかの有力な示唆を含んでいる。鶴見良行はなぜ、ある時点からアジアを熱心に歩き始めたのか。そこで彼が何を見てきたのかだけでなく、そもそも彼はなぜそのような問いを発さなければならなかったのか。そのようにアジアに深く踏査していくなかでも、初期の問題意識の何がやり残されたままなのか。これらの問いを考えることは、戦後日本の思想的実践において、縦軸では「思想の科学」的なものと「ベ平連」的なものの接点を探ることであり、横軸では「アジア」と「アメリカ」の結合と離反を浮かび上がらせていくことでもある。そしてこのことが、戦後日本という場の内側からカルチュラル・スタディーズを考えるための重要な糸口を示すはずなのだ。

議論の前提となる事実について、最初に略記しておこう。鶴見良行は、一九二六年、アメリカのカルフォルニア州ロサンゼルスに生まれた。父は外交官だったから、少年時代はアメリカ、満州などで暮らし、戦争中は日本にいたが、それでもアメリカとの二重国籍を戦後まで持っていた。つまり彼は、その人生の出発点において「アメリカ」の内側で人格形成を遂げている。鶴見俊輔は、青年期をアメリカで過ごしたとはいえ大学と下宿の往復の毎日だった自分と、「こどものころオレゴン州ポートランドにいて、小学校生同士のやりとりをした経験」をもつ良行のアメリカ経験の違いについて触れている（鶴見俊輔「解説　この道」［鶴見 1999a：296］）。俊輔から見れば、良行は俊輔以上に人格形成の基層においてアメリカ的な身体を身につけていた。だから良行において、「アメリカ」は存在の原点であり、手ごわい敵でもあり続けた。そのような良行がベトナム戦争を契機に改めて「アメリカ」と正面から対峙することになり、やがてアジアを歩き始める。この軌跡には、戦後世界のなかで構造的に不可分な関係をもつ「アメリカ」と「日本」、そして「アジア」といかにすれば同時に向きあうかについての実践的な可能性が示唆されている。

メディアからの出発

一九五〇年代、鶴見良行はメディアについて語るところから出発している。一九四九年から一九五〇年にかけて、若き良行が初めて活字にした論文は、クラカウアーのハリウッド映画分析に準拠した映画論であった（「ハリウッドと「冷い戦争」」［鶴見 1999a : 3-10］）。いまだクラカウアーの紹介の域を出るものではないが、映画を芸術的な表現としてよりも、大衆の日常的な思考の表れとして捉える論の骨格には思想の科学研究会の影響が顕著に認められる。そのような関心が、宮本武蔵でもなければ流行歌でもなく、ハリウッド映画と結びつき、しかもそこでの他者表象の変化を論じていくあたりに、すでにアメリカを深く内在化させていた良行の特性がある。

つづいて一九五二年には、鶴見良行はラザースフェルドらによる一九四〇年代のラジオ調査を参考に、戦後日本人の日常意識のなかでのラジオへの信頼が新聞への信頼に勝っていた事実に眼を向けている。一九五一年、良行らが東京多摩で調査したところでは、人々は実際には新聞から得た情報でも「ラジオで聞いた」と認識していた。この傾向は、当時、日本の一般大衆のレベルでは、「メディアから聞く」という接触パターンの方が、「メディアで読む」というパターンよりもなじみがあると感じられていたことを示唆している。「耳」の文化は、未だ「眼」の文化にその首座を明け渡してはいなかった。鶴見良行はここから、話し言葉の書き言葉に対する優位とラジオの娯楽性という二つの要因を抽出している（「放送の信頼され方について」［鶴見 1999a：11-16］）。ここでも良行を単なるアメリカの新理論の紹介者にとどまらせなかったのは、大衆の慣習的思考のレベルから考える思想の科学研究会の視点である。

一九五〇年代、良行が俊輔らの影響圏を越えて、独自の思想的深化に向かう可能性は二つあった。第一に、映画でもラジオでも、大衆小説や流行歌でもなく、良行は一九五〇年代初頭から凝り始めた写真についてより本格的なメディア論を展開しつつあった。鶴見良行はこの時期、一方では御真影を、他方では家庭アルバムを論じながら両者をつないでいく。一九五七年、彼は自らの写真論の方法序説的なドラフトを示しているが、ポイントはここでも受容者にあった。良行によれば、同時代の写真雑誌が相手にしているアマチュア写真家たちの外側には膨大な写真の「受け取り手」がいる。しかも、日々新聞が印刷している写真は数十億枚に及ぶ。そのような膨大な数の日常的に流通している写真イメージをしなやかに批評する方法を、良行は探究していた。

この時期の鶴見良行の写真論の手つきには、同時代のロラン・バルトを連想させるものがある。実際、彼は写真の意味を、外延的な対象との関係を示す「再現的意味」と、写真に撮られることによって生じる「表現的意味」、それに写真家が表現しようとした「主題的意味」の三つの位相に分け、そうした意味の多層性をイメージの生産と消費のなかで考えようとしたのだが、これらはバルトが早いころに論じた神話作用の諸次元、あるいはイメージの構成要素としての言語的メッセージ、外示的イメージ、共示的イメージの諸次元とも通底する。もちろん、良行はこの時点で、同時代のバルトのような構造分析の諸概念を手にしているわけではない。実際、有名なパンザーニの広告をはじめとする記号分析においてバルトが照準したのは、イメージと言語の複雑な関係であるが、そのような観点は鶴見の写真論では展開されない。鶴見がむしろ注目していくのはイメージと人々の慣習的行動の関係であって、言語との関係ではないのである。

こうして鶴見良行は、御真影から家庭アルバム、広告のスター表象までのイメージの構造的関係を「コミュニケイション論」の問題として考えていく。そして、このコミュニケイション論の軸をなすのは「記号」の概念である。さらに彼は、自らのコミュニケイション論の問題構制の中心に「記号の問題としての天皇」というテーマを据え、「御真影」から「人間天皇」への連続性を問うていくので、この議論はおのずから「記号の政治学」といった様相をまとう。やがて、多木浩二がこうした観点をより自覚的に追究した『天皇の肖像』［多木 1988］を発表するが、良行の試みはその三〇年も前のことであった。管見の限り、近代天皇制の問題にはっきりと記号論的なアプローチを導入した作業としては、一九五〇年代の彼の仕事は圧倒的に早い。

ここで鶴見良行が問いの出発点に据えたのは、「国民すべてを戦争に追いこんだひとつひとつの事態が究極的には天皇というたった一語の権威によって正当化されたのであったにかかわらず、天皇は何ひとつ戦争の責任を負いはしなかったという事実と、戦後の現在天皇は「人間」として国民多数の親愛の対象となっているという事実とのつながりの問題である」（「〝人間天皇〟・広告スター・家族アルバム」［鶴見 1999a：93］）。自らの重大な戦争責任を悉くうやむやにした天皇裕仁と「人間天皇」としての彼のイメージの再構築との「つながるべきでなかったつながり」を解きほぐすには、天皇がいかなる「記号」としてこの国の集合的な意識に成立してきたのかを明らかにしていかなくてはならない。そして、このような記号の最も具体的な表れこそが、たとえば御真影であり、皇室写真なのである。

　鶴見良行が見抜いていたのは、御真影が「単なる話の内容を意味する記号としてつかわれているのではなく、ある内容の話を相手に語りかける記号の主体者を意味する記号として成立して」きたことである。御真影の第一次的な機能は、特定のイデオロギーや教理のシンボル化ではなく、むしろ「国民に向って能動的に語りかけようとする天皇の動機そのもの」であった。天皇の肖像は、イメージの共示的意味をあいまいにさせたまま、一人ひとりの臣民＝主体を呼び出し、自発的に服従させていく。とりわけ良行は、この「語りかけ＝主体の召喚」が、天皇がいかなる歴史的、社会的文脈も排除した超歴史的な仕方で真正面から人々をまなざす構図に巧妙に表現されていたという。良行が指摘したように、「戦前、横向きや笑顔の天皇の写真が、検閲当局によって強く忌避された」。横向きの天皇は、第三者的に「垣間みられた天皇」を示すからである。これに対し、「天皇を第三者として眺めえないということは、天皇が国民に対して「汝!!」と呼びかけるものであり、天皇と国民とのコミュニケイションの図式におけるかぎり、そこには永久に「我」と「汝」の直線的な結合のみがあって、天皇にとっても国民にとっても第三者である「彼」は、存在しなかったことを意味している」（「御真影から人間天皇へ」［鶴見 1999a：102-103］）。

　やがて構造主義は、このように主体を召喚していく権力の作動についての緻密な理論化を進めていく。しかし、鶴見良行はすでに一九五〇年代、臣民＝主体を召喚していく「天皇＝記号」の権力が、「いったん成立しさえすれば、後は一種の自動性をもって働く仕組み」であったことを看破していた。しかも、この権力工学を可能にする条件は、「天皇と父というイメージがとけあって一つのものとなり、国民にとって親しみやすい身近な権威として成立」させる感情の構造にあった。天皇の分身として奉拝を要求された御真影は、「各家庭の神棚や仏壇の奥の父母、祖父母の写真と論理的に対応するもの」として受容されたのである。こうして御真影を媒介にした二者関係は、「自己」と「他者」の関係とはなり得ずに、「すべてをひっくるめて融かしてしまうような「われわれ」の一部分」となっていった［同：103］。

このような視覚の体制は、戦後、本当に崩壊したのか――。良行の答えは否である。すでに戦前から、天皇は超越的な存在であるとともに「心情的に自分たちにもっとも近いもの」として受容されていたわけで、この「近さ」を批判し、乗り越えていくには、人々自身の反省的な力が必要であった。御真影を通じて構築されたのが「天皇」と「臣民＝主体」とのあいまいな「われわれ」関係であった以上、そのような「われわれ」の「近さ」そのものが問われない限り、「天皇＝記号」の権力は崩れない。しかし戦後、戦争責任では「天皇の利用者にのみ追及がむけられ、天皇と国民との結びつきの面における国民の実感の変革をわれわれ国民自らが試みようとしなかったために、「天皇は人間である」という事実命題は容易に「人間的な天皇」という価値命題へとすりかえられていった」（「〝人間天皇〟・広告スター・家族アルバム」［鶴見 1999a：96-97］）。

一九四六年正月というきわめて早い段階から、「人間天皇」の写真イメージが新聞紙面に続々と登場するが、そこに見られる「近さ」の記号論は、御真影がすでに内包していた「近さ」の記号論から断絶したものではなかった。

戦後における「御真影的なもの」のゆくえを考えていくために、鶴見良行は家庭アルバムと広告写真（のスター）という二つの写真イメージを取り上げている。たとえば彼は家庭アルバムについて、とりわけ街の写真館でアルバムの写真が撮影されていた時代、一枚一枚の写真は「生活のかけがえのない時点を記念する「歴史」」でありながらも、全体としてみるならば「その家庭を他の家庭から区別するまとまりの意識、さらにはそのまとまりを世代から世代へと連続せしめたいという系譜的なイデオロギーの表現」となっていたと論じている［同：94］。ここにおいて、家庭アルバムは、前述の御真影と仏壇や神棚の奥の父母の遺影との結合を日常的実践の側から支える家族主義的なメディアになっていたともいえるわけだ。

だが、それにもかかわらず、鶴見良行は、御真影から「人間天皇」までの記号の体制を自然なものとして受容してしまうわれわれ自身の実感を変革する契機として、家庭や職場での「家族アルバム作り」「職場アルバム作り」を薦めている。「家庭や職場の記録写真を生活者自らの手によって作り出すこと、そして、それをくりかえし眺めることによって新しい意味を発見するように自己の眼力を養うこと」、これが御真影から「人間天皇」までの家父長的なイメージ戦略を相対化する民衆的な可能性であると、良行は考える［同：98］。

なぜ、鶴見良行は家庭アルバムや職場アルバムに、こうした可能性を見出していたのか。その最大の直接的な理由は、カメラの小型化と低廉化という技術的な変化にあった。家庭アルバムは、写真が街の写真館で撮られていた時代には、出生、入学、卒業、結婚、出征等の人生の最も重要なモメントにおける公式の記録であった。この時代のアルバムは、一家の歴史を回顧させるもので、日常の経験に結びついた些細な実感はふるい落とされていた。しかし、「技術の普及とそれにともなう生活意識の変容によって家庭アルバムは急速にその性格をかえつつある。……〔写真はいまや〕日常ありのままの生活の一瞬がその家庭の一員や友人によって表現される記録芸術へと成長した」。そう良行は指摘しつつ、カメラがまさに機械の眼であるが故に、「機械によってとらえられた現実は肉眼の選択によって落された部分をも含んでしまう」ことに新しい可能性を見出していた［同：98］。いまや一人ひとりが撮影者となった大衆がこの機械の眼を通じ、日常のなかに新しい認識論的可能性を発見するかもしれなかったからである。

アメリカへの問い

一九六〇年代半ばまでに『日本の写真』というタイトルで刊行されるはずであった鶴見良行の写真論は、未完成のまま日の目を見ない。一九六〇年代、良行はベトナム戦争と出会い、この問題と正面から対峙し、やがてベ平連の運動に深くコミットしていくが、そのなかで一九五〇年代からの写真論は、完成途上のままとされてしまう。良行の写真論がいくつかの点で示す先駆性からすると、これは誠に残念な放棄であった。しかし、良行は国際文化会館での勤務との「二足のわらじ」状態で、自分に残された時間のすべてを「ベトナム」との対決に賭ける以外に道がなかったのかもしれない。この「ベトナム」を介して「アメリカ」に向けられていく問いこそが、やがて良行が思想の科学の影響圏を越えて「アジア」への視座を獲得していく回路となる。

鶴見良行がベトナム戦争の意味について本気で考え始めるのは一九六五年頃からだが、初期の関心は、ベトナムそのもの以上にアメリカ本国の根深い「軍事国家」性に向けられていた。彼は、ジョンソン政権による北爆政策がアメリカの大衆自身によっても広く支持されていることを重視した。一九六〇年代半ばのアメリカ国民の大半は、政府がベトナム戦争に深入りしていくのを支持していたのである。良行は、このようなアメリカ人一般のなかに広くあった好戦的な意識に「軍事国家」としてのアメリカを見た。ここで彼が「軍事国家」というのは、「軍部による善良な市民の威圧」といった意味合いを含む「軍国主義」とは異なる。良行にとっての「軍事国家」とは、国家の軍事的な認識フレイムのなかにメディアや大衆意識が組み込まれ、国民自身が自発的に軍事優先の発想をしてしまうようになった社会のことを指している。

ここにおいて、一般のアメリカ人までを広く支配する思考様式が、「中共の封じ込め」という戦略主義的思考だったのである。良行は一九六〇年代半ばのアメリカ滞在の経験から、「普通の学生や市民との会話でも、アメリカの軍事介入は、究極的には、共産主義者の侵略と戦うためとして正当化され」ていたと記している（「アメリカに観るベトナム戦争」［鶴見1999a：162］）。アメリカ政府はベトナム戦争を、「インドシナ半島の一角に限定された地域的紛争であるとは考えず、「中共封じ込め」のための世界戦略の一環」と見なしたが［同：158］、そのような「反共イデオロギーが国民の相当部分によって共有されて」いた［同：162］。この時代、アメリカ人の日常意識からは、実際のベトナム人の姿が見失われていた。大衆の心に、ベトナムの住民を「人間としての他者としてでなく、動かさるべき物体としての将棋の駒」と見なす意識が住みついていたのだ［同：163］。

当然、こうしたアメリカ国民のベトナム戦争理解は、現地の人々の戦争理解と大きくずれていた。南ベトナムでは、たとえ人々が反共ナショナリズムの立場をとる場合でも、「民族主義である「ナショナリズム」に重点がかかっているのであって、イデオロギーとしての共産主義に反対するという「反共」の方は、パワー・ポリティックスの次元における、戦略の問題」にすぎなかった（「ベトナムからの手紙」［鶴見 1999a：173］）。したがって、南ベトナムでは最初から「反共ナショナリズム」が容易に「共産主義と取引するナショナリズム」に移行していく可能性があったのだが、これはアメリカ側のおよそ理解できないところであった。アメリカの人々が、自分たちがどうしても打ちのめせないでいる相手が中国共産党の操り人形などではなく、まさしくベトナム人自身のナショナリズムであること、つまりベトナム戦争が、「自由主義」と「共産主義」の不可避な戦いなどというよりも、現地のナショナリズムに対する横暴な蹂躙行為であったことに気づくのは、ずっと後のことである。

それにしても、鶴見良行はなぜこれほどまでに「アメリカ」にこだわらなければならなかったのか。一九六八年、彼は「米国ニュー・レフトとの対話」と題された文章で書いている。

それに接したとき、私の血が騒ぐ何かが、アメリカの中にある。と同時に、あの国が、時によっては、私の血を凍らせることのあるのも事実だ。

他のいずれの国々にもまさって、あの国が私を触発するのはなぜか。いびつなシャム双生児のように、日本がアメリカとわかれがたくむすびついて命運をともにしているからなのか。あるいは、戦争中の軍部とはくらべようもないほどに不透明な仕方で、アメリカが私自身の生活を支配しているからなのか。それともまた、私があの国に生まれ育ったための、血縁のみに感じる愛憎のためか。(「米国ニュー・レフトとの対話」[鶴見 2002a：105])

鶴見良行はこの比喩を後にも取り上げながら、サイゴン街中の広場で公開銃殺されたゲリラ兵士の叫びが、それまでのリベラルなアメリカ・イメージとは異なるもうひとつのアメリカ、黒人を差別しアジア人を殺しているアメリカを問うことへと自分を導いたと述懐している。日本はそのようなアメリカと安保条約でつながり、企業は、ベトナム戦争で儲け、市民はアメリカの庇護の下でアジアに対する自らの加害者性を忘却していた。しかも良行は、「日米の文化交流にたずさわる民間団体につっとめていた私」自身、「アメリカ」と「日本」という不均等な二つの身体の間を循環する血液の一部だとしている(「アジアを知るために」[鶴見 1999b：245])。

鶴見良行は、松本重治らにより戦後に設立された国際文化会館で日々の仕事をしており、多くの日米交流に関わっていた。しかし、「ベトナム戦争」という経験は、そのような良行自身がかかわるリベラルな知識人たちのレベルの交流を、彼自身の実践的な認識において相対化していく契機となっていた。こうして良行の問いには、「アメリカの権力や資本の意向から離れて自由に生きることのなかった戦後の日本」と、その「アメリカ」との関係を保ち続けている彼自身という二つのレベルの「日本のなかのアメリカ」への問いが重ね合わされていく。

当然ながら、このような問題意識は、戦後日本をベトナム戦争との関係において問い返す作業を含み込んでいる。すでに一九六六年の時点で良行は、「政権も、官僚も、資本も、マスコミも、組合も、市民も、つまり、日本の社会を動かすいかなる勢力も、日本のベトナム戦争にたいする関与という問題について、事実に則したやり方で、大づかみな見通しをたててさえいない」と批判していた。実際のところ、「われわれは、あまりにも細分化された無数のパイプでベトナム戦争とつながっているので、誰もが、この無数のパイプの全体の構図を知りえないでいる」(「ベトナム戦争と日本」[鶴見 1999a : 200])。良行がこの時点で論じたのは、主としてベトナム特需や日本の再軍備との関係であったが、やがてベトナム戦争は、良行の問いの地平に、こうした直接的な関係以上に大きな問いを浮上させていく。いうまでもなく、この過程はベ平連での彼の活動と切り離すことができない。

要約するなら、ベ平連での活動で鶴見良行が見出したのは、当事者性=加害者性としての自己であった。ベトナム戦争は、アメリカの外で起きたのではないし、日本の外側で起きているのでもない。まさしく戦争は、日本を不可欠の関与者とし、「日米を基軸とするアジアの基本的政治構造」のなかで生じている。だから、われわれはベトナム戦争を外側から語ることなど出来ない。まさしく戦後日本が東南アジアへの経済的覇権を狙う構造のなかで、「ベトナム」と向かいあう必要があるのである。ベトナム戦争に反対することは、「平和」の国から「戦場」の国に手をさしのべることなどではまったくなく、むしろその「平和」そのものの構造を疑うこと、「平和」と「繁栄」を謳歌しているかに見える日本社会の位置を、ベトナムからのまなざしを通じて問い直していくことでなければならなかった。

この問い返しは、必然的に、日本とアジアの戦中・戦後を通じた関係史を問い直すものとなる。アジアで殺されていく者たちからのアメリカに突き刺さった叫びは、「アメリカと日本のシャムふたご関係を通じて、日本にまいもどり、私にアジアを知ることを強要した」と鶴見良行は書く（「アジアを知るために」［鶴見 1999b : 248］）。ここに浮上するアジアとは、グローバルな権力構造のなかで従属的に再編されていく存在である。第二次大戦後の東南アジアで進行してきたのは、「アメリカを総司令部とし、日本とEC勢力がこれに協力する新しい帝国主義的再編成」である（「私の関心」［鶴見 2002b : 62］）。この「帝国主義」は、もはや植民地の直接的な収奪を目指していない。むしろそれは、第三世界の国々が多国籍資本の進出を進んで受け入れて、それらのネットワークの末端をなす近代的工場群として生まれ変わっていくことを目指している。

この再編は、単に欧米や日本の多国籍企業が資本進出すればいいという話ではない。そのためにはまず、「タイやフィリピンの農民は、フォードやトヨタの工場に入って働けるよう訓練を受けなければならない。当然、教育のあらゆる分野がこの目的のために再編成されなければならない。新工場に動力を供給するダムが建設されなければならない。道路も舗装されなければならない。新工場群の生産物は、新帝国主義国へ輸出されるだけでなく、域内で相互補完的に取引きされるから、関税を中心とする税制が統一的に再編成されなければならない」［同 : 63］。加えて、このような産業基盤から教育、税制にまで及ぶ再編を促す仕方で経済援助がなされ、国連やユネスコ、WTO、世界銀行、IMFなどの国際機関が上から国家の政策を枠づけていく。第二次大戦後、東南アジアは宗主国から独立を得ながらも、多国籍資本を軸にしてグローバルに工場群が再配置されていく体制の一部に編入されていった。

アメリカの軍事力とトランスナショナルな経済政治機構に守られながら多国籍企業が成長し、世界各地でその基礎となる工場や市場を建設していく。この世界秩序は「統合能力と乗っとり機能によって、領土としての植民地の確保に固執しないで済む」強度に「統合的な帝国主義」である。覇権国家が望むのは領土拡大ではなく、「世界企業の力を喜んで借りようとする工業化計画を第三世界の諸政府が進めてくれ」ることである。こうした体制がさらに進むなら、やがて世界企業は国民国家を、「みずからが動かす商品・貨幣・人口の流れを記録するためのたんなる道具」とみなす。「多国籍企業は労働力をさまざまな市場に直接的に割り当て、資源を機能的に配分し、世界的生産の多岐にわたる部門を階層的に組織化する投資を選択し、金融と通貨に関する作戦行動を指示する複合的な機構」となる(「東南アジア地域統合型の工業化」[鶴見 1999b:283])。

一九七〇年代末以降、鶴見良行は東南アジア各地を丹念に歩きまわりながら、グローバル秩序への第三世界の編入、その根底にある一九世紀的な帝国主義から二〇世紀後半のグローバリゼーションまでの連続性を、まさしく地べたから、人々の暮らしの個々の実践の内側から描き出していく作業を重ねていった。つまり彼は、「アメリカを手掛りとして日本を考察する方向とは逆に、アジアを手掛りとして日本を考察し運動を設計する方向」に向かっていったのである[鶴見 1970：362〕。とりわけ良行は、人々の日々の生活の根本ともいえる食卓に添えられるモノたちに焦点を当て、『バナナと日本人』〔鶴見 1982b〕から『ナマコの眼』までのルポルタージュの傑作をまとめ上げた。この良行の作業はよく知られており、宮本常一を髣髴とさせる書きぶりに魅せられた読者も多い。重要なことはしかし、バナナからエビ、ナマコといった生活に身近な食べものに寄り添いながら、なお良行がそれらのモノの社会的軌跡から東南アジアの人々の生活がグローバルな資本と権力のなかでいかに再編されているのか、「アメリカ」や「日本」が、この過程でいかなる他者として立ち現れてきたのかに目を届かせていることである。

実際、東南アジアの人々の日々の暮らしと多国籍的な資本のシステムの関係をモノの社会的軌跡のなかから明らかにしていくこの作業において、良行が最初に取組んだのはフィリピンの経済特区での自動車生産であった。彼はこのとき、「モータリゼーション」を、工業化による消費性向の高まり、とくに外国商品を嗜好する行動パターンの一環として考えるならば、このような行動パターンは、フィリピン社会ではかなり早くから発生し」ていたことを理解していた（「アジアを知るために」〔鶴見 1999b：304〕）。フィリピンの人々は、早くから「モータリゼーション＝アメリカ」の夢の虜となり、そうした欲望の追求においてアメリカへの依存度を深めてもきた。そして日本の商社やＯＤＡ、企業進出も、そうしたアメリカ化の文脈を前提にフィリピン社会に浸透してきた。

鶴見良行が照準したのは、異なる歴史的時間がグローバルな資本の収奪的なシステムのなかで節合されていく、その矛盾と逆説の諸相だった。一九八二年に出された『アジアはなぜ貧しいのか』で、彼は東南アジア社会には非常に異なるさまざまな時間が同時に、つまり一方が他方を段階論的に止揚するのではなく、共時的にせめぎあっていることを強調している。たとえば、フィリピンのルソン島北部のパナランには、今も狩猟と焼畑で生活を営む部族が存在するが、この部族の狩猟経済には、かつてスペイン人が戦国時代の日本人に売りさばくために毛皮を乱獲したことが深刻な影響を与えてきたらしい。四世紀を遡って考えるべき状況が今も生きている一方、「首都マニラでは、超高層ビルでコンピュータが動いているし、ディスコもある。……しかしそこも一歩裏通りに入ると、アオミドロのよどんだ水たまりに、板切れで建てたスラムの群れがある。……また南フィリピンのネグロス島の甘蔗農園やミンダナオ島のバナナ農園にいくと、農業労働者が一九世紀の植民地時代とあまり変らないような仕組みで働いて」いる(「アジアはなぜ貧しいのか」[鶴見 1999b : 3])。

このような重層的な歴史性のなかで、やがて良行は、東南アジアへの経済進出が日本人の日常に対して持つ意味を「もっと身近な形で提出しなくちゃいけないのではないかといろいろ考えた末」、バナナやエビといった食卓のモノたちの世界に向かっていく(「アジアに魅せられて」[鶴見 2001 : 231])。本稿では、こうして始まった一九八〇年代以降の鶴見良行のアジア学については論及しない。ただ、一つだけ確認しておきたいのは、この自動車からバナナやエビへの移行の連続性である。『バナナと日本人』でも、良行は戦後日本人のバナナ消費量が劇的に増大していくなかで、台湾産のバナナからエクアドル産を経て「ドール」や「デルモンテ」といった商標に代表される米系大企業のプランテーションが支配するフィリピン産のバナナへと移っていったことを捉え、日本の植民地支配とアメリカのグローバルな資本展開、そのなかで結びつけられていく東南アジアと日本の関係を描き出していた。バナナの歴史から見えてくるのは、東アジアにおける植民地化と多国籍資本の重層的な連続性である。鶴見良行はこの連続性を、周縁化された人々の日常から浮かびあがらせていったのだ。

米軍基地周辺のひとびと

一九七〇年代半ば以降の鶴見良行の活動は、思想的にも、実践的にも、「国境の越え方」を戦後日本の地政学的位置を問い返すことを通じて探求していく試みであった。そうした良行の軌跡は、べ平連というあの時代固有の運動体を経由したものでありながら、もう一方ではそもそもの彼の人生、彼自身のアイデンティティ（存在証明）の追求というモメントとも重なっていた。山口文憲は、鶴見良行を追悼する書となった『東南アジアを知る』［鶴見 1995］で、「良行さんにとっては、自分はナニ人として生きるのかという内面の問題がすべての入口で、アジアはいわばその出口。そしてこの前後関係は、終生変わることがなかったのではないか」と語っている［山口 1995：12］。いうまでもなく、この「入口」は、良行が内なる「アメリカ」と格闘していく過程でもあり、またそれは「近代」との格闘の軌跡でもあった。良行にとって「出口」であった「アジア」の意味は、そのような入口の持つ重さや歴史性と切り離すことができない。

だが、この「出口」は実は「入口」につながっているのではないか。べ平連以降の鶴見良行の思想的営みは、彼が思想の科学の影響下で考えようとしていたことと根本的に異なるものではなかったのではないか。思想の科学とべ平連は、単に人脈的な連続性を含んでいるというだけではない。さらに思想的にも、べ平連以降の知と運動の地平から、かつて思想の科学が目指していたことを捉え直してみる必要があるのである。そして、そのような作業の延長線上に「アジア」があることも、問いの連続性として確認しておくべきなのだ。つまり、ここでの観点からするならば、べ平連は思想の科学に内包されていた問題意識を、一方ではより草の根的な政治実践へ拡張し、他方では国民国家の枠を越える連帯の可能性へ拡げていった。そのような連続性の観点から、鶴見良行の一九五〇年代の作業を読み直してみることができるのではないか。

おそらく、鶴見良行の初期の仕事のなかで、この連続性を最もよく示しているのが、一九五六年に『中央公論』に発表した「基地周辺のひとびと」である。この論文は、実質的に良行のデビュー作に近い。というのも、彼はこの数年前にハリウッド映画論とラジオ論を書いているが、これらは同時代の海外の研究に準拠している度合いが強く、良行自身の持ち味は必ずしも発揮されてはいない。これらに対し、「基地周辺のひとびと」は、同時代の多くの基地論を超える立体的な洞察を含んだエスノグラフィとなっていた。実際、この研究のフィールドとなったのは埼玉県熊谷にあったキャンプ・ウィッティングドン周辺地域だが、良行はこの調査のために「一九五五年冬以来、約半年の間ほとんど毎日をそこですごし」ていた。彼はこの地域で、「基地出現以前からそこに住む地もとのひとびと」と「バーやキャバレー、各種料理店等、基地に従属した生業を営むひとびと」の双方、その様々な階層に聞き取りを重ねている（「基地周辺のひとびと」[鶴見 1999a：39])。

こうした鶴見良行のフィールドワークの基礎となったのは、アメリカの社会調査理論でも、また少なくとも直接的には初期シカゴ学派の都市エスノグラフィでもなかった。たしかに良行は、この「基地の街」調査が、ハーバード大学のウィリアム・A・コーディルらによる調査プロジェクトの一部であると注記している。コーディルはもともと、アメリカ先住民の医療人類学的な研究から出発してシカゴ大学で学位を取得した人物で、一九四〇年代後半にはシカゴでの日系移民の社会的適応を調査している。やがて彼はイエール大学、ハーバード大学と職場を移しながら精神病院の社会病理学的調査を進め、それと並行して一九五〇年代半ばに来日し、米軍兵士と日本人コミュニティの関係を調査していった。

コーディルの経歴からするならば、シカゴ派の人類学や都市研究の方法論や成果を知悉していたことはほぼ確実だし、それが間接的に良行の調査に影響を及ぼしたと考えることも不可能ではない。しかし、コーディルの視点は、文化とパーソナリティ学派の影響を受け、日本の文化特性がどのように人々の精神障害に影響を及ぼすかという狭義に社会病理学的なもので、良行の調査にあるような批判的な視座は欠落している。要するに、「基地の街」についての鶴見の洞察は、アメリカの調査チームの視界をはるかに超えるものであった。

このような鶴見良行の視座の源泉はどこにあったか。実は、それを示唆しているのがこの論文の表題の「ひとびと」という言い回しである。この「ひとびと」は、おそらくは初期の思想の科学で中心的なプロジェクトであった「ひとびとの哲学」に由来している。一九四六年の終わりごろ、思想の科学グループは「専門的哲学者が哲学書著述に際して筋道たてて展開する所の哲学思想でなく、一般の人々が日常生活において話しまた行う所の哲学思想をとらえる」べく、「ひとびとの哲学」と総称されるプロジェクトをスタートさせた〔鶴見 1948〕。

天野正子が要約したように、このプロジェクトは、体系性や普遍性においてではなく、それぞれの人が生活のなかでふるまい、思考しているすべてのことを「ひとびとの哲学」として捉え直す壮大な試みであった〔天野 1992〕。だからこそ、この試みを実現するには、ひとびとの日常生活に「どぶんと飛び込んで具体的事物および価値の底深くにひたると共に、すぐさま空高く飛び上がって抽象原理の域にゆきつくだけの肺活量を持つ。さらに抽象原理の雲の上で長く昼寝をすることなく、また具体的事物および価値の海中にもどるだけの元気がある。この行きつ戻りつのこつ」が必要であった（鶴見俊輔「アメリカ哲学」〔鶴見 1991a：262〕）。

鶴見俊輔が企画の中心を担っていた「ひとびとの哲学」プロジェクトにおいて、鶴見良行は調査グループの主要なメンバーだった。実際、この活動の二回目の中間報告では、小学校教員や青年団、百貨店の女性店員などから上野地下道付近の浮浪者、同地下道の街娼、洲崎特飲街の女たちまでの聞き取り調査が試みられ、その報告は鶴見俊輔と良行の共同執筆になっている。俊輔は後に、この聞き取り調査をしていたころを回想し、調査での良行の「筆跡はすばやく、書きはしたまま他人に読める文字」であったと述べている。他方、良行も晩年、俊輔に「その後の自分に役にたっているのはむしろその経験だった」と話したというから、たしかにこうした経験は、「アジア各地を歩いて人びとと接したことと、ひとすじつながる」ものであった（鶴見俊輔「解

説　この道」〔鶴見1999a：301-302〕)。

そして、基地周辺についての良行の調査は、地域住民が米軍に対し、戦前に日本軍の基地を受け入れていたときの関係意識を引き継いで保持していること、また彼らの対米意識が、基地周辺のバーやキャバレーなどで働く女性たちへの差別的なまなざしに媒介されて顕著に屈折していることを明らかにした。かつて、「旧日本軍隊の駐屯はこの農村のひとびとにとって、経済的には向上の機会を、人生論的には新しい方向への可能性を、そして心理的には相互のつながりによる安定感を意味し」ていた。これは人々に、「軍隊に対する免疫性と保証とを与えるに充分なほどの経験」であった(「基地周辺のひとびと」〔鶴見1999a：42〕)。そうして彼らは米軍に対し、かつて彼らが日本軍に対して持ったのと同じような関係を求めていったのである。

しかし、米軍基地の前には何十軒という店が並び、米兵相手の女たちが入り込んでくる。良行の調査は、基地周辺の人々の反感や批判が、米軍そのものよりも米兵相手の女たちに向けられる傾向が強いことを示した。彼女たちは地域の住民によっても、また彼女たちの働く店の事業主たち自身によっても、「米兵をだまして金をむしりとる」存在として、また「下品、粗野、行儀が悪い、下層階級」の人々として蔑視されていた。その一方で、この地域の住民たちは、そのような米兵相手の店に土地を貸し、米兵のオンリーたちに部屋を貸すことによって潤っていた。つまり、この地域の事業主や住民たちには、「アメリカに対する完全な従属を願いながら、その従属の手段として女性たちを利用搾取し、しかも自分は一段上の高みにあって女たちに対する反感を示す」という矛盾に満ちた態度を示していた〔同：47-50〕。

鶴見良行が浮かび上がらせたのは、国民国家の枠組のなかに人々の欲望や反感が収まってしまうことの限界である。米兵相手に働く女たちは、「尋常な日本社会から締め出されつつも、なお、文化的には「日本」の一部分にとどまる。「日本」の一部分であるからこそ、農民の実感構造にくみ入れられて批判の対象となる」。彼女たちは、自分たちのような「特殊女性たちが日本の貞操の防波堤である」という紋切り型の論理に囚われていて、「日本」という枠から外に出ることができない。農民の基地に対する両義的な感情は、自分たちが蔑視している者に経済的に依存している矛盾を認識しながらも、「なお、「日本」内部にとどまろうとすることによって、彼らの現実主義の限界を示」していた［同：53］。このように若き鶴見良行が語るとき、彼の問いはすでに「アメリカ」を、単なる日米関係や国民国家の問題に還元されない仕方で捉えていた。この視点は、同時代の多くの米軍基地論が、たとえ反基地的な視点を持つ場合でも、「アメリカ」対「日本」という構図から抜けきれないでいるなかで稀有であった。

「カメラの眼」から「ナマコの眼」へ

本稿では、アジア各地を歩き始めるまでの鶴見良行が、メディア論とアメリカへの問い、そしてベ平連での実践を駆け抜けていく過程をたどり直しながら、そこに貫通するいくつかの連続性を検証してきた。以上を踏まえるならば、鶴見良行の思想的軌跡には、およそ三つの継続性のある意志が貫かれているように思われる。

第一は、すでに論じてきたような意味で「アメリカ」と「アジア」をつないでいく意志である。これは、まず何よりも良行がおのれの出自の一部であったアメリカという存在と格闘し、これを内破することでアジアの地平のなかに自身の存在証明を見出していく実践であった。同時にそれは、ネーションとしての戦後日本の自明性が、アジアを外部化するのではなく、むしろ自らのなかのアジアを検証するような仕方で問い返されていく過程でもあった。その延長線上で、一九七〇年代末以降の良行の仕事は、日本と東南アジア、そして世界システムの意識化されない歴史的重層性を、人々の日常的実践の内側から眼に見えるものにしていくこととなった。その際、良行はこの関係を、アメリカ＝加害者、アジア＝被害者という単純な図式に落とし込むことを拒否している。グローバル＝ローカルな権力関係は重層的であり、被害者は次の瞬間に加害者となる。だからこそ、現時点だけの相互関係ではなく、歴史の重層性のなかでそれぞれの地域での実践の諸関係を捉え直していく必要があるのである。

良行の軌跡に貫かれていた第二の意志は、「研究」と「運動」をつなぐものである。これは、思想の科学研究会からべ平連への動き、またその後のアジアの人々との共同作業などにおいて示されていく。鶴見良行は一貫して、自分が「学者」であるという考えを拒否している。他方、彼の自己像は、単純に「運動家」とも一致しない。むしろ彼は、これらの中間的な媒介者として自らを位置づけていた。このことは、既存の学問への強い批判を含んでいる。彼は、日本の大学が「知識の場」と「運動の場」と「第三世界の場」をつなぐ回路を形作っていないと批判していた。運動には知識が必要であり、とりわけ第三世界の現場ではそうである。しかし、今日の大学は、国民国家の枠組に囚われたまま、そうした草の根的なレベルから学問を立ち上げようとはしていない。さらに良行は、学者たちが、しばしば認識主体の自己中心的な発想や概念の自明性を疑わないので、現場での肝心の事実がこぼれ落ちてしまうとも批判していた［鶴見 1995：152-164］。各地の様々な運動と結びつき、出来事の現場にとどまりながら新しい知識生産を構築していくこと、良行が自らの「東南アジア学」で例示したのは、そうした可能性であった。

第三に、鶴見良行の仕事に貫かれているもう一つの意志は、「モノからの眼差し」とでも呼ぶべきものである。モノへの眼差しではない。この認識論がほぼ完成されるのは、やはり代表作となった『ナマコの眼』であろう。実際、生物としては眼がないナマコについて、あえてこうした題名をつけた意図は明白である。研究者が客体としてのモノについて語るのではなく、そのようなモノの側からのまなざしを記述していくことがいかに可能か――。一九七〇年代末以降、良行は「バナナ」のような食卓とかかわりの深いモノを洞察することで、日本と東南アジアの複雑な関係史を浮上させていった。しかし、この方法は、まず中心に日本人の食卓があり、そこから世界との関係が眺められるわけだからなお自己中心主義的な視界の内にある。だが、自己の視点からではこぼれ落ちてしまうかもしれない他者の眼差しにおいて、逆に自己を相対化させていく記述はいかに可能か。『ナマコの眼』では、鶴見良行はこの可能性に挑戦していく。

しかしながら、これまで述べてきたことからするならば、このようなモノへの関心、他者の眼差しを通じた自己中心的な世界の相対化への意志は、ある意味では初期の写真論の時代から彼のなかに伏在していたのではないか。カメラは後年まで、鶴見良行にとって必須の調査道具の一つであり続けたが、そのようにカメラによる認識を彼が重視したのは、「機械によってとらえられた現実は肉眼の選択によって落された部分をも含んでしまうから」であった（「〝人間天皇〟・広告スター・家族アルバム」［鶴見 1999a：98］）。良行の言明から約十年後、多木浩二がこの点を、「どんな写真家も自分のとった写真の上に、自分の痕跡と自分ではないものの痕跡を見出すのであり、自己と他者のふしぎなつながりと断絶という構造が、実は、自らと自らをとりまく環境あるいは世界の関係のあらわれにほかならぬことを見出すときに、写真は単に「見られた」ものの表層の意味によって成り立つのではなく「見る」こと自体が、たんに写真を成立させる現実の契機という以上の意味作用をもってくる」と精密に指摘した［多木 2003：15］。写真は決して、認識主体による対象の一方的な切り取りではない。カメラの眼というそもそもの機械的な構造が、もう一方の環境世界からの眼差しを内包させているのである。

カメラの眼からナマコの眼へ。この鶴見良行の方法論的な準拠点の軌跡には、彼がかつて、思想の科学研究会が提唱した「日常生活における具体的、個別的事物ならびに価値の中にしっかり根ざす」新しい哲学への展望を俊輔らと共有し、その後も目の前に見えるモノ、生活で使われ、食べられるモノたちにこだわり続けながら、そのようなモノの場を国民国家の日常空間からグローバルな複数形の歴史空間へと拡張していった過程が示唆されている。かつてカメラの眼がそうであったという以上に、ナマコの眼では地者からの眼差しがはっきりと照準されている。しかもその眼差しは、天皇や家族アルバムといったネーションの枠組に収斂してしまうものではなく、世界史的な広がりと厚みのなかで複数化していくものである。ベトナム戦争という「教師」に直面し、内なる「アメリカ」を突き破りながらアジアに向かうことで、鶴見良行は日常のモノからの眼差しと、グローバルな地政学とを交差させる方法を発見していったのだ。

（『思想』二〇〇五年一二月号、岩波書店）

Ⅲ―5　カルチュラル・タイフーンの翼に乗って

文化颱風の発生

カルチュラル・タイフーン（文化颱風）とは、同時代的情況から文化の政治性をめぐる問題にクリティカルに切り込む研究者やアクティヴィスト、アーティストなどが時間と空間を共有し、研究発表や討論、展示、ワークショップを重ねている国際的会議の名称である。それらの学際的で批判的な研究は、一般には「カルチュラル・スタディーズ」と呼ばれるが、カルチュラル・タイフーンは、日本を拠点とする批判的文化研究の最大規模のフォーラムとして成長してきた。

「颱風」という隠喩が用いられたのは、この会議が年ごとに日本列島の各地を旅してきたからである。参加するのが日本、韓国、台湾、香港など台風の通過ルートからの人々が多く、七月というちょうど台風シーズンの始まりの季節に催されてきたこともあり、この言葉の喚起力にすっかり魅されていたわれわれは、自分たちの知的、文化的挑戦を「カルチュラル・タイフーン＝文化颱風」と名づけてきた。大学院生や若手研究者を企画運営の主体にしており、参加者にも若手が多く、下剋上、造反有理といった気分が息づいているのも「颱風」的といえる。

カルチュラル・タイフーンは、これまで一〇回開かれている（本稿執筆時点。二〇一九年現在では一七回）。第一回は、「グローバル化の中の文化表現と反グローバリズム」を統一テーマに、二〇〇三年に早稲田大学で開催され、約四六〇名の研究者が参加した。第二回は、翌二〇〇四年に琉球大学で開催され、約五〇〇名が参加した。第三回は、二〇〇五年に立命館大学で開催され、五〇〇名近い参加者を集めた。このように三年間の積み重ねを経て、カルチュラル・タイフーンは日本で文化の政治性について考える多くの若手研究者の間で最も魅力的な新しいタイプの研究発表の場として知られ、国際的にも関心を集めるようになった。

他方、第三回までのカルチュラル・タイフーンは大学施設を用いていたために、都市の文化実践や社会運動との連携に限界があった。そこで第四回は、会場を大学のキャンパスから外に出し、都市文化で活気ある動きを見せる東京・下北沢の街で、地域の運動と連携しながら開催していくことになった。このとき、タウンホールと高校校舎を借りたメイン・プログラム、映画館を会場として都市映画を上映していったシネマ・タイフーン、再開発問題をめぐり世界から集まった建築家がワークショップを開くアーバン・タイフーンの三本柱が展開された。その後、第五回は名古屋のウィルあいちなど市内各所で開催され、第六回は震災前の仙台、伊東豊雄設計のせんだいメディアテークで開催され、映画やまちづくりの要素も取り込まれ続けた。さらに二〇〇九年には、第七回が東京外国語大学を舞台にアジア全体の文化研究のネットワークであるInter

Asia Cultural Studiesの総会と合同開催され、二〇一〇年には第八回が駒澤大学深沢キャンパスで、二〇一一年には第九回が神戸・海外移住と文化の交流センターで、二〇一二年には第一〇回が広島女学院大学で開催されていった。

毎年、わずかな予算で、組織的基盤もないなかで、二〇〇三年の誕生から一〇年以上にわたってカルチュラル・タイフーンが継続されているのは、まるで奇跡にも見える。参加者数をみても、東京開催では一〇〇〇人を超えることもあり、地方都市でも五〇〇人近い若者が参加するから、規模も小さくはない。またこのイベントは多国籍で、韓国や台湾、香港、欧米から毎年、多くの報告者や企画者が加わる。多くのパネルが英語で実施され、日本語パネルでも、英語が堪能な留学生がボランティア的に臨機応変の通訳らしき役を果たしてきた。その雰囲気は、日本の多くのいわゆる「学会」とはまったく異質である。

グローバルな波のなかから

いったいなぜ、この「奇跡」のような出来事が続いているのか――。第一に、カルチュラル・タイフーンが乏しい予算のなかで多くの大学院生、若手研究者を集め続けている根底には、この活動が、既存の学会や国際会議とは異なり、「教員」と「学生」の既存の区分を積極的に転換させ、広く対話と表現と運動の交流を目指してきたことがある。たとえば、東京外大での二〇〇九年のカルチュラル・タイフーンは、Inter Asia Cultural Studiesの大会と合同で開催されたが、その準備を進め、企画から会場設営までを仕切ったのは、東京外大や一橋大を中心とする院生チームであった。彼らは自分たちで適材適所の役割分担を作り上げ、会議の方向を枠づけていった。日本では若者たちの国際的な討論や共同作業に対する関心は低いと言われるが、カルチュラル・タイフーンへの学生たちの没入は、そうした一般的通念とは正反対である。

この斬新さは、カルチュラル・タイフーンのような場を必要としている若手研究者のすそ野の拡大を前提にしている。カルチュラル・タイフーンを支え、これに積極的に関与してきた研究者には、一九八〇年代から九〇年代にかけて英米圏に留学し、そこで学位を取得した層が含まれる。彼らは帰国後、日本の大学組織や学会秩序に違和感を募らせ、日本のこれまでの学問秩序とは構造的に異質な志向を持つカルチュラル・タイフーンを支持していった。こうした海外留学組は、日本以上に韓国や台湾、香港では多数派だから、それらの人々の志向や関心と、カルチュラル・タイフーンのスタイルはぴったり合致することになる。カルチュラル・タイフーンは、日本の学会が「国際化」をめざして英語を導入していくのとは逆に、そもそもグローバルな広がりのなかで浮上してきた越境的関心が、徐々に日本に定着していくことで広がった動きなのである。

もう一つ、カルチュラル・タイフーンを持続させている背後の力は、広い意味でのポピュラー文化を研究対象にしようとする知的関心の拡大である。多くのアジアの大学院生や若手研究者にとって、「日本」の消費文化は格別な興味の対象である。一九九〇年代、日本のトレンディドラマやＪポップは国際的に研究され、同時にそれはマンガ、アニメ研究の流れともなり、ポピュラー文化研究の多くの分野で「日本」は消費の記号となった。同時代、韓国や台湾や中国、東南アジアで「日本のポップカルチャー」を研究テーマに留学しようと考える学生も増え続けた。彼らの目からすると、カルチュラル・スタディーズとはサブカルチャーやポップカルチャーの研究で、その最先端の現象が生じてきたのが日本だから、日本に留学しようというわけだ。そうしたうねりもカルチュラル・タイフーンに発表の舞台を求めていった。

一九世紀初頭、国民国家の台頭を基盤に、文学や美術、哲学、歴史など、国民的伝統としての「文化」が研究の対象として想像されていったのに対し、二一世紀初頭、カルチュラル・スタディーズを浮上させているのは、越境的なグローバル資本の力である。カルチュラル・タイフーンもまた、一面でこのグローバル資本主義の一部であり、かつてのような国民的伝統としての文化でなく、トランスナショナルな文化フローやその消費、越境するジェンダーやエスニシティ、ネット文化等々、あらゆる移ろいゆくものが二一世紀的な関心の対象として浮上する。つまり今日、若い学生や研究者の関心が、文学や美術、歴史から、むしろ広義のカルチャーやアートに移行してきていることは、あくまで今日のグローバル資本主義に支えられた文化現象の一部なのだ。そしてカルチュラル・タイフーンも、そうしたグローバリズムに支えられた現象である。

日常的文化実践の政治学

だからこそ、カルチュラル・タイフーンは、脱国民主義的であると同時に自己批判的、つまり脱ナショナルでありながら脱グローバルでもある運動の契機を内在させなければならない。カルチュラル・タイフーンはこれからも、トランスナショナルな文化消費を促す越境的な資本主義の作用を問うていくべきだし、それを現代東アジアの地政学的秩序のなかに位置づけていかねばならない。そしてそうした問いが、アジアの様々な現場であらゆる軍事的、経済的、社会的抑圧に抗う活動を続けている人々と結ばれていくための場となるべきである。

かつて、日本のメディア研究者たちの間で、「カルチュラル・スタディーズ」はマスコミ研究のなかの新しい受け手研究の潮流であると解釈されていた時代があった。そうした論者たちは主流の社会心理学的な効果研究を批判し、「デコーディング」の過程における受け手の意味解釈の「能動性」やテクストの記号論的多義性を強調した。しかし、カルチュラル・スタディーズの要点をオーディエンスの意味解釈の次元に還元し、場合によっては利用と満足研究とも統合可能なものであると見なすのは、日常生活の総体的批判としてのカルチュラル・スタディーズが内包する批判的な射程を著しく縮めてしまう。そして実際、一九九〇年代半ば以降のカルチュラル・スタディーズの日本での展開は、それまでのそうしたマスコミ研究内部での「カルチュラル・スタディーズ」解釈の限界を打ち砕いていった。一九九〇年代以降、カルチュラル・スタディーズは、マスコミ研究よりもポストコロニアリズムやポスト構造主義と深く結びつき、若者たちの都市文化運動とも結びついた現象として受けとめられていくようになった。

しかし、そもそも方法論的にいうならば、カルチュラル・スタディーズは、文化＝テクストについての記号的ないしは精神分析的な構造分析から、文化＝テクストが生きられ、経験されていく場、すなわちそれらが生成＝生産され、同時に感受＝消費されていく場についての意味生産論的であると同時に政治学的でもあるエスノグラフィックな分析への視座転換を通じて浮上してきた潮流である。この場合、文化＝テクストが生きられ、経験されていく場とは、何よりも日常的実践の場であるから、カルチュラル・スタディーズとは最も広い意味で人々の日常的な文化実践の政治学であり、同時に詩学である。この知にとって、文化＝テクストが文脈化されているという認識と、そうした文脈自体が文化＝テクストを生産する政治的、記号的実践のなかで節合されているという認識は両輪をなしている。そこからカルチュラル・スタディーズは、現代の日常的文化実践におけるオーディエンス／パフォーマーの社会的身体と、それが位置づけられる歴史地政学的な場の政治学＝詩学を同時多発的に探究してきた。

多島海としての東アジア

こうした方法論的な立場は、グローバリズムやコロニアリズム、ナショナリズムの今日的状況に対する批判の理論的契機を内包している。文化颱風のまさに「颱風」的な介入は、私たちの日常的実践の政治学を、次のような五つの東アジアの地政学的歴史性と結びつけていかなければならない。第一に、一九世紀末から二〇世紀中葉までの日本帝国による植民地支配、第二に、戦後冷戦及びポスト冷戦を通じたアメリカの覇権構造、第三に、中国共産党による大陸統治の確立、第四に、二〇世紀末以降の中国、韓国、日本、台湾、ベトナム、シンガポールなどを含めた東アジア経済圏の急激な拡大・統合の過程、そして第五に、群島から成るこの東アジアが内包するすさまじい文化的多様性である。この幾重もの歴史的文脈を東アジアが根深く背負っていることを、この地域のいかなるカルチュラル・スタディーズも見過ごすことができない。

これらの条件のうち、旧日本帝国による植民地支配、冷戦体制とアメリカの覇権、中国共産党による大陸統治は、いずれもこの地域の近現代史を支配した大文字の政治である。文化の水平的越境に対し、これらは垂直的な政治の作用である。カルチュラル・タイフーンは、この水平面と垂直軸の交錯を、それぞれの交渉の現場から捉えていくだろう。たとえば二〇世紀の東アジアにおいて、旧日本帝国の植民地主義支配からアメリカの軍事的、経済的覇権への連続的再編過程を解明していくことは、とてつもなく重要な知的課題である。そしてこれを可能にするのは、東京やソウル、ワシントンからの視点以上に、沖縄やフィリピン、太平洋諸島など群島、あるいは南北朝鮮のような半島からの視座なのである。

他方、二一世紀の最初の数十年間を通じ、東アジアは経済的には高度に統合化されつつある。今日、黄海から東シナ海に広がる沿岸地域、すなわち上海、北京、大連、ソウル、台北、沖縄、福岡、少し離れて大阪や東京、あるいは香港やシンガポールを拠点にネットワーク化された東アジアは、世界最大の経済圏に成長しつつある。そのなかで主役を演じるのはもちろん中国だろうが、これに日本、韓国、台湾、香港、シンガポールなどが連携しながら対抗する統合性の高い東アジア経済圏全域で、私たちは今後、同質性の高いコスモポリタンな文化を生きていくことになるだろう。そこでは軍事や政治、歴史的記憶がなお分裂を続けるだろうが、経済は統合の度合いをますます強めていくだろう。

ところがこの東アジアは、経済的にどれほど統合されても、文化的には大小の群島から成る多様性の海でもある。東アジアは、中国大陸を中心とした求心的な世界であるだけでなく、日本海、東シナ海、南シナ海などが連なる長大な多島海地帯として長く生きられてきた。この多島海は、かつて帝国日本の激しい侵略を受け、アメリカの軍事的覇権下に置かれ、日米戦争の激戦と朝鮮戦争、ベトナム戦争もこの一帯で起きた。ところが日本列島とフィリピン諸島にはそれぞれ約七〇〇〇の島があり、インドネシアには約一万七〇〇〇の島がある。これらの島のそれぞれが小宇宙を成し、文化的多様性を育んでいる。この多様性は、アジアの基底をなすものだ。

現在、東アジアで進行しつつある広範囲の経済統合と、この地域に横たわるめくるめく文化的多様性。そうしたなかで、何よりも「島国」であるに日本は、この「島国」性を内に閉じたものではなく、外に開かれた複数性として定義し直さなければならないはずだ。「日本」を、単一の「国家」というよりも、とてつもない多様性と複数性を内包した「群島」として定義し直さなければならない。私たちは、アジアを大陸中心ではなく、数万の島々からなる多島海として考えることで、その未来像を転換させるべきである。アジアの「台風」は、まさしくこの多島海を南から北へ抜ける。「文化颱風」は、その台風に並走する越境的想像の場であり続けるべきだ。

学会＝アカデミーを再定義する

さて今回、カルチュラル・タイフーン（文化颱風）は、数年に及ぶ長い議論を経て学会化する。

即席の「学会」設立が少なくない昨今、カルチュラル・タイフーンを学会化することには、長らく一部に反対や懸念も存在した。というのも、カルチュラル・タイフーンはもともと反学会的な、既存のアカデミックな秩序に抗う実践という面を含んできた。現場のアーティストやアクティヴィストが多く参加しているのもこの集まりの特徴である。そうした中でカルチュラル・タイフーンの学会化は、この運動のそうしたラディカリズムを弱めてしまうのではないかという懸念である。

たしかに、日本の少なからざる学会が、閉じた専門分野での権威の承認や新興分野の権威づけ、あるいは若手研究者が年配の教授たちの前で自分の研究を披露する職探し的な場となっている現状からすると、カルチュラル・タイフーンの学会化は、「颱風」本来の反骨精神の頽落と見えるかもしれない。しかし、その一方で、日本で脱領域的な批判研究をしようとする若手の研究成果が広く可視化され、「業績」として評価されていく開かれた場を提供することの重要性もまた明らかである。カルチュラル・タイフーンの第一世代は、後続世代の若者たちがカルチュラル・スタディーズを志し、カルチュラル・タイフーンに参加することが、けっして高学歴失業者への道を意味するのではなく、十分にとまでは言えなくても、安定的で魅力的なキャリアへの入口に立つことだと感じられるようになるために、最大限の努力をすべきなのだ。

私自身、このような認識を一九九〇年代末から抱き続けてきた。その頃からアジア諸国の多くの同世代の文化研究者たちとの親密な交流が始まったのだが、彼らがその優れて批判的な研究や実践を、衒いや屈折などまったくなしに、当然のこととして学会や大学組織、カリキュラムに制度化しようとしていたことが非常に印象的であった。「大学」や「学会」は自分たちが営む批判的知とは異なる「外側」の制度であると思ってしまいがちな日本の知識人文化とはきわめて異なる前提がそこにあった。制度は自分たちを抑圧するのではなく、むしろ使いようによっては制度こそが変革の媒介なのだという発想が、日本にはもっと必要であると感じるようになった。

そして実は、「学会」とはそれ自体、もともと変革のメディアとして誕生した制度であった。「学会」の原型は一七世紀の「アカデミー」まで遡ることができるだろうが、アカデミーは当時、脱権威的、草の根的な知的サークルとして全欧に拡大していた。グーテンベルクの印刷革命以来、活字メディアの普及は中世的な知の拠点としての大学の権威を下落させ、やがて一七世紀、過去の遺物となった大学の保守性に対抗する最も批判的かつ創造的な読者の知的共同体がアカデミー＝学会として組織されるようになっていったのである。この「学会」の原型は、今の日本の巷に溢れる大小の学会とは似ても似つかないものであり、その知的ネットワーキングのポテンシャルは、その後のフランス革命の原基の一つともなっていく。

カルチュラル・タイフーンの学会化は、ポスト近代的情況のなかで、一七世紀に叢生したそうした「学会」の原型的な革命性を復権させる試みともなろう。ここに誕生する学会は、権威を再確認し、新来の者たちを入信させる神殿ではなく、そのような神殿を無数の知的闘争を通じて内破していく舞台とならなければならない。現代日本の若手研究者、表現者、運動家は、この鬱々たる日本で、そのような新しい共有の場の拡大を求めているはずだ。だからそうした場がすでに誕生していることをより広い人々に伝え、彼らをこの新しい革命的アカデミー（「颱風」としての学会）に巻き込んでいくこと――これこそがここに発足する学会の最大の使命である。

カルチュラル・スタディーズの翼に乗って

一九九六年三月一五日、スチュアート・ホールは東京大学で開催されたシンポジウム「カルチュラル・スタディーズとの対話」のために来日し、「カルチュラル・スタディーズの翼に乗って、旅立とう」と題された基調講演を行った［ホール 1999］。振り返るならば、この講演は、日本におけるカルチュラル・スタディーズの大きな展開の画期であり、カルチュラル・タイフーンが誕生してくる原点であったと改めて主張したい。

ホールがこの講演で強調したカルチュラル・スタディーズの特徴は、「一般化をことごとく嫌い、歴史的コンテクストの特異性にどこまでもこだわる」ことであり、そのことによって歴史的な出来事における「類似と差異との複雑な相互関係や、歴史的に特異な事情に、とくに注意を払う」ことだった。だからこそカルチュラル・スタディーズは、「意味とはつねに特定のコンテクストに縛られ、いつでも特殊な言説の編成や発話の戦略、言語ゲームのルールに依存するという事実に敏感」であり続けた［ホール 1999：5］。ヘゲモニーや重層決定、アーティキュレーションといったグラムシやアルチュセールから奪用された概念を、探究の軸に据えてきたのもそのことによる。

その上でホールは、カルチュラル・スタディーズの「旅」が、現在の場所（ローカル）から離れてどこか地球均一的な場所（グローバル）に行くようなものではなく、「ローカルとグローバルとを共に再現する、もう一度相互の関係性において舞台に乗せるかたちで行なわれる」ものであるとした［同：20］。ホールはまた、グローバリゼーションを後期近代に特徴的な現象とする考えに反対し（グローバリゼーションは大航海時代から始まっていた）、グローバリゼーションが差異を画一化するとする考えにも反対した（グローバリゼーションは差異を通して効果を発揮する）。

こうすることでホールが示唆したのは、グローバルなものがローカルな場に発現し、ローカルなものがグローバルな場でこそ生きられていく今日的な状況に介入する方法である。ローカリズムとグローバリズムが二項対立的に存在しているのではない、グローバルな力の作用はむしろローカルな場の実践において経験されている。だからこそ、そうしたローカルな場の経験や歴史、文脈的な特殊性の内部に深く分け入るのでなければ、カルチュラル・スタディーズが今日のグローバリゼーションについて有効な批判をすることなど到底できないのである。

（『年報カルチュラル・スタディーズ』第一巻、カルチュラル・スタディーズ学会、二〇一三年）

エピローグ　劇つくりの越境者——追悼・如月小春

「〈そこ〉では全ての言葉は〈全体〉に関わる事を拒絶されている。言葉はその背後に無辺の闇を感じながら辺境に立ち尽くす。全てはカッコ付きの可能性にくるまれて、地域的に処理される。……その事を知りつつ何かを語ろうとする時、私達は気狂い染みた明るさを粧いながら逃げ惑う羽虫のようにバタバタと、息つく間もなく辺境から辺境へと芝居をかけてまわらねばならない」（如月小春「作者ノート」『家、世の果ての……』一九八〇年）

「分からないこと。分かってはならないこと。消費するのではなく受容しなければならないこと。それは語る私に、聞く我々に、居心地の悪さを残す。外部からはどう解釈してもいい。だが、いったん枠に入った瞬間からは、解釈することを拒否しなくてはならない。それが生きる場だから」（李静和『つぶやきの政治思想』一九九八年）

1

鮮烈だった――。わずか一二畳ほどだろうか、風通しも悪く、日も当たらない、女子大のキャンパスの片隅にある老朽バラックの稽古場で、プレスチック製のバットで力まかせにコンクリートの床を叩く小柄な女性がいた。その瞬間の、静止――。室内の空気がぴんと張り詰める。薄汚れた体操着を着た女たち、男たちの身体がわずかに揺れる。数秒後、もう一つのバットの音とともにすべてが凄まじい勢いで動き始める。

そう広くもない薄暗い室内は、演技をする役者とそれを見る役者、劇団の関係者や様子覗きにきた者でいっぱいになっていた。バットを持った女性は、その場に居合わせた仲間たちと笑い転げ、あるいは意識を集中させながら、手元のラジカセに次々と新しいカセットを入れて音によって役者たちに介入し、彼らに言葉を与えていた。集団での空間構成、出会いのエチュード、集中と開放。異なる身体と言葉が、即興で作り出されていった状況のなかでぶつかりあい、異なるドラマが生まれてくる。それは、それまで私が「演劇」というものに対して抱いていたイメージとはまるで異なるものであった。

私がその稽古場を訪れたのは、まったくの偶然だった。よくあるイマドキの大学生だった私は、高校時代からの友人と東大駒場のキャンパスをぶらついていた。授業をさぼってのことだったかもしれない。学園祭だったのかもしれない。そこでこれまたよくあるパターンで新人勧誘にあい、物珍しさから、あるいは白状すれば「劇団の女の子たち」が目当てだったのかもしれない、当時は東京女子大のキャンパスにあった劇団綺畸の稽古場を訪れたのである。それまでとりたてて「演劇」に興味を持ったことはなかったし、「劇団」に入ることなど考えたこともなかった。一九七〇年代半ばに大学に入った私にとって、政治の季節はとっくに過去のもので、その後遺症のニヒリズムもすでに色褪せていた。むしろ私の意識は、すでに興隆期にあった一九八〇年代型の消費文化にどっぷり浸っていた。

その私にとって、稽古場の緊張感とボルテージ、そして何よりもそこで発生しているドラマは、もうだいぶ前から自明なものとして流して生きてきた〈私〉の外殻を揺さぶるものだった。明らかに、ここで声をあげ、体を衝突させている人々が呼吸しているのも、虚ろに流れる東京の、薄っぺらに買い揃えていける日常にどっぷり漬かっている私と同じ世代、同じ種類の人々だった。同世代であるという以上に、もっと感覚的なところで私もまた彼らのひとりだった。それにもかかわらず、ここではドラマが生まれていた、少なくとも生まれようとしているのが感じられた。その日から数年間、私は大学生活の最も多くの時間を、劇団綺畸の稽古場で、また東大駒場寮裏の駒場小劇場で過ごすことになった。私はしだいに演劇という場の力、異なる人々の衝突のなかでドラマが生まれてくることの意味を、本気で考えてみたいと思うようになっていった。

もしも、私が最初に訪れたのが稽古場ではなく、劇団綺畸の「公演」であったなら、私はこの集団にあれほど惹きつけられなかったかもしれない。実際、そう必ずしも意識していたわけではないのだが、如月小春にとっても劇団にとっても、実のところ単純に本番の公演のために稽古のエチュードがあったのではなかったように思う。むしろ、稽古のために公演があるというか、稽古の場でのポテンシャルと即興性をいかにして公演における他者の視線や再現性に結びつけ、前者を後者にではなく、むしろ後者を前者に巻き込んでいくかに、如月の作劇と演出の多くの努力が割かれていたように思う。公演は、たしかに諸々の稽古が目指す目標地点ではあったけれども、必ずしも最終ゴールではなかった。だから少なくとも私にとって、如月小春はまず劇作家としてあるのでも、演出家としてあるのでもなかった。むしろ彼女は、まず何よりもバットを持ち、ラジカセを操り、意識と感覚の集中を高めた役者に言葉を投げかけていくメディエーターとして、文字通りドラマの生成の産婆役として、薄暗い稽古場のなかにひとりで立っていた。

II

如月小春はだいぶのちになって、「雨後の竹の子族とばかりに増え続けている思想も安易この上ない自己満足志向小劇団のはしり」であった劇団綺畸で、「何故か、一本打つごとに芝居がいやになって」いったことを書いている。「私自身は卒業後これといってやりたいことがある訳でなく、かといって演劇を続けていくほどのこだわりもなく、まったく宙ぶらりんのままで、劇団の解散公演のつもりで一本戯曲を書くことにした。しかし、書けば書くほど、自分の言葉が空々しく思えてならないのである。観客を笑わせるためのギャグも、泣かせるような抒情にみちた台詞も、笑いのための笑い、抒情のための抒情にすぎず、自分が本当に笑いたいのでも泣きたいのでもないことが露呈するばかり」だったという。

私が劇団に在籍していたのは、ちょうど彼女が「一本打つごとに芝居がいやになって」いく過程のことだったのかもしれない。公演が終わるごとに、劇団は揺れた。打ち上げは平穏なものではなかったし、公演の後の反省会で、如月は何度ももうこの劇団を辞めると真顔で言った。そのたびにわれわれは方向を喪失しながら、なぜ彼女はこれほど自分を追い込んでいくのか、なぜそれほどぎりぎりのところで生きていこうとするのか、はっきりとは理解できなかった。

思い返してみると、たしか一九七九年五月に公演のあった「新御伽草子――雪の小石川篇」の後も、かなり劇団は揺れたように思う。当時の記録がもう手元にないので曖昧な記憶を頼りにするしかないが、あれは登場人物ひとりひとりの存在の根拠を追い込んでいく、シビアで暗い芝居であった。そして、それから数ヵ月後、如月は「ロミオとフリージアのある食卓――悲恋・中野区篇」を書く。

この芝居についてはすでに多くが語られてもいるが、今回、昔の段ボール箱を引っかきまわしていたら、当時、大学三年生だった私が学内の文集に書いた文章がたまたま出てきたので、それを引用することでドラマの流れを確認しておきたい。

（この如月の新作で）ロミオとは、悲劇性の象徴であり、フリージアとは、日常性の象徴である。従って、この題名は、食卓という生活の場において悲劇性と日常性が何の葛藤もなく並立している状況、悲劇性が日常性に絡み取られ、しかし同時に、その日常性の深層で、真に現代的な悲劇が進行しつつある状況を示している。……（劇の冒頭）客が入場すると、劇場内部はブラックライトのみによって照明されている。客席では、白いおかめの面と白手袋をつけた黒子が誘導にあたる。舞台上では、同様の黒子達が舞台装置を運び入れている。……音楽が変わり、黒子達によってマネキン人形であるキャピレット家の人々を演ずる役者達がゆっくりと運び込まれて、舞台に置かれる。黒子達が去った後、人形達は小刻みに動き始める。動きはだんだん自然になり、ついには本当の人間の動きとまったく見分けのつかぬものとなる。……（第一部は）キャピュレット家の人々がさりげない日常の中で、ものすごい期待感で突然の訪問者たる男の登場を待つ場面である。第二部で、ひとりの男が三越の配達アルバイトとしてやって来る。待ってましたとばかりにキャピュレット家の人々は歓待し、脅し、いたぶり、ついには男を檻に閉じ込めてしまう。第三部では、……（キャピュレット家の人々と男との会話のなかで）平和そうに見えたこの一家が、実は家族なんかじゃなくて『男』を自分たちのロミオにするために家族を演じているだけであること、男が三越の配達アルバイトとしてここに来たのも、恋人との関係も、すべてが台本通りであることなどが明らかになっていく。混乱し、興奮した男はジュリエット役と共に『メタモルフォース』と叫ぶ。同時に会場全体に『ロミオ！』と叫ぶ歓声が沸き起こり、中野区民たちがなだれ込んでくる。……こうして中野区主催のドラマはクライマックスにさしかかる。そのときジュリエットが突然、自分たち中野区民すべてが人形にすぎないことを暴露してしまう。中野区民の共同性はボロボロに崩れていき、その過程でついには男も押し潰してしまう。……（劇の最後で）男を押し潰した人形達は、中野区民に戻って起き上がり、何事もなかったかのように楽しそうに去っていく。

要するに、昨今の映画でいえば『トゥルーマンショー』のような筋立てなのだが、こちらはドラマを演出している超越的な視点があるわけではなく、むしろわれわれの演技する欲望そのものが、システムとしてのドラマを支えていると考えていた。如月はのちに書いているところによれば、「中野区民」たちは「日常生活の平板さは全て悲劇のまきおこる前の静けさであると状況設定し、嬉々として凡庸を演じるのである。……幾層ものどんでん返し、劇中劇の連続は、非日常へと飛躍できずに、次々と仮面をつけかえることで状況と自分、他者と自己の関係をつくりあげていく、自己確認のための運動の軌跡なのだが、最後の最後まで自己は確認出来ず、関係の戯れだけが舞台上に踊る」のである。

そして何よりも、この作品は何らかの社会批評を目指して書かれたものではなく、むしろ如月が、役者たちの身体と彼女の戯曲の言葉がどのように交わることができるのかをぎりぎりのところまで追いつめて考えることのなかから、必然的に、ある種の逆説的な戦略として生み出されてきたものであった。彼女はこのとき「観客を笑わせるためのギャグも、泣かせるような抒情にみちた台詞も、笑いのための笑い、抒情のための抒情にすぎず、自分が本当に笑いたいのでも泣きたいのでもない」状況そのものを、ドラマを成り立たせるための方法論にしていった。このときから、演劇を続けることや、自らが生きてあることの根拠のなさ、内なる空白そのものが彼女の芝居のテーマとなっていった。

思い返すと、この『ロミオとフリージアのある食卓』を境にして、如月と劇団の役者たちの関係は、何かが少しずつ変化していったように思う。当時の綺畸における如月の芝居は、劇団の中心的な役者だった伊藤一尋と瀧川真澄、望木祐子らと如月とのインターラクションのなかで成立していた。その役者たちとの個人的な関係が、ここでもちろん変わったわけではなかったのだが、しかし彼らを演出していくときの方法論を、如月は徐々に変化させていたような気がする。そしてこの頃から、如月は自覚的に〈村〉への回帰を志向する芝居ではなく、むしろ〈都市〉の内破を志向する芝居に向かっていった。

たとえば如月は、のちに「何度も言うように目的があって始めたわけじゃない。しいていえばあの村祭りの一瞬に戻らんがため。だから村祭りを解析し意識化することが自己批判を迫られた私たちの仕事となった」と書く。しかしもちろん、彼女の芝居は「解析」や「意識化」を目標にしていたわけではなかった。彼女の作品のなかで最も「解析」的である『ロミオとフリージアのある食卓』ですら、その再演に際し、如月は仮面剥ぎゲームの果てに見えてきた「仮面の下にはまた仮面、本当の顔なんてない」という認識が、むしろ成立しなくなるように書き替えている。その結果、ドラマは批評を通過してゲームとなる。「「ルールは簡単です。ただ視点を相対化してしまいさえすればいいのです。あとはゲームの進行に従ってその場で泣いたり笑ったりしていれば、それだけであなたは〈あなた〉になれるのですよ」――そうだ、私は〈私〉になるために「演劇的」であることを必要としていたのだ」と、彼女はいう。如月の〈都市〉において、演技が成立するのはこのゲームの外ではない。設定されたゲームを役者が生きていく。その瞬間に役者の身体に生じる何事かに彼女のドラマトゥルギーが賭けられていたのだと思う。

III

如月小春が〈都市〉というテーマを最も前景化させて作品を書いていたのは、一九八〇年六月に初演された『家、世の果ての……』から八二年の『工場物語』までであろう。その後、NOISEを結成してからも『MORAL』のシリーズをはじめとして〈都市〉が何度もテーマにはなっているが、一九八〇年代初頭のように〈都市〉そのものが彼女の描く対象とされるというよりも、むしろそうした〈都市〉を呼吸し続ける役者や観客たちの〈身体〉に中心的な関心が集中されていったように思う。

同時に、私自身が、如月小春の芝居の生成過程と内側でかかわっていたのは、八一年の再演版の『ロミオとフリージアのある食卓』までである。これ以降、私は大学院生の一時期を遠藤啄郎率いる横浜ボートシアターで過ごしながら、次第に自分の軸足を劇場ではなく大学の教室、直接の身体的表現の場よりも活字での議論の場に移していった。したがって、『工場物語』以降の如月の芝居に関しては、私はひとりの観客として以上の観点を持ち合わせているわけではない。『ロミオとフリージアのある食卓』から『家、世の果ての……』までの半年余りは、如月小春がもはや学生でも単に劇団綺畸の座付き作家でもなく、ひとりのプロとして演劇とかかわっていくようになる、つまり「芝居を書く」ことを自覚的に自分の「仕事」として意識するようになっていく過程であったように思う。たしかに彼女は、のちの本で、「本気じゃなくて書いた戯曲が二本、三本とたまっていく。惰性というか、遊びというか、やめるべききっかけを失ったまま、いつしか私は演劇を通して物事を考えるようになってしまった。そんな私だから、これからだって、いつどんなきっかけで、やるよ、の一言で専業主婦になるかもわからないし、総理大臣をやっているかもしれない」と書いている。如月小春は、いつでもこうしたしなやかさを備えていたのだが、けっして「惰性」や「遊び」で芝居を続けていたようには見えない。人並みはずれて敏捷な直感がそのまま行動に結びつき、人並みはずれて思い込みが強い人でもあった彼女において、ここでいう「惰性」は実のところ「執念」に近いものであり、「遊び」は「賭け」に近いものであった。

その如月が、たぶん劇団の役者たちに向けてという以上に自らの〈内なる都市〉に向けて、自らの内的世界を全面展開させたのが『家、世の果ての……』ではなかったか。今、読み返してみても、この作品は、鋭い刃で私たちの皮膚の表面を剥がし取っていくような残酷さを内包している。如月自身、この作品を書いた一年後に、「昨夏、私は自分にとってとても苦しい芝居を創った。自閉的な終わり方をする芝居だった。秋から自室に閉じ籠りながら、何が私にとっての持続の根拠だろう、とそればかり考えた」と述べている。

これほど如月が自分自身を追いつめながら書いた作品でありながら、当時、劇団の演出部のひとりであった私には、いったいこの作品の世界をどう演出したら表現していくことが出来るのか、自分なりのイメージを持つことが出来なかった。作品は、古典主義を装った『ロミオとフリージアのある食卓』のように構造的に展開していくというよりも、そうした構造を切り裂くような仕方で成立していた。物語の一方の平面には、無数のモノたちが山と積まれたスーパー不夜城を消費しながら、破壊的で残酷な言葉をさりげなく、にこやかに発して日常を演じる市民たち、そして店員たちがいた。他方で、そうしたリアリティの平面とは直交するかのように、灰色の日常から脱出しようとする百合子や、そのリアリティの平面を斜めに漂流していく猫河原たち一行がいた。そして、このリアリティがすべての意味を喪失させてしまった虚空の暗闇に、〈私〉としての少女と男がいた。作品には無数の亀裂が入り、空間は捻じ曲がり、陥没していた。

この幾重にも断層が走り、崩壊し続ける冷たい世界を、いったいどう一定の時空間の枠内にまとめ上げていくことが出来るのか。自身の力不足を棚に上げて答えを求める私に対し、如月はただしか、目標に向かってあまり直線的に進もうとするな、前に進もうと思ったら逆の方向に歩いてみるのもいいよ、というようなことを語ったと思う。

このときもうすでに如月小春は、数年前のプラスチック製バットを持った稽古場のメディエーターではなくなっていた。自分の意識の奥底を残酷なまでに切り刻んでおきながら、それとは全然別の眼で、自身の肉片を役者たちがどう生きていくのかを眺め、楽しんでもいく〈演出家〉がそこにいた。その存在の自在さに、私は心底、これはとてもかなわないと思い、また彼女からの影響を、少々距離を置いて消化していきたいとも思い始めていた。

『家、世の果ての……』から『工場物語』までの如月において、〈都市〉と〈私〉は二つの〈表裏をなす）仕方で連接していた。一方には、「〈そこ〉では全ての言葉は〈全体〉に関わる事を拒絶されている。言葉はその背後に無辺の闇を感じながら辺境に立ち尽くす。全てはカッコ付きの可能性にくるまれて、地域的に処理される」と語る如月がいた。他方には、「都市は私を疎外しはしない。都市の雑多と私の混乱は同じものだ。私の身体はそれ自体根源的に、無秩序なこの時空間そのものだ。……祭りはそれぞれの身体の底でとっくの昔に始まっている」と語る如月がいた。一方で、〈都市〉は分断され、辺境として生きられる。他方で、〈都市〉は横断し、溢れんばかりのエネルギーの流れであった。一方では〈私〉の言葉は〈都市〉に拒絶され、他方では〈私〉は〈都市〉そのものだった。

この二つの連接はしかし、実のところ対立も矛盾もするわけではなく、どこまでも同じものだった。つまるところ、たしかに「辺境」など存在しようがなかったのだ。欲望の流れであり、資本の流れでもある〈都市〉は、「ロミオ」が「中野区民」から離れて存在することも、「世の果ての家」が「世界」の外側に存在することも、あらかじめ不可能にしていた。それにもかかわらず、如月は〈都市〉を、たとえば『家、世の果ての……』では、瀧川真澄や伊藤一尋の演じた少女と男の視点から、つまり彼らが陥没した意味の虚空の暗闇から語っていた。このような語りの場は、いかにして可能であるのか。あるいは、そもそも如月がここで彼女の芝居が成立する土俵にした〈都市〉を語り、演じることができるのは、どのような場所から発せられる言葉であり、どのような断層を生きる身体なのか。こうした問いに答えることはもちろん、この問いを言語化することすらできず、私はあの頃、如月が作品に埋め込んだ鋭い矢を思考の底に突き刺したまま右往左往していた。

のちに如月は、彼女が作品のなかで描き出す〈都市〉の断片と役者たちの演技する〈身体〉の関係について、たとえば次のような仕方で語っている。

自分で演出するようになって私が試したのは、身体を、内部としての感情や認識と、外部としての観、聴き、触れることの出来る世界との境界線あるいは連絡通路として捉えていく、という方法なのだが、それは、刻々と変化する東京という外部の風景と、幼児期から思春期、青年期へと変化する内部の心象風景とを合わせ鏡のようにして成長してきたせいかもしれない。〈東京〉が自分の内部なのか外部なのかわからなくなってしまうようなハイスピードな変化のめくるめく感覚の中で、身体とは〈個〉を囲う暫定的な袋でしかなかった。［如月 1987：13-14］

この発言が、いつ頃からの彼女の演出の方法論を語ったものなのかは定かでないが、少なくともある時点から、如月は〈村〉を〈都市〉に対峙させ、〈周縁〉から〈中心〉を侵犯するのではなく、むしろ〈都市〉そのものの表皮を剥がし、裏返し、切り裂き、〈都市〉が〈身体〉の外部なのか、内部なのかもわからなくなってしまう現在に成立する演劇とは何かを考えようとしていた。この思考の延長線上で、彼女は「消費社会の身体を演ずることの出来る〈役者体〉」について考えていく。〈都市〉を経由して〈身体〉という問いが再び彼女の前に浮上したとき、そこでの〈身体〉は、「曖昧な虚体としての身体を演ずるための身体というパラドキシカルな行程」

を含んだものとなった。この「行程」は、当然のことながら批評的な距離を含み込むことになる。だが、この逆説的な回路を有する〈役者体〉の獲得は、いわば〈実〉の身体から出発して〈虚〉の身体を演じるのではなく、〈虚〉の身体から出発して演技することの根拠を獲得しようというわけだから、けっして容易な作業ではないはずだった。だが、それでも如月において、一連の〈都市〉の芝居が〈身体〉の問題へと帰着せざるを得ない必然性が、明らかに存在していた。彼女が自らの劇団綺畸を離れ、NOISEを結成するのは、ちょうどこの頃だった。

Ⅳ

すでに述べたように、一九八一年に劇団綺畸を離れてからも、おそらくは現在に至るまで、私があの稽古場で受けた影響、如月小春がわれわれに投げかけた〈問い〉から完全に離れたことはない。一九八〇年代半ば以降、私は私なりに、演劇とは異なる世界で、なお演劇的な問いを考え続けてきたし、そのすべてはある意味では如月への私なりの返答としてなされたものであった。それは、あるときには社会学、あるときにはメディア論、あるときにはカルチュラル・スタディーズという形態をとった。しかし、これらの形式が何であるのかは私にとってはどうでもいいことであった。むしろ私は、そうしたさまざまなアプローチを横断しながら、われわれの時代の社会的身体が孕む演劇性について、〈近代〉というプロジェクトの演劇性の次元について、その詩学と政治学を考えようとしてきた。

この問いは、一九七〇年代に山口昌男や中村雄二郎によってなされた「演劇的知」の試みとは明らかに異質なものだった。なぜなら、あの当時の演劇的な知をめぐる議論は、バリ島であれ、未開社会の儀礼であれ、一九六〇年代に突如として噴き出した若者たちの政治的な祭りであれ、演劇的なものの原型を近代社会が抑圧し、排除してきた周縁に再発見し、それを復権させることを志向していた。ところが私にとって、社会の演劇性というテーマは、あくまで〈近代＝都市〉の外側や周縁にではなく、その内側（外側はもうない）にこそ見出されるべきものだった。つまりそこでは、近代のまなざしや権力、歴史の実践と演劇的な場の力学との入り組んだ関係自体が問われなければならなかった。そしてこの関係は、如月らが小劇場運動の第一世代や第二世代と異なって、「根拠のなさ」から出発して都市の演劇性を解体＝構築しようとしていたのと、似ていないわけでもなかった。

とはいえ私は、一九九〇年代初めまでの一〇年余り、如月小春の諸々の作業や作品から離れている。この間、NOISEの公演は一九八〇年代末までよく観には行ったが、彼女が一九八〇年代半ば以降にしてきたこと、またしようとしていることについて、詳しく話ができるような機会はなかった。そして私も、徐々に綺畸の時代とは異なる方向に自分の関心を向けつつあった。だから正直なところ、マスコミにしばしば登場する如月小春の発言にそれほど注意を払ってはいなかった。一九八〇年代を通じ、私が必死に返答を試みていた相手は、いってみれば一九八〇年代初頭までの如月である。「第三世代の旗手」となり、マスコミにも盛んに登場するようになってからの彼女は、むしろ逆に縁遠い存在になっていた。

ところが一九九〇年代半ば頃から、私は再び如月との問題意識の接点が、かつてとは異なる仕方でできつつあるのを感じていた。一九九四年か一九九五年のころだったろうか。私のいる東大社会情報研究所に、彼女に集中講義で来ていただいたことがある。そのとき彼女は、世田谷美術館や兵庫県での子どもたちを対象にしたワークショップでの発見について熱心に語った。イギリスにおける演劇教育の熟度の高さに感心を持ち、できることならイギリスに演劇教育の実践を学びに留学してみたいとも語っていた。その後、一九九六年には東大で私たちが開いたカルチュラル・スタディーズの国際シンポジウムにも来ていただき、何よりも、栗原彬、小森陽一、佐藤学と私の四人で編集した東大出版会の「越境する知」のシリーズでは、第一巻に論考を書いていただいたばかりか、関連する座談会やシンポジウムにも何度も参加していただいた。

同じ頃、彼女はアジア女性演劇会議の作業にも中心的にかかわっていた。アジア、女性、子ども、そして身体という新しく国境を越える問題系のなかで、如月小春は〈演劇〉を、一九八〇年代とは異なる方向で着実に見出しつつあった。

世田谷や兵庫での子どもたちを相手にしたワークショップについての報告のなかで、如月はそうした試みに入れ込んでいくようになったきっかけについて、あるエピソードを紹介している。一九八〇年代末、世田谷区内の小学生を対象にした演劇ワークショップに講師として招かれた如月は、第一日目、集まった小学生たちを前に第一声を放った。

「これから皆で、劇をつくります」

途端に、前の方に座っていた小学二年生の男の子から声があがった。

「劇ってなあに?」

えっ⁉　絶句した。虚をつかれたといってもいい。私の頭の中には、さまざまな演劇の定義や演劇論が去来した。けれどそんなことを子どもたちに言ってもはじまらない。……劇とは何か、演劇とは何か、演ずるとはどういうことか、そのもっとも素朴にして本質的な問いかけに、明快に、平易に、答えよ、と、彼らは言う。そのあまりにも鋭い問いに射しつらぬかれて、私は立ち往生した。［如月 1996：181］

ひょっとしたら、すべては螺旋形を描いて次元を変えながら旋回しており、彼女は何度もこの場所に戻ってきていたのかもしれない。学生時代の稽古場で、一九八〇年代の都市で、そして一九九〇年代、子どもたちとのワークショップで、おそらく運命の悪戯がなかったら、アジアのどこか、女性たちの国境を越えたネットワークのなかで、同じような〈現場〉を発見していたに違いない。そのすべてにおいて、如月にとって〈演劇〉は、方法ではあったが決して前提ではあり得なかった。彼女はけっして、「女優」になりたくて演劇を始めたわけでも、「劇作家」や「演出家」になりたくて始めたわけでもなかった。彼女にとって、〈劇〉はいつも〈劇〉以上のもの、〈私〉という営みの存立にかかわる回路だった。だから確かに、「これから皆で、劇をつくります」「劇ってなあに?」という応答には、彼女のそれまでの営みのすべてが集約されていた。

その、小学二年生の問いに対する直接の答えというわけではないのだが、その数年後の兵庫県での中学生を対象にしたワークショップで、総仕上げとして「杜子春」を土台にした芝居を上演する本番直前、子どもたちが地獄の「鬼」を演じることで、自分が鬼であることを乗り越えようとしている姿を前にして（阪神大震災の後、「酒鬼薔薇聖斗」の事件から間もない頃であった）、如月は自身にとって〈劇〉とは何であるかを話している。

正直に話した。あの場面の鬼を、私がどれほどおそろしく感じていたか。それ以前に、今回、このワークショップを開くのがどれほどこわかったか。そんな自信のない後ろ向きの気持ちを抱きながら、エラそうに演出なんかしている自分に、いたたまれなかったこと。——そこからはじまって、私自身の、暗くてトンガッていた中・高生時代のこと、大学で演劇に出会って少しずつ心が外にむかって開かれていったこと、社会に出てから自分の劇団を持ち、活動を続けてきたけれど、だんだん自分の言葉が誰にもどこにも届かずに、市場の原理の中で消費され消えていっているのではないかと感じられてきて、どんどん落ち込んでいったこと。演劇を通して人ときちんと向き合いたい、切実な想いをエネルギーとして表現が生まれてくる場所に立ち会いたい、出来ることならその産婆役をつとめたい。生きることと表現すること、その二つが拮抗する場所に立ちたくて、私はワークショップをはじめたのだ。［如月 2000：57-58］

一九八〇年代から九〇年代にかけて、私は如月小春が全体としてどのような作業をしてきたのかを詳しくは知らない。しかし、このように語る如月の姿を、私はまじまじと想像することができる。様々な紆余曲折を経ながらも、如月にはいつも、一方には他者たちとの応答に開かれた身体があり、他方には都市と消費、同世代や子どもたち、時代の状況のなかで右往左往する私たちや彼女自身がいて、その間をつないでいく方法として〈演劇〉があった。如月小春が「演劇」において何かを表現してきたというよりも、〈演劇〉という方法を通じて、彼女は彼女の自己を、役者たちの自己を、都市を、近代を、未来への地平を、越境し続ける〈からだの情景〉として立ち上げてきたのである。まさしく〈演劇〉は、彼女において厳密な意味で〈言葉〉であり、〈メディア〉であり、調停者であった。

昨年一二月一九日の深夜、私は朝日新聞の記者からの電話で悲報を聞いた。信じられなかった。言葉もなく、茫然として立ち尽くした。それから翌日か翌々日、頭が混乱したまま霊前にうかがったが、どうしても彼女の死を実感することはできなかった。こんなはずはない。これからではないか。〈都市〉や〈消費〉を語る如月小春ではなく、〈個〉の詩的宇宙を綴る如月小春でもなく、むしろ〈子どもたち〉、〈女たち〉、〈アジア〉、そして歴史の現在を、彼女が通過してきた諸々の〈劇〉の地平を重層させながら演じていく、そうした如月の芝居がこれから開演するはずだったのではないか。

その一年くらい前だったか、ある集まりで会ったとき、彼女は岸田理生の戯曲を彼女が演出するという計画について期待を込めて話していた。それを聞いて、私は、一九八〇年代であれば交わることはなかったであろうこの二人の演劇人の共同作業を、如月の親友、李静和の書いた『つぶやきの政治思想』のイメージと重ねあわせながら、これから如月が向かっていくであろう芝居の姿を想像していた。この芝居は間違いなく必見だ。トリン・ミンハでも、エレーヌ・シクスーでもなく、言葉と理論に前のめりのフェミニズムやポストコロニアリズムでもなく、この日本の近代、そして現在のリアリティのなかで、彼女ならこれらの思想を生き、演じていく身体の言葉を発見できるはずであった。〈思想〉の言語と〈現場〉の身体の間を往還し、翻訳し続けるしたたかな能力を、この人はほとんど天性的に備えていた。そうした往還が、現在の思想にも演劇の現場にもどれほど必要なことか。

如月さん、あなたがすべきことはまだまだあるのです。あなたがいなくなってしまったら、いったい誰が、あなたほど易々と、しなやかに、からだの現場と思想の現場を、演劇と教育を、異なるジャンルを、異なる歴史を越境しながら〈劇〉を創造していくことができるのですか――。

如月小春は生きていた。だいぶ以前から、直接話すことは少なくなっていたが、自分がものを考え、状況と対峙し、何かを書いていくとき、彼女の〈劇〉はずっと現在進行形で私の思考の核を塑造し続けた。その私自身のなかの如月に向かい、そう繰り返し問いかけていくこと。私たちが如月を失って一年が過ぎた今も、私はそれ以上の弔いの言葉を見つけることができずにいる。

（西堂行人、外岡尚美、渡辺弘、楫屋一之編『如月小春は広場だった』新宿書房、二〇〇一年）

参考文献

天野正子1992「民衆思想への方法的実験：「ひとびとの哲学」から「身上相談」への位相」（安田常雄、天野正子編『戦後「啓蒙」思想の遺したもの』久山社、一〇七―一二九頁）
安藤更生1931『銀座細見』春陽堂；1977中公文庫
池端雪浦編1996『日本占領下のフィリピン』岩波書店
石川弘義、藤竹暁、小野耕世監修1981『アメリカンカルチャー：日本の戦後にとってアメリカとは』全三巻、三省堂
伊藤守、藤田真文編1999『テレビジョン・ポリフォニー：番組・視聴者分析の試み』世界思想社
伊藤守編2002『メディア文化の権力作用』せりか書房
伊藤守編2004『文化の実践、文化の研究：増殖するカルチュラル・スタディーズ』せりか書房
岩崎稔、陳光興、吉見俊哉編2011『カルチュラル・スタディーズで読み解くアジア』せりか書房
岩渕功一2001『トランスナショナル・ジャパン：アジアをつなぐポピュラー文化』岩波書店
岩渕功一編2014『〈ハーフ〉とは誰か：人種混淆・メディア表象・交渉実践』青弓社
ウィリアムズ、レイモンド2013『共通文化にむけて（文化研究Ⅰ）』川端康雄ほか訳、みすず書房
内田隆三1999「東京の座標系」（『10＋1』一六号、一九九九年三月、ＬＩＸＩＬ出版、二―九頁）
江刺昭子2010『樺美智子 聖少女伝説』文藝春秋
オーウェル、ジョージ1971「少年週刊誌」横山貞子訳（『右であれ左であれ、わが祖国』鶴見俊輔編訳、平凡社、一九二―二三五頁）
大笹吉雄1986『日本現代演劇史 大正・昭和初期篇』白水社
沖縄国際大学文学部社会学科石原ゼミナール編1994『戦後コザにおける民衆生活と音楽文化』榕樹社

加藤典洋1985『アメリカの影』河出書房新社；2009講談社文芸文庫
加藤秀俊、亀井俊介編1977『日本とアメリカ』日本学術振興会；1991学振選書、丸善
姜尚中、吉見俊哉2001『グローバル化の遠近法：新しい公共空間を求めて』岩波書店；2013岩波人文書セレクション
姜信子1998『日韓音楽ノート：「越境」する旅人の歌を追って』岩波新書
如月小春1987『都市民族の芝居小屋』筑摩書房
如月小春1996『八月のこどもたち』晩成書房
如月小春2000「〈からだ〉の情景：子供と身体表現をめぐって」（栗原彬ほか編『越境する知1　身体：よみがえる』東京大学出版会、三九―五九頁）
北田暁大2000『広告の誕生：近代メディア文化の歴史社会学』岩波書店；2008岩波現代文庫
北田暁大2005『嗤う日本の「ナショナリズム」』NHKブックス
金志映2019『日本文学の〈戦後〉と変奏される〈アメリカ〉：占領から文化冷戦の時代へ』ミネルヴァ書房
久保文明、東京財団「現代アメリカ」プロジェクト編2012『ティーパーティ運動の研究：アメリカ保守主義の変容』NTT出版
グラムシ、アントニオ2001『グラムシ・セレクション』片桐薫編訳、平凡社ライブラリー
栗原彬1982『管理社会と民衆理性：日常意識の政治社会学』新曜社
小林信彦1984『私説東京繁昌記』中央公論社；1992新版；2002ちくま文庫
權赫範2001「世界化とアメリカ認識：アメリカ覇権主義と民族主義を越えて」板垣竜太訳（『現代思想』二〇〇一年七月臨時増刊号、青土社、三〇―四三頁）
佐伯啓思1993『「アメリカニズム」の終焉：シヴィック・リベラリズム精神の再発見へ』TBSブリタニカ；1998増補版、TBSブリタニカ；2014中公文庫
酒井直樹1996『死産される日本語・日本人：「日本」の歴史‐地政的配置』新曜社
酒井直樹1997『日本思想という問題：翻訳と主体』岩波書店；2007岩波モダンクラシックス；2012岩波人文書セレクション
酒井直樹2007『日本／映像／米国：共感の共同体と帝国的国民主義』青土社
澤田次郎1999『近代日本人のアメリカ観：日露戦争以後を中心に』慶應義塾大学出版会
思想の科学研究会編1950a『私の哲学』中央公論社

思想の科学研究会編 1950b『夢とおもかげ：大衆娯楽の研究』中央公論社
島成郎 1999『ブント私史』批評社；2010 新装増補改訂版、批評社
清水幾太郎 1943「敵としてのアメリカニズム」（『中央公論』一九四三年四月号、中央公論社、四九四―五〇〇頁）
鈴木透 2006『性と暴力のアメリカ：理念先行国家の矛盾と苦悶』中公新書
外岡秀俊、本田優、三浦俊章 2001『日米同盟半世紀：安保と密約』朝日新聞社
ソンタグ、スーザン 2002『この時代に想うテロへの眼差し』木幡和枝訳、NTT出版
多木浩二 1988『天皇の肖像』岩波新書；2002 岩波現代文庫
多木浩二 2003『写真論集成』岩波現代文庫
多木浩二、内田隆三編 1992『零の修辞学：歴史の現在』リブロポート
多田治 2004『沖縄イメージの誕生：青い海のカルチュラル・スタディーズ』東洋経済新報社
田仲康博 2002「メディアに表象される沖縄文化」（伊藤守編『メディア文化の権力作用』せりか書房、一七五―一九七頁）
陳光興 1996「帝国の眼差し：「準」帝国とネイションーステイトの文化的想像」坂元ひろ子訳（『思想』一九九六年一月号、岩波書店、一六二―二二一頁）
鄭秀娟 2002「台湾の文化市場における「日本」の歴史的構築」（『思想』二〇〇二年一月号、岩波書店、二六八―二八七頁）
土屋由香、吉見俊哉編 2012『占領する眼 占領する声』東京大学出版会
津野海太郎 1985『物語・日本人の占領』朝日新聞社；1999 平凡社ライブラリー
鶴見俊輔 1948「「ひとびとの哲学」についての中間報告（一）」（『思想の科学』第三巻二号、先駆社）
鶴見俊輔 1991a『鶴見俊輔集 1 アメリカ哲学』筑摩書房
鶴見俊輔 1991b『鶴見俊輔集 6 限界芸術論』筑摩書房
鶴見良行 1970『反権力の思想と行動』盛田書店
鶴見良行 1982a『アジアはなぜ貧しいのか』朝日新聞社
鶴見良行 1982b『バナナと日本人：フィリピン農園と食卓のあいだ』岩波新書
鶴見良行 1984『マングローブの沼地で：東南アジア島嶼文化論への誘い』朝日新聞社；1994 朝日選書
鶴見良行 1990『ナマコの眼』筑摩書房；1993 ちくま学芸文庫
鶴見良行 1995『東南アジアを知る：私の方法』岩波新書

鶴見良行1999a『鶴見良行著作集1 出発』みすず書房
鶴見良行1999b『鶴見良行著作集4 収奪の構図』みすず書房
鶴見良行2001『鶴見良行著作集10 歩く学問』みすず書房
鶴見良行2002a『鶴見良行著作集2 ベ平連』みすず書房
鶴見良行2002b『鶴見良行著作集3 アジアとの出会い』みすず書房
鶴本花織、西山哲郎、松宮朝編2008『トヨティズムを生きる：名古屋発カルチュラル・スタディーズ』せりか書房
永江朗2010『セゾン文化は何を夢みた』朝日新聞出版
成実弘至編2009『コスプレする社会：サブカルチャーの身体文化』せりか書房
難波功士2000『「広告」への社会学』世界思想社
西部邁1986『六〇年安保：センチメンタル・ジャーニー』文藝春秋；2007洋泉社MC新書
新居格1929「アメリカニズムとルシアニズムの交流」（『中央公論』一九二九年六月号、中央公論社、五九―六六頁）
花田達朗、吉見俊哉、コリン・スパークス編1999『カルチュラル・スタディーズとの対話』新曜社
原武史2003『皇居前広場』光文社新書；2007増補版、ちくま学芸文庫
原田弘1994『MPのジープから見た占領下の東京：同乗警察官の観察記』草思社
半藤一利、竹内修司、保坂正康、松本健一2009『占領下 日本』筑摩書房；2012ちくま文庫
樋口映美、中條献編2006『歴史のなかの「アメリカ」：国民化をめぐる語りと創造』彩流社
平井玄1998「コザの長い影」（DeMusik Inter. 編『音の力 沖縄「コザ沸騰編」』インパクト出版会、二一―五六頁）
藤原帰一、永野善子編2011『アメリカの影のもとで：日本とフィリピン』法政大学出版局
古矢旬1998「アメリカニズム：その歴史的起源と展開」（東京大学社会科学研究所編『20世紀システム1 構造と形成』東京大学出版会、六一―一〇五頁）
古矢旬2002『アメリカニズム：「普遍国家」のナショナリズム』東京大学出版会
古谷嘉章2001『異種混淆の近代と人類学：ラテンアメリカのコンタクト・ゾーンから』人文書院
ホール、スチュアート1998「グラムシとわれわれ」野崎孝弘訳（『現代思想』一九九八年三月臨時増刊号、青土社、一一六―一二八頁）
ホール、スチュアート1999「旅するカルチュラル・スタディーズ：国際的対話の諸条件」本橋哲也訳（花田・吉見・スパー

クス編『カルチュラル・スタディーズとの対話』新曜社、五六三―六一三頁)
牧野裕1993『冷戦の起源とアメリカの覇権』御茶の水書房
マクリントック、アン1998「帝国の革ひも(上):人種・異装・家庭崇拝」(『思想』一九九八年四月号、岩波書店、三四―五九頁)
町村敬志、吉見俊哉編2005『市民参加型社会とは:愛知万博計画過程と公共圏の再創造』有斐閣
松尾文夫2004『銃を持つ民主主義』小学館;2008小学館文庫
松田武2008『戦後日本におけるアメリカのソフト・パワー:半永久的依存の起源』岩波書店
見田宗介2011『定本 見田宗介著作集Ⅵ』岩波書店
見田宗介2012『定本 見田宗介著作集Ⅲ』岩波書店
宮本陽一郎2016『アトミック・メロドラマ:冷戦アメリカのドラマトゥルギー』彩流社
室謙二2011『天皇とマッカーサーのどちらが偉い?:日本が自由であったころの回想』岩波書店
室伏高信1929『アメリカ:其經濟と文明』先進社
文富軾2001「「光州」二〇年後:歴史の記憶と人間の記憶」(『現代思想』二〇〇一年七月臨時増刊号、青土社、八九―一一三頁)
毛利嘉孝2009『ストリートの思想:転換期としての1990年代』NHKブックス
本橋哲也2002『カルチュラル・スタディーズへの招待』大修館書店
屋嘉比収2009『沖縄戦、米軍占領史を学びなおす:記憶をいかに継承するか』世織書房
矢口祐人2011『憧れのハワイ:日本人のハワイ観』中央公論新社
山口文憲1995「ある奇妙な小さな事件」(鶴見良行『東南アジアを知る』岩波新書、一一一―一一三頁)
油井大三郎、遠藤泰生編2003『浸透するアメリカ、拒まれるアメリカ:世界史の中のアメリカニゼーション』東京大学出版会
吉見俊哉1987『都市のドラマトゥルギー:東京・盛り場の社会史』弘文堂;2008河出文庫
吉見俊哉1992『博覧会の政治学:まなざしの近代』中公新書;2010講談社学術文庫
吉見俊哉1994『メディア時代の文化社会学』新曜社
吉見俊哉1995『声の資本主義:電話・ラジオ・蓄音機の社会史』講談社;2012河出文庫

吉見俊哉 1996『リアリティ・トランジット：情報消費社会の現在』紀伊國屋書店
吉見俊哉 2000『カルチュラル・スタディーズ』岩波書店
吉見俊哉 2003『カルチュラル・ターン、文化の政治学へ』人文書院
吉見俊哉 2007『親米と反米：戦後日本の政治的無意識』岩波新書
吉見俊哉 2009『ポスト戦後社会』岩波新書
吉見俊哉 2012a『アメリカの越え方：和子・俊輔・良行の抵抗と越境』弘文堂
吉見俊哉 2012b『夢の原子力』ちくま新書
吉見俊哉 2016『視覚都市の地政学：まなざしとしての近代』岩波書店
吉見俊哉 2017『大予言：「歴史の尺度」が示す未来』集英社新書
吉見俊哉 2018a『戦後と災後の間：溶融するメディアと社会』集英社新書
吉見俊哉 2018b『トランプのアメリカの住む』岩波新書
吉見俊哉、モーリス・スズキ、テッサ 2010『天皇とアメリカ』集英社新書
吉見俊哉編 1996『都市の空間 都市の身体』勁草書房
吉見俊哉編 2000『メディア・スタディーズ』せりか書房
吉見俊哉編 2002『一九三〇年代のメディアと身体』青弓社
吉見俊哉、北田暁大編 2007『路上のエスノグラフィー：ちんどん屋からグラフィティまで』せりか書房
吉見俊哉、土屋礼子編 2010『大衆文化とメディア』ミネルヴァ書房
吉見俊哉編 2014『文化社会学の条件：二〇世紀日本における知識人と大衆』日本図書センター
李鍾元 1996『東アジア冷戦と韓米日関係』東京大学出版会
李静和 2004『求めの政治学：言葉・這い舞う島』岩波書店
渡辺靖 2004『アフター・アメリカ：ボストニアンの軌跡と「文化の政治学」』慶応義塾大学出版会

Allison, A. 2006. *Millennial monsters: Japanese toys and the global imagination*. University of California Press. ＝アリスン、アン 2010『菊とポケモン：グローバル化する日本の文化力』実川元子訳、新潮社
Anderson, B. 1995. “Cacique democracy in the Philippines: origins and dreams”, Rafael, V. L. (ed.) *Discrepant historie*. Temple

University Press.
Ang, I. 1991. *Desperately seeking the audience*. Routledge.
Ang, I. 1996. *Living room wars: rethinking media audiences for a postmodern world*. Routledge.
Ang, I. 2001. *On not speaking Chinese: living between Asia and the West*. Routledge.
Appadurai, A. 1996. *Modernity at large: cultural dimensions of globalization*. University of Minnesota Press. ＝アパデュライ、アルジュン2004『さまよえる近代：グローバル化の文化研究』門田健一訳、平凡社
Arnold, M. 1869. *Culture and anarchy: an essay in political and social criticism*. Smith, Elder, & Co. ＝アーノルド、マシュー1946『教養と無秩序』多田英次訳、岩波文庫；1965改版、岩波文庫
Baker, H. A. Jr., Diawara, M. & Lindeborg, R. H. (eds.) 1996. *Black British cultural studies*. The University of Chicago Press.
Barker, M. & Beezer, A. (eds.) 1992. *Reading into cultural studies*. Routledge.
Baudrillard, J. 1968. *Le système des objets*. Gallimard. ＝ボードリヤール、ジャン1980『物の体系：記号の消費』宇波彰訳、法政大学出版局；2018新装版、法政大学出版局
Baudrillard, J. 1970. *La société de consommation: ses mythes, ses structures*. Denoël. ＝ボードリヤール、ジャン1979『消費社会の神話と構造』今村仁司、塚原史訳、紀伊國屋書店；1995普及版、紀伊國屋書店；2015新装版、紀伊國屋書店
Bauman, Z. 1973, *Culture as Praxis*. Routledge & K. Paul.
Bauman, Z. 1997. *Postmodernity and its discontents*. Polity Press.
Bhabha, H. K. 1994. *The location of culture*. Routledge. ＝バーバ、ホミ・K 2005『文化の場所：ポストコロニアリズムの位相』本橋哲也ほか訳、法政大学出版局；2012新装版、法政大学出版局
Bonnell, V. E. & Hunt L. (eds.) 1999. *Beyond the cultural turn: new directions in the study of society and culture*. University of California Press.
Bourdieu, P. *La distinction: critique sociale du jugement*. Éditions de Minuit. ＝ブルデュー、ピエール1990『ディスタンクシオン：社会的判断力批判』全二巻、石井洋二郎訳、藤原書店
Buckingham, D. & Sefton-Green, J. 1994. *Cultural studies goes to school: reading and teaching popular media*. Taylor & Francis.
Buell, F. 1994. *National culture and the new global system*. Johns Hopkins University Press.
Bulosan, C. 1943. *America is in the heart: a personal history*. Harcout, Brace and Company. ＝ブロサン、カルロス1984『我が

心のアメリカ：フィリピン人移民の話』井田節子訳、井村文化事業社
Burke, P. 1978. *Popular culture in early modern Europe*. New York University Press. ＝バーク、ピーター 1988『ヨーロッパの民衆文化』中村賢二郎、谷泰訳、人文書院
Burke, P. 2004. *What is cultural history?* Polity. ＝バーク、ピーター 2008『文化史とは何か』長谷川貴彦訳、法政大学出版局；2010増補改訂版、法政大学出版局
Butler, J. 1990. *Gender trouble: feminism and the subversion of identity*. Routledge. ＝バトラー、ジュディス 1999『ジェンダー・トラブル：フェミニズムとアイデンティティの攪乱』竹村和子訳、青土社；2018新装版、青土社
Canclini, N. G. 1995. *Hybrid cultures: strategies for entering and leaving modernity*. University of Minnesota Press.
Cannell, F. 1995. "The power of appearance: beauty, mimicry, and transformation in Bicol", Rafael, V. L. (ed.) *Discrepant historie*. Temple University Press.
Carey, J. W. 1988. *Communication as culture: essays on media and society*. Unwin Hyman.
Carey, J. W. (ed.) 1988. *Media, myths, and narratives: television and the press*. Sage.
Chakrabarty, D. 2000. *Provincializing Europe: postcolonial thought and historical difference*. Princeton University Press.
Chen, KH. 2002. "Why is 'Great Reconciliation' impossible? De-Cold War/Decolonization, or modernity and its tear", *Inter-Asia Cultural Studies* 3(1).
Chen, KH. 2010. *Asia as method: toward deimperialization*. Duke University Press. ＝陳光興 2001『脱帝国：方法としてのアジア』丸川哲史訳、以文社
Chen, KH. (ed.) 1998. *Trajectories: Inter-Asia cultural studies*. Routledge.
Clifford, J. 1988. *The predicament of culture: twentieth-century ethnography, literature, and art*. Harvard University Press. ＝クリフォード、ジェイムズ 2003『文化の窮状：二十世紀の民族誌、文学、芸術』太田好信ほか訳、人文書院
Clifford, J. & Marcus, J. (eds.) 1986. *Writing culture: the poetics and politics of ethnography: a School of American Research advanced seminar*. University of California Press. ＝クリフォード、ジェイムズ＋マーカス、ジョージ編 1996『文化を書く』春日直樹ほか訳、紀伊國屋書店
Cohen, P. 1997. *Rethinking the youth question: education, labour and cultural studies*. Macmillan.
Condry, I. 2006. *Hip-hop Japan: rap and the paths of cultural globalization*. Duke University Press. ＝コンドリー、イアン 2009

『日本のヒップホップ：文化グローバリゼーションの「現場」』田中東子、山本敦久訳、NTT出版
Curran, J., Morley D. & Walkerdine, V. (eds.) 1996. *Cultural studies and communications*. Arnold.
Davies, I. 1995. *Cultural studies and beyond: fragments of empire*. Routledge.
Dean, J. & Gabilliet, J.-P. 1996. *European readings of American popular culture*. Greenwood Press.
Debord, G. 1967. La Société du spectacle. Buchet/Chastel. ＝ドゥボール、ギー 1993『スペクタクルの社会』木下誠訳、平凡社；2003ちくま学芸文庫
De Certeau, M. 1980. *Arts de faire*. Union générale d'éditions. ＝ド・セルトー、ミッシェル 1987『日常的実践のポイエティーク』山田登世子訳、国文社
Dirks, N. B. (ed.) 1992. *Colonialism and culture*. University of Michigan Press.
Dirks, N. B., Eley, G. & Ortner, S. B. (eds.) 1994. *Culture / Power / History*. Princeton University Press.
Dorfman, A. & Mattelart, A. 1975. *How to read Donald Duck: imperialist ideology in the Disney comic*. International General. ＝ドルフマン、アリエル＋マトゥラール、アルマン 1984『ドナルド・ダックを読む』山崎カヲル訳、晶文社
Dower, J. 1986. *War without mercy: race and power in the Pacific War*. Faber and Faber. ＝ダワー、ジョン 2001『容赦なき戦争：太平洋戦争における人種差別』斎藤元一訳、平凡社ライブラリー
Dower, J. 1999. *Embracing defeat: Japan in the wake of World War II*. W.W. Norton. ＝ダワー、ジョン 2001『敗北を抱きしめて：第二次大戦後の日本人』上下巻、三浦陽一、高杉忠明訳、岩波書店；2004増補版、岩波書店
Du Gay, P. 1997. *Doing cultural studies: the story of the Sony Walkman*. Sage. ＝ドゥ・ゲイ、ポール編 2000『実践 カルチュラル・スタディーズ：ソニー・ウォークマンの戦略』暮沢剛巳訳、大修館書店
Dworkin, D. 1997. *Cultural Marxism in postwar Britain: history, the new left, and the origins of cultural studies*. Duke University Press.
Eagleton, T. 2000. *The idea of culture*. Blackwell. ＝イーグルトン、テリー 2006『文化とは何か』大橋洋一訳、松柏社
Eagleton, T. (ed.) 1989. *Raymond Williams: critical perspectives*. Polity Press.
Eliot, T. S. 1948. *Notes towards the definition of culture*. Faber and Faber. ＝エリオット、T・S 2013『文化の定義のための覚書』照屋佳男、池田雅之監訳、中央公論新社；2018深瀬基寛訳、中公文庫
Enzensberger, H. M. 1964. *Bewußtseins-Industrie*. Suhrkamp. ＝エンツェンスベルガー 1970『意識産業』石黒英男訳、晶文社；

1977 新版、晶文社

Ewen, S. 1988. *All consuming images: the politics of style in contemporary culture*. Basic Books. ＝ユーウェン、スチュアート 1990『浪費の政治学：商品としてのスタイル』平野秀秋、中江桂子訳、晶文社

Fanon, F. 1952. *Peau noire masques blancs*. Éditions du Seuil. ＝ファノン、フランツ 1970『黒い皮膚・白い仮面』海老坂武、加藤晴久訳、みすず書房；1998 みすずライブラリー

Featherstone, M. 1991. *Consumer culture and postmodernism*. Sage. ＝フェザーストン、マイク 1999『消費文化とポストモダニズム』上下巻、川崎賢一ほか訳、恒星社厚生閣

Featherstone, M. 1995. *Undoing culture: globalization, postmodernism and identity*. Sage Publications. ＝フェザーストン、マイク 2009『ほつれゆく文化：グローバリゼーション、ポストモダニズム、アイデンティティ』西山哲郎、時安邦治訳、法政大学出版局

Fiske, J. 1987. *Television culture*. Methuen. ＝フィスク、ジョン 1996『テレビジョン・カルチャー：ポピュラー文化の政治学』伊藤守ほか訳、梓出版社

Fox, R. W. & Lears, T. J. J. (eds.) 1993. *The power of culture: critical essays in American history*. University of Chicago Press.

Franklin, S., Lury, C. & Stacey, J. (eds.) 1991. *Off-Centre: feminism and cultural studies*. Harper Collins Academic.

Friedman, J. 1994. *Cultural identity and global process*. Sage.

Frow, J. & Morris M. (eds.) 1993. *Australian cultural studies*. Allen & Unwin.

Frye, N. 1957. *Anatomy of criticism: four essays*. Princeton University Press. ＝フライ、ノースロップ 1980『批評の解剖』海老根宏ほか訳、法政大学出版局；2013 新装版、法政大学出版局

Fukuyama, F. 2006. *America at the crossroads: democracy, power, and the neoconservative legacy*. Yale University Press. ＝フクヤマ、フランシス 2006『アメリカの終わり』会田弘継訳、講談社

Galbraith, J. K. 1958. *The affluent society*. Hamish Hamilton. ＝ガルブレイス、J・K 1960『ゆたかな社会』鈴木哲太郎訳、岩波書店；2006 岩波現代文庫

Garnham, N. 1990. *Capitalism and communication: global culture and the economics of information*. Sage.

Garon, S. & Maclachlan, P. L. 2006. *The ambivalent consumer: questioning consumption in East Asia and the West*. Cornell University Press.

Gilroy, P. 1987. *'There ain't no black in the Union Jack': the cultural politics of 'race' and nation*. Hutchinson Education. ＝ギルロイ、ポール2017『ユニオンジャックに黒はない：人種と国民をめぐる文化政治』田中東子、山本敦久、井上弘貴訳、月曜社
Gilroy, P. 1993. *The black Atlantic: modernity and double consciousness*. Harvard University Press. ＝ギルロイ、ポール2006『ブラック・アトランティック：近代性と二重意識』上野俊哉、毛利嘉孝、鈴木慎一郎訳、月曜社
Gilroy, P., Grossberg, L. & McRobbie, A. (eds.) 2000. *Without guarantees: in honour of Stuart Hall*. Verso.
Giroux, H. A. & McLaren P. 1994. *Between borders: pedagogy and the politics of cultural studies*. Routledge.
Good, J. & Velody, I. (eds.) 1998. *The politics of postmodernity*. Cambridge University Press.
Gramsci, A. 1953. *Lettere dal carcere*. Giulio Einaudi editore. ＝グラムシ、アントニオ1962『愛と思想と人間と：獄中からの手紙』上杉聰彦訳、合同出版；1978改訂版、合同叢書
Guenter, S. 1986. *The American flag, 1777-1924: cultural shifts from creation to codification*. University Microfilms International. ＝グインター、スコット・M 1997『星条旗 1777-1924』和田光弘ほか訳、名古屋大学出版会
Guyatt, N. 2000. *Another American century?: the United States and the World after 2000*. Zed Books. ＝ガイアット、ニコラス2002『21世紀もアメリカの世紀か?：グローバル化と国際社会』増田恵里子訳、明石書店
Hall, S. 1979. "The Great Moving Right Show", *Marxism Today*, January, 1979.
Hall, S. et al. 1978. *Policing the crisis: mugging, the state, and law and order*. Macmillan.
Hall, S. & Du Gay, P. 1996. *Questions of cultural identity*. Sage. ＝ホール、スチュアート＋ドゥ・ゲイ、ポール2001『カルチュラル・アイデンティティの諸問題：誰がアイデンティティを必要とするのか?』宇波彰監訳、大村書店
Hall, S. & Jefferson, T. (eds.) 1976. *Resistance through rituals: youth subcultures in post-war Britain*. HarperCollins Academic.
Hall, S., Hobson S., Lowe, A. & Willis, P. (eds.) 1980. *Culture, media, language: working papers in cultural studies, 1972-79*. Routledge.
Hall, S. & Jacques, M. (eds.) 1989. *New Times: the changing face of politics in the 1990s*. Lawrence & Wishart.
Hardt, M. & Negri, A. 2000. *Empire*. Harvard University Press. ＝ハート、マイケル＋ネグリ、アントニオ2003『帝国：グローバル化の世界秩序とマルチチュードの可能性』水嶋一憲ほか訳、以文社
Harris, D. 1992. *From class struggle to the politics of pleasure: the effects of gramscianism on cultural studies*. Routledge.

Harvey, D. 1989. *The condition of postmodernity: an enquiry into the origins of cultural change*. Blackwell. ＝ハーヴェイ、デヴィッド1999『ポストモダニティの条件』吉原直樹監訳、青木書店
Harvey, D. 2012. *Rebel cities: from the right to the city to the urban revolution*. Verso. ＝ハーヴェイ、デヴィッド2013『反乱する都市：資本のアーバナイゼーションと都市の再創造』森田成也ほか訳、作品社
Havelock, E. A. 1963. *Preface to Plato*. Belknap. ＝ハヴロック、エリック・A 1997『プラトン序説』村岡晋一訳、新書館
Hebdige, D. 1979. *Subculture, the meaning of style*. Methuen. ＝ヘブディジ、ディック1986『サブカルチャー：スタイルの意味するもの』山口淑子訳、未來社
Hebdige, D. 1988. *Hiding in the light: on images and things*. Routledge.
Henderson, M. (ed.) 1995. *Borders, boundaries and frames: essays in cultural criticism and cultural studies*. Routledge.
Herrnstein, R. J. & Murray, C. 1994. *The bell curve: intelligence and class structure in American life*. Free Press.
Hoggart, R. 1957. *The uses of literacy: aspects of working-class life, with special references to publications and entertainments*. Chatto & Windus. ＝ホガート、リチャード1974『読み書き能力の効用』香内三郎訳、晶文社；1986新装版、晶文社
Horkheimer, M. & Adorno, T. W. 1947. *Dialektik der Aufklärung: philosophische Fragmente*. Querido. ＝ホルクハイマー、マックス＋アドルノ、テオドール・W1990『啓蒙の弁証法：哲学的断想』徳永恂訳、岩波書店；2007岩波文庫
Huyssen, A. 1986. *After the great divide: modernism, mass culture, postmodernism*. Indiana University Press.
Inda, J. X. & Rosaldo, R. (eds.) 2002. *The anthropology of globalization*. Blackwell.
Innis, H. A. 1951. *The bias of communication*. University of Toronto Press. ＝イニス、ハロルド・A 1987『メディアの文明史：コミュニケーションの傾向性とその循環』久保秀幹訳、新曜社
Jacobs, J. 2004. *Dark age ahead*. Random House. ＝ジェイコブス、ジェイン2008『壊れゆくアメリカ』中谷和男訳、日経BP社
Johnson, C. 2000. *Blowback: the costs and consequences of American empire*. Henry Holt. ＝ジョンソン、チャルマーズ2000『アメリカ帝国への報復』鈴木主税訳、集英社
Johnson, M. 1997. *Beauty and Power: transgendering and cultural transformation in the Southern Philippines*. Berg.
Kellner, D. 1995. *Media culture: cultural studies, identity and politics between the modern and the postmodern*. Routledge.
Laclau, E. & Mouffe, C. 1985. *Hegemony and socialist strategy: towards a radical democratic politics*. Verso. ＝ラクラウ、エルネ

ストナムフ、シャンタル 1992『ポスト・マルクス主義と政治：根源的民主主義のために』山崎カヲル、石澤武訳、大村書店；2000復刻新版、大村書店
Leavis, F. R. & Thompson, D. 1933. *Culture and environment: the training of critical awareness*. Chatto & Windus.
Leroi-Gourhan, A. 1965. *Le geste et la parole*. A. Michel. ＝ルロワ＝グーラン、アンドレ 1973『身ぶりと言葉』荒木亨訳、新潮社；2012ちくま学芸文庫
Lowe, L. & Lloyd, D. (eds.) 1997. *The politics of culture in the shadow of capital*. Duke University Press.
Lury, C. 1993. *Cultural rights: technology, legality, and personality*. Routledge.
MacCabe, C. 1986. *High theory / Low culture: analysing popular television and film*. Manchester University Press.
Martel, F. 2006. *De la culture en Amérique*. Gallimard. ＝マルテル、フレデリック 2009『超大国アメリカの文化力：仏文化外交官による全米踏査レポート』根本長兵衛、林はる芽訳、岩波書店
Mattelart, A. 1994. *Mapping world communication: war, progress, culture*. University of Minnesota Press.
Mattelart, A. & Mattelart, M. 1992. *Rethinking media theory: signposts and new directions*. University of Minnesota Press.
Maxwell, R. (ed.) 2001. *Culture works: the political economy of culture*. University of Minnesota Press.
McClintock, A. 1995. *Imperial leather: race, gender and sexuality in the colonial contest*. Routledge.
McGuigan, J. 1999. *Modernity and postmodern culture*. Open University Press. ＝マグウィガン、ジム 2000『モダニティとポストモダン文化：カルチュラル・スタディーズ入門』村上恭子訳、彩流社
McLuhan, M. 1951. *The mechanical bride: folklore of industrial man*. Vanguard Press. ＝マクルーハン、マーシャル 1968a『機械の花嫁』井坂学訳、竹内書店；1991新装版、竹内書店新社
McLuhan, M. 1962. *The Gutenberg galaxy: the making of typographic man*. Routledge & Kegan Paul. ＝マクルーハン、マーシャル 1968b『グーテンベルクの銀河系』高儀進訳、竹内書店；1986森常治訳、みすず書房
McRobbie, A. 1991. *Feminism and youth culture*. Macmillan Education.
McRobbie, A. 1994. *Postmodernism and popular culture*. Routledge.
McRobbie, A. (ed.) 1997. *Back to Reality?: social experience and cultural studies*. Manchester University Press.
Mears, H. 1948. *Mirror for Americans, Japan*. Houghton Mifflin. ＝ミアーズ、ヘレン 1995『アメリカの鏡・日本』伊藤延司訳、アイネックス；2005新版、角川学芸出版；2015完全版、角川文庫

Melucci, A. 1989. *Nomads of the present: social movements and individual needs in contemporary society*. Temple University Press. ＝メルッチ、アルベルト1997『現在に生きる遊牧民（ノマド）：新しい公共空間の創出に向けて』山之内靖、貴堂嘉之、宮崎かすみ訳、岩波書店

Mirzoeff, N. 2011. *The right to look: a couterhistory of visuality*. Duke University Press.

Morley, D. 1992. *Television, audiences and cultural studies*. Routledge.

Morley, D. 2000. *Home territories: media, mobility and identity*. Routledge.

Morley, D. & Robins, K. 1995. *Spaces of identity: global media, electronic landscapes and cultural boundaries*. Routledge.

Morley, D. & Chen, KH. 1996. *Stuart Hall: critical dialogues in cultural studies*. Routledge.

Mukerji, C. & Schudson, M. (eds.) 1991. *Rethinking popular culture: contemporary perspectives in cultural studies*. University of California Press.

Murray, C. 2012. *Coming apart: the state of white America, 1960-2010*. Crown Forum. ＝マレー、チャールズ2013『階級「断絶」社会アメリカ：新上流と新下流の出現』橘明美訳、草思社

Nadel, A. 1995. *Containment culture: American narratives, postmodernism, and the atomic age*. Duke University Press.

O'Connor, A. (ed.) 1989. *Raymond Williams on television*. Routledge.

Ohmann, R. (ed.) 1996. *Making and selling culture*. University Press of New England.

Orwell, G. 1937. *The road to Wigan Pier*. Victor Gollancz. ＝オーウェル、ジョージ1978『ウィガン波止場への道』土屋宏之訳、ありえす書房；1982増補版、ありえす書房；1996ちくま学芸文庫

Osgood, K. 2006. *Total Cold War: Eisenhower's secret propaganda battle at home and abroad*. University Press of Kansas.

Parise, E. 2011. *The filter bubble: what the Internet is hiding from you*. Penguin Press. ＝パリサー、イーライ2012『閉じこもるインターネット：グーグル・パーソナライズ・民主主義』井口耕二訳、早川書房；2016、ハヤカワ文庫

Pickering, M. 1997. *History, experience and cultural studies*. Macmillan.

Pratt, M. L. 1992. *Imperial eyes: travel writing and transculturation*. Routledge.

Procter, J. 2004. *Stuart Hall*. Routledge. ＝プロクター、ジェームス2006『スチュアート・ホール』小笠原博毅訳、青土社

Rafael, V. L. (ed.) 1995. *Discrepant histories: translocal essays on Filipino cultures*. Temple University Press.

Ray, L. & Sayer, A. (eds.) 1999. *Culture and economy after the cultural turn*. Sage.

Readings, B. 1996. *The university in ruins*. Harvard University Press. ＝レディングズ、ビル 2000『廃墟のなかの大学』青木健、斎藤信平訳、法政大学出版局；2018 新装改訂版、法政大学出版局

Reich, R. B. 1991. *The work of nations: preparing ourselves for 21st-century capitalism*. Knopf. ＝ライシュ、ロバート・B 1991『ザ・ワーク・オブ・ネーションズ：21世紀資本主義のイメージ』中谷巌訳、ダイヤモンド社

Riesman, D. 1950. *The lonely crowd: a study of the changing American character*. Yale University Press. ＝リースマン、デイヴィッド 1964『孤独な群衆』加藤秀俊訳、みすず書房；2013 みすず書房

Riesman, D. 1964. *Abundance for what?, and other essays*. Doubleday. ＝リースマン、デイヴィッド 1968『何のための豊かさ』加藤秀俊訳、みすず書房

Robins, K. 1996. *Into the image: culture and politics in the field of vision*. Routledge. ＝ロビンス、ケヴィン 2003『サイバー・メディア・スタディーズ：映像社会の「事件」を読む』田畑暁生訳、フィルムアート社

Roger, P. 2002. *L'ennemi Américain: généalogie de l'antiaméricanisme Français*. Seuil. ＝ロジェ、フィリップ 2012『アメリカという敵：フランス反米主義の系譜学』大谷尚文、佐藤竜二訳、法政大学出版局

Rorty, R. 1998. *Achieving our country: leftist thought in twentieth-century America*. Harvard University Press. ＝ローティ、リチャード 2000『アメリカ未完のプロジェクト：20世紀アメリカにおける左翼思想』小澤照彦訳、晃洋書房；2017 新装版、晃洋書房

Ross, K. 1995. *Fast cars, clean bodies: decolonization and the reordering of French culture*. MIT Press. ＝ロス、クリスティン 2019『もっと速く、もっときれいに：脱植民地化とフランス文化の再編成』中村督、平田周訳、人文書院

Said, E. W. 1978. *Orientalism*. Pantheon Books. ＝サイード、エドワード・W 1986『オリエンタリズム』今沢紀子訳、平凡社；1993 上下巻、平凡社ライブラリー

Said, E. W. 1993. *Culture and imperialism*. Knopf. ＝サイード、エドワード・W 2001『文化と帝国主義』全二巻、大橋洋一訳、みすず書房

Scandura, J. & Thurston, M. (eds.) 2001. *Modernism, inc.: body, memory, capital*. New York University Press.

Schiller, H. 1969. *Mass communications and American empire*. A. M. Kelley.

Schiller, H. 1973. *The mind managers*. Beacon Press. ＝シラー、ハーバート 1979『世論操作』齋藤文男、青木書店

Silverberg, M. 2006. *Erotic grotesque nonsense: the mass culture of Japanese modern times*. University of California Press.

Silverstone, R. 1994. *Television and everyday life*. Routledge.
Silverstone, R. 1999. *Why study the media?* Sage. ＝シルバーストーン、ロジャー 2003『なぜメディア研究か：経験・テクスト・他者』吉見俊哉、伊藤守、土橋臣吾訳、せりか書房
Silverstone, R. & Hirsch, E. (eds.) 1992. *Consuming technologies: media and information in domestic spaces*. Routledge.
Smythe, D. W. 1981. *Dependency road: communications, capitalism, consciousness, and Canada*. Ablex.
Stallybrass, P. & White, A. 1986. *The politics and poetics of transgression*. Methuen. ＝ストリブラス、ピーター＋ホワイト、アロン 1995『境界侵犯：その詩学と政治学』本橋哲也訳、ありな書房
Stam, R. 1989. *Subversive pleasures: Bakhtin, cultural criticism, and film*. Johns Hopkins University Press. ＝スタム、ロバート 2002『転倒させる快楽：バフチン、文化批評、映画』浅野敏夫訳、法政大学出版局
Stam, R. & Shohat E. 2007. *Flagging patriotism: crises of narcissism and anti-Americanism*. Routledge.
Storey, J. (ed.) 1994. *Cultural theory and popular culture*. Harvester Wheatsheaf.
Storey, J. (ed.) 1996. *What is cultural studies?* Arnold.
Strange, S. 1998. *Mad money: from the author of casino capitalism*. Manchester University Press. ＝ストレンジ、スーザン 1999『マッド・マネー：世紀末のカジノ資本主義』櫻井公人、櫻井純理、高嶋正晴訳、岩波書店
Streeck, W. 2013. *Gekaufte Zeit: Die vertagte Krise des demokratischen Kapitalismus*. Suhrkamp. ＝シュトレーク、ヴォルフガング 2016『時間かせぎの資本主義：いつまで危機を先送りできるか』鈴木直訳、みすず書房
Strinati, D. 1995. *An introduction to theories of popular culture*. Routledge. ＝ストリナチ、ドミニク 2003『ポピュラー文化論を学ぶ人のために』渡辺潤、伊藤明己訳、世界思想社
Thompson, E. P. 1963. *The making of the English working class*. V. Gollancz. ＝トムスン、エドワード・R 2003『イングランド労働者階級の形成』市橋秀夫、芳賀健一訳、青弓社
Todd, E. 2002. *Après l'empire: essai sur la décomposition du système américain*. Gallimard. ＝トッド・エマニュエル 2003『帝国以後：アメリカ・システムの崩壊』石崎晴己訳、藤原書店
Tomlinson, J. 1991. *Cultural imperialism: a critical introduction*. Pinter. ＝トムリンソン、ジョン 1993『文化帝国主義』片岡信訳、青土社；1997 新装版、青土社
Turner, G. 1990. *British cultural studies: an introduction*. Unwin Hyman. ターナー、グレアム 1999『カルチュラル・スタディー

ズ入門：理論と英国での発展』溝上由紀ほか訳，作品社
Urry, J. 1990. *The tourist gaze: leisure and travel in contemporary societies*. Sage. ＝アーリ，ジョン 1995『観光のまなざし：現代社会におけるレジャーと旅行』加太宏邦訳，法政大学出版局；2014 増補改訂版，法政大学出版局
Vance, J. D. 2016. *Hillbilly elegy: a memoir of a family and culture in crisis*. Harper. ＝ヴァンス，J・D 2017『ヒルビリー・エレジー：アメリカの繁栄から取り残された白人たち』関根光宏，山田文訳，光文社
Wallace, J., Jones, R. & Nield, S. 1997. *Raymond Williams now: knowledge, limits and the future*. Macmillan Press.
Wang, J. 1996. *High culture fever: politics, aesthetics, and ideology in Deng's China*. University of California Press.
Williams, R. 1958. *Culture and society, 1780-1950*. Chatto & Windus. ＝ウィリアムズ，レイモンド 1968『文化と社会』若松繁信，長谷川光昭訳，ミネルヴァ書房；2008 ミネルヴァ・アーカイブズ
Williams, R. 1977. *Marxism and literature*. Oxford University Press.
Williams, R. 1989a. *Resources of hope: culture, democracy, socialism*. Verso.
Williams, R. 1989b. *The politics of modernism: against the new conformists*. Verso.
Willis, P. 1977. *Learning to labour: how working class kids get working class jobs*. Saxon House. ＝ウィリス，ポール 1985『ハマータウンの野郎ども』熊沢誠，山田潤訳，筑摩書房；1996 ちくま学芸文庫
Willis, P. 1990. *Common culture: symbolic work at play in the everyday cultures of the young*. Open University Press.
Wilson, W. J. 1987. *The truly disadvantaged: the inner city, the underclass, and public policy*. University of Chicago Press. ＝ウィルソン，ウィリアム・J 1999『アメリカのアンダークラス：本当に不利な立場に置かれた人々』平川茂，牛草英晴訳，明石書店
Yoo, SY. 2000. "Em-bodiment of american modernity onto the colonial body", paper in the Inter-Asia Cultural Studies Conference in Fukuoka.

あとがき

一九七〇年代のどこかの時点で、歴史は大きく弧を描いて屈折し始めた。もちろん、歴史の屈折は今回が初めてではなく、第一次世界大戦の前あたりでも、あるいはフランス革命の前あたりでも、歴史の屈折が生じている。後者は狭義の「近代」を生んでいくし、同じように前者が生んだのは「現代」だった。だから七〇年代以降の変容は、いずれ「ポスト現代」（その正式の名前を、私たちはまだ知らない）に相当する時代を生んだとされていくだろう。

一九七〇年代以降の転換の政治経済学的な様相を、私たちはすでに知っている。それは経済的には中産階級を拡大させる福祉国家体制の終焉であり、市場主義が社会のあらゆる場面で貫かれていく時代である（「お金」がすべてという意識が浸透していく）。政治的には、それまでの左右が「落としどころ」を探って「談合」する民主主義が古びたものとなり、「敵」を声高に名指して分断を煽るポピュリズムが勢力を拡げていった。今にして思えば、サッチャーやレーガンはその最初の兆候だったのであり、この流れは遂にはドナルド・トランプにまで至る。そして、これらすべてはイデオロギー的には新自由主義と呼ばれてきた。新自由主義は、その最右翼に新保守主義を擁しつつ、グローバル市場優位のなかで社会の分裂は深まった。

問題はしかし、「文化」である。政治や経済の諸領域に比べ、文化は変化が遅く、持続的な作用が働き続ける。だから政治や経済の分野で一九七〇年代以降に生じた変化が、そのまま文化にも反映していったと言うことはできない。私たちは未だに一九世紀以降に支配的になったナショナリズムの文化のなかにいるし、二〇世紀的な消費の文化を生きている。文化は長期持続的に積層し、その積層が政治にも経済にも影響を及ぼし続ける。だから一九七〇年代以降の歴史の屈折のなかで文化を考え続けることは、単純にポピュリズム（レーガン主義からトランプ主義まで）の文化分析や、グローバルな市場文化（マクドナルドからアマゾンまで）の分析で終わるわけではない。トランプ時代のカルチュラル・スタディーズの使命は、トランプ主義の文化の分析を超えるのである。労働者階級文化の変質にしても、テレビ文化からネット文化への移行にしても、これまでの批判的知を総動員しなければ対応不能な課題が多い。

序章でも述べたように、本書のタイトルは、「カルチュラル・スタディーズ」を「アフターすること（追い求めること）」を含意するが、そのためには近現代の文化批判的な知の「棚卸し」的な総ざらいが必要だ。カルチュラル・スタディーズは、ブルジョア的な教養文化の分析から始まった知ではなく、そこから排除された労働者階級の文化分析から始まり、ポストコロニアル批評を通じて植民地からのまなざしを取り入れ、フェミニズムと連携しながらジェンダーと文化の関係について考察を深めてきた。さらにそれは、文化産業を批判することからメディアについての新しい知の地平を生み、テレビ以降のメディア文化とも格闘してきた。これらのことは、カルチュラル・スタディーズが「ポスト現代」の文化の批判的分析のための避けて通れない足がかりとなり得ることを示唆している。追い求められるべきカルチュラル・スタディーズは、すでにあるカルチュラル・スタディーズが脱構築されていったその先にある。

私にとって、この脱構築の現場は「都市」と「アメリカ」だった。処女作『都市のドラマトゥルギー』（一九八七年）以来、私は都市にこだわり続けてきたし、これを人々の集まりの現場として捉え、そこから生成したドラマを演じることで私たちの主体がいかに編成されていくかを論じてきた。そのような問題意識をなぜ私が抱くようになったのかについての種明かしは、本書のエピローグでなされている。だから本書を最後から始めて「街頭の政治」や「セゾン文化」、それに「永山則夫」についての第Ⅲ部、さらに「アメリカ」をめぐる第Ⅱ部へと逆行していくならば、私自身がたどってきた思考の軌跡に最も素直に沿うことになる。「アメリカ」は、いかにその覇権に翳りが出てきているとはいえ、今も現代日本のリアリティを支配する他者の審級である。このほとんど宗主国＝植民地的な関係が私たちの日常意識を支配し続ける限り、日本がかつて侵略し、植民地化したアジア諸国との関係が根底から変化することは難しい。

構想されるべき「アフター・カルチュラル・スタディーズ」は、私たちの日常意識や移ろいゆく文化の意匠を扱いながらも、このような全世界の支配的秩序の変化を視野に収めるものでなければならない。つまり、ささやかな日常と大きな世界史の交点にカルチュラル・スタディーズの楔は打たれなければならないはずだ。今日、アマゾンに席巻される街々の小さな書店から、スマートフォンの普及によって一変したインバウンド観光、UberやAirbnbまで、デジタル技術は私たちの日常とグローバル資本主義の結びつきを決定的に変えつつあり、都市のなかでの人々の集まりは、この変化の渦中にある。処女作から三〇年以上を経て、新たなる「都市のドラマトゥルギー」が書かれるべき時期が近づいているのかもしれない。そして、「アメリカ」以上に速いスピードで衰退に向かう「日本」について、その収縮や空洞化をむしろ未来への文化的可能性として価値転換していく視座が日常の現場から築かれていく必要がある。

列強による植民地収奪や先住民への暴力、国内労働者の搾取を周縁化しつつ「進歩」の物語が歴史を駆動した「近代」とも、二度の破滅的な戦争を経てなおも「成長」の物語に大衆が夢を託した「現代」とも異なる時代を私たちは生きている。この「新しい時代(New Times)」は、これまで私たちが経験してきたいずれの時代と比べても陰鬱としたものかもしれない。「進歩」も「成長」も過去の話で、世界は多極化しつつ停滞し、分裂し、不安定に揺らいでいる。西欧も北米もすでにこの世界の圧倒的な中心とはなり得ないが、さりとて中心がなくなったわけでもなく、私たちは困難な資本主義を生き続ける。この時代は、「ポスト」モダンで「ポスト」冷戦で「ポスト」アメリカ、さらには「ポスト」ヒューマンというように、とにかく「ポスト」で溢れており、「ポスト」文化という言葉すら通用する(データの集積としての文化)。しかし、それでも私たちはサブカルチャーやファンカルチャーを語り、文化的実践において様々な境界線が乗り越えられていくことに注目する。つまり、「アフター・カルチュラル・スタディーズ」とは、「ポスト」文化の時代の文化的実践についての批判的研究ということになる。

残念ながら、一九五七年生まれの私は、このカルチュラル・スタディーズの新しい潮流を担う主要な世代ではおそらくない。しかし、少なくとも私は、これまでのカルチュラル・タイフーン等での活動を通じ、そうした「アフター」を担うべき新世代の若者たちと出会ってきた。本書で書いたように、二〇〇〇年前後の時点で、制度的基盤も予算的な当てもないなかで、数年続くだけでも価値があると岩崎稔や伊藤守、本橋哲也、岩渕功一、毛利嘉孝等々の友人たちと始めたカルチュラル・タイフーンは、すでに世代交代を経て二〇年近くも続いている。このこと自体が驚異だが、重要なことは、この驚異の持続を可能にしている新しい世代の潜在力を信頼することだと思う。本書はそうした次世代に捧げられるべき一冊だと思っているし、この一冊が生み出されていくことになった最大の理由も、編集を担当してくれた青土社の若き編集者、足立朋也さんとの出会いにある。足立さんは、私がそれぞれの状況での実践的必要から書いてきた論考を丁寧に集め直し、このような著書に仕立て上げてくれた。彼の手で、私の一つの軌跡が編纂し直されたことに心から感謝している。

二〇一九年六月

吉見俊哉

マ行

ヤ行

ラ行

ワ行

人名・団体名索引

吉見俊哉（よしみ・しゅんや）
1957年、東京都生まれ。社会学者。東京大学教養学部卒業、同大学院社会学研究科博士課程単位取得退学。専門は社会学、カルチュラル・スタディーズ。現在、東京大学大学院情報学環教授。カルチュラル・スタディーズの日本における旗手として、戦後日本とアメリカの関係を一貫して考究、アカデミアにとどまらない広域な文化運動としての「カルチュラル・タイフーン」を中心的に担っている。主な著書に『平成時代』（岩波新書、2019年）、『トランプのアメリカに住む』（岩波新書、2018年）、『視覚都市の地政学』（岩波書店、2016年）、『夢の原子力』（ちくま新書、2012年）、『アメリカの越え方』（弘文堂、2012年）、『親米と反米』（岩波新書、2007年）、『カルチュラル・ターン、文化の政治学へ』（人文書院、2003年）、『メディア時代の文化社会学』（新曜社、1994年）などがある。

アフター・カルチュラル・スタディーズ

2019年7月18日　第1刷印刷
2019年7月30日　第1刷発行

著　者　吉《よし》見《み》俊《しゅん》哉《や》

発行者　清水一人
発行所　青土社
〒101-0051　東京都千代田区神田神保町1-29　市瀬ビル
電話　03-3291-9831（編集部）　03-3294-7829（営業部）
振替　00190-7-192955

印　刷　シナノ印刷
製　本　シナノ印刷

装　幀　水戸部 功

ISBN978-4-7917-7184-4
Printed in Japan